权威·前沿·原创

皮书系列为
“十二五”“十三五”国家重点图书出版规划项目

BLUE BOOK

智库成果出版与传播平台

金融科技蓝皮书
BLUE BOOK OF FINTECH

中国金融科技发展报告（2021）

ANNUAL REPORT ON CHINA'S FINTECH DEVELOPMENT (2021)

主　编 / 李　伟
执行主编 / 朱烨东

社会科学文献出版社
SOCIAL SCIENCES ACADEMIC PRESS (CHINA)

图书在版编目（CIP）数据

中国金融科技发展报告．2021 / 李伟主编．--北京：社会科学文献出版社，2021.10
（金融科技蓝皮书）
ISBN 978-7-5201-9179-1

Ⅰ．①中… Ⅱ．①李… Ⅲ．①金融-科技发展-研究报告-中国-2021 Ⅳ．①F832

中国版本图书馆CIP数据核字（2021）第210742号

金融科技蓝皮书
中国金融科技发展报告（2021）

主　　编 / 李　伟

出 版 人 / 王利民
责任编辑 / 恽　薇　贾立平
责任印制 / 王京美

出　　版 / 社会科学文献出版社·经济与管理分社（010）59367226
地址：北京市北三环中路甲29号院华龙大厦　邮编：100029
网址：www.ssap.com.cn
发　　行 / 市场营销中心（010）59367081　59367083
印　　装 / 天津千鹤文化传播有限公司

规　　格 / 开　本：787mm×1092mm　1/16
印　张：22.75　插　页：0.25　字　数：341千字
版　　次 / 2021年10月第1版　2021年10月第1次印刷
书　　号 / ISBN 978-7-5201-9179-1
定　　价 / 138.00元

《中国金融科技发展报告（2021）》
编 委 会

梁　威　林冠峰　林佳萍　刘　斌　刘德龙
刘浩然　刘　洁　刘文苗　刘先淇　刘　妍
刘　烨　刘宇馨　卢华玮　卢　锐　陆碧波
马春旺　马洪杰　马晓丹　毛仁歆　穆奥时
宁振虎　邱晓慧　曲　武　渠韶光　上官瑞春
尚　雪　邵　萌　时　代　舒　萍　苏　强
檀　婧　唐　亮　唐仕豪　田成志　万　化
王　欢　王　磊　王明迪　王　宁　王素雅
王小苹　王燮元　王　昕　王云河　王　壮
魏思远　吴利东　吴　莹　习　辉　夏冰沁
谢国斌　辛　园　徐　丹　徐　芳　徐宏伟
徐延吉　闫冬梅　燕羽博　杨　斌　杨　波
杨　洋　杨懿剑　杨祖艳　姚文韬　姚　奕
叶馥郁　于宏志　俞　枫　喻燕君　袁　一
曾海彬　张　琛　张　浩（重庆农村商业银行）
张　浩（华为技术有限公司）　张　凯
张　蕾　张　利　张力引　张　清　张　涛
张彦钊　张　韵　赵兵旗　赵国森　赵　晶
赵　亮　赵文甫　赵秀娜　赵　莹　郑　爽
周　博　周日明　周　涛　周晓庆　周泽宇
朱　彬　朱　立

支持单位

中国金融学会金融科技专业委员会
中国金融电子化公司
金融信息化研究所

北京金融科技产业联盟
中国工商银行股份有限公司
中国农业银行股份有限公司
中国银行股份有限公司
中国建设银行股份有限公司
上海证券交易所
深圳证券交易所
中国银联股份有限公司
网联清算有限公司
上海票据交易所股份有限公司
中国光大银行股份有限公司
中国民生银行股份有限公司
平安银行股份有限公司
上海浦东发展银行股份有限公司
浙商银行股份有限公司
国泰君安证券股份有限公司
青岛银行股份有限公司
重庆农村商业银行股份有限公司
深圳前海微众银行股份有限公司
招商信诺人寿保险有限公司
中金金融认证中心有限公司
国家金融科技测评中心（银行卡检测中心）
中国软件评测中心
中国电子信息产业集团有限公司
北京区块链技术应用协会
北京工业大学

北京邮电大学计算机学院
中兴通讯股份公司
华为技术有限公司
深圳市腾讯计算机系统有限公司
蚂蚁科技集团股份有限公司
北京中科金财科技股份有限公司
拉卡拉支付股份有限公司
神州数码信息服务股份有限公司
华控清交信息科技（北京）有限公司
北京九章云极科技有限公司
北京立言金融与发展研究院
深圳未来金融研究院
上海跬智科技有限公司
深圳致星科技有限公司
竞天公诚律师事务所

主要编撰者简介

李　伟　电子科技大学工学学士，北京大学光华管理学院EMBA。现任中国人民银行科技司司长、全国金融标准化技术委员会副主任委员、中国金融学会金融科技专业委员会主任委员。1995年加入中国人民银行，曾任中国人民银行清算总中心副主任、中国人民银行石家庄中心支行副行长、跨境银行间支付清算（上海）有限责任公司（CIPS）执行董事等职务。长期从事金融科技应用与管理、支付清算研究与系统建设、金融标准化制定等工作，拥有20多年丰富的金融行业管理和实践经验。

朱烨东　北京大学经济学院金融硕士、北京大学政治经济学博士，清华大学五道口金融学院EMBA。北京中科金财科技股份有限公司董事长、创始人。北京区块链技术应用协会会长、中国上市公司十大创业领袖人物、中国软件和信息服务业十大领军人物、新三板企业家委员会首席区块链专家、2018中国区块链行业十大领军人物、2018中国新经济产业百人、2017年度中国金融科技最具影响力人物、《中国金融科技发展报告》《中国区块链发展报告》《中国资产证券化发展报告》执行主编，清华五道口全球创业领袖导师。

摘　要

《中国金融科技发展报告（2021）》旨在系统分析国内外金融科技应用情况，充分把握国内外金融科技领域从技术应用、业态创新到风险监管的发展动态和最新趋势，提出相应的对策建议，不断完善金融科技相关理论基础、实践案例与研究方法。

报告主要包括八个部分。一是“总报告”，概述2021年中国金融科技发展总体情况，回顾了《金融科技（FinTech）发展规划（2019～2021年）》出台三年我国金融科技取得的成就，分析了存在的问题，并对未来发展提出了对策建议。二是“基础理论篇”，从统筹规划、体制机制优化和联合攻关方面阐析了我国金融科技的战略部署。三是“场景应用篇”，围绕大数据、云计算、人工智能、分布式数据库和可信技术分析金融科技的应用场景。四是“服务篇”，从服务渠道、服务效率、惠民便民、信用融资、支付服务等方面阐析金融科技的服务应用。五是“风险与监管篇”，从金融业务风险、网络安全风险、新技术应用、监管基本规则体系、监管统一性和协调性、穿透式监管能力和监管机制创新等方面论述金融科技应用中的风险防范问题。六是“法律法规篇”，探讨配套法律法规、信用服务、标准化、消费者权益保护等对金融科技的支持。七是“国际市场篇”，对全球金融科技发展状况与法律法规进行了描述与比较。八是“附录”，对2020年金融科技行业类型、分布与典型企业进行地图索引式描述，以供金融科技行业人士与对其感兴趣的其他人士参考借鉴。本报告致力于为金融科技相关监管部门、自律组织等提供重要的决策参考，为从业人员和机构开展金融科技工作提供文献素材，为金融科技爱好者提供了解该领域的资料案例，由此为推动我国金融科技高质量发展提供有效支撑。

关键词： 大数据　人工智能　金融科技　监管科技

目 录

Ⅰ 总报告

Ⅱ 基础理论篇

Ⅲ 场景应用篇

Ⅳ　服务篇

Ⅴ　风险与监管篇

Ⅵ　法律法规篇

Ⅶ 国际市场篇

Ⅷ 附录

皮书数据库阅读使用指南

总 报 告

General Report

B.1
中国金融科技发展回顾与前瞻

李 伟*

摘 要： 2021年是《金融科技(FinTech)发展规划(2019～2021年)》收官之年，三年来金融科技的“四梁八柱”基本建成，科技体制机制改革不断深化，创新应用水平显著提升，安全保障能力明显进步，数字化监管能力稳步增强，金融与科技融合发展取得积极进展。“十四五”时期，金融科技发展仍然处于重要战略机遇期，要以习近平新时代中国特色社会主义思想为指引，紧紧围绕服务实体经济、防控金融风险、深化金融改革三大任务，坚持新发展理念，深刻认识新发展阶段的时代要义，全面提升金融科技应用和管理水平，推动健全具有高度适应性、竞争力、普惠性的现代金融体系，为构建新发展格局提供高质量的金融支持。

* 本报告仅代表个人学术观点，不代表所在机构意见。

关键词： 金融科技 数字化转型 金融服务 金融风险

“沉舟侧畔千帆过，病树前头万木春。”2020年，世界格局深度调整，新冠肺炎疫情持续蔓延、发展理念不断碰撞、新一轮科技革命和产业变革深入推进等多重因素复杂交织，人类命运休戚与共，风险与挑战前所未有。在此风云变幻之期，在以习近平同志为核心的党中央坚强领导下，国内统筹疫情防控和经济社会发展取得举世瞩目的成就。从金融领域来看，《金融科技（FinTech）发展规划（2019~2021年）》（以下简称《规划》）发挥“指南针”作用，引导金融业基本建成金融科技“四梁八柱”，推动金融科技体制机制不断优化、创新应用水平显著提升、安全保障能力明显进步、数字化监管能力稳步增强，金融与科技融合发展取得积极进展。当前和今后一个时期，数字经济继续赋能高质量发展，金融科技发展仍然处于重要战略机遇期。“十四五”规划指出，“稳妥发展金融科技，加快金融机构数字化转型”。金融业要初心如磐、稳中求进，以数据要素和数字技术为“新动能”，努力谱写金融科技创新发展和金融数字化转型的“新篇章”，着力驱动生活方式、生产方式和治理方式现代化，为构建新发展格局、促进共同富裕贡献金融担当。

一 中国金融科技发展总体情况

（一）加强顶层设计，落实金融科技战略部署

监管政策层面。中国人民银行成功组织开展6部委10省市金融科技应用试点，显著提升金融服务与科技创新能力；印发《关于组织开展金融科技赋能乡村振兴示范工程的通知》（银发〔2021〕92号），运用金融科技因地制宜打造惠农利民金融产品，为乡村振兴战略实施提供坚实金融保障；印发《关于组织开展金融数据综合应用试点工作的通知》（银办发〔2021〕66

号），推动跨机构、跨领域数据安全共享与融合应用。

机制保障层面。中国人民银行发布一系列金融科技标准规则，建立金融科技发展指标评估体系，推出金融科技创新监管工具，建设跨部门、跨行业数据交换管理平台。其联合国家市场监督管理总局推动金融科技产品纳入国家统一推行的认证体系中，成立国家级金融科技认证中心、测评中心。

行业自律层面。金融业依托北京金融科技产业联盟，打造产学研用一体化综合性金融科技创新社会组织，在推动落实中国人民银行金融科技相关政策要求、促进我国金融科技良性可持续发展、助力金融科技在产用合作等方面发挥重要作用。

机构战略转型层面。金融机构积极落实《规划》重点任务，根据自身优势制定差异化金融科技战略，通过设立金融科技子公司等方式优化组织架构，从科技赋能、能力开放、平台生态等方面补齐金融科技短板，有力支撑业务开展。

人才发展层面。金融业在不断增加科技投入的同时，也在紧锣密鼓地展开金融科技人才储备竞赛。通过培养与引进科技人才，金融机构科技人才数量增长明显，人才创新活力也在“揭榜挂帅”“军令状”“赛马制”等灵活的管理模式下得到充分激发。

（二）布局前沿技术，推动金融科技合理应用

1. 新技术得到广泛应用。云计算、大数据、人工智能、分布式数据库等技术在金融领域的应用已从前沿探索向产业应用纵深发展。新冠肺炎疫情加速了金融云发展，云计算成为通信网络、存储设备和算力设施的交汇中心。部分金融机构使用云计算技术，融合大数据、人工智能等加速新一轮数字化升级。大数据融合应用能力不断深化，优秀的金融大数据产品和解决方案催生出一批个性化、定制化的新服务业态，在助力金融业高质量发展中发挥了突出作用。人工智能技术已在智能风控、智能营销、智能客服等细分领域初见成效，技术红利加速释放。分布式数据库产品研发和应用得到加强，

数据迁移、交换和校正等重点难点问题得到解决，传统数据库向分布式数据库平稳过渡。

2. 自主可控方面取得重要进展。“十四五”规划提出，“把科技自立自强作为国家发展的战略支撑”。金融业主动顺应产业发展趋势，自主创新已成为金融科技发展的主旋律。中国金融电子化公司充分发挥市场资源配置作用，凝聚行业中坚力量，成立“金融信息技术创新生态实验室”，合力开展金融领域关键核心技术攻关，形成一系列信息技术金融应用的“中国方案”，基于国产芯片、操作系统、数据库、中间件等基础软硬件构建的金融信息化“底座”与各类金融应用进行适配、验证并调优，核心领域自主可控技术在金融业稳步实施。

3. 前沿技术领域超前布局。当前，新一轮金融科技变革蓄势待发，5G、量子通信等技术开辟了新的研究方向，金融应用与一系列原始创新交叉融合趋势日益明显。作为探索前沿技术的中坚力量，部分金融机构正在探索量子安全通信技术在金融领域的应用，以应对算力提高给传统加解密体系带来的威胁。为响应国家“新基建”号召，紧抓5G发展时代契机，金融机构争相发力5G应用窗口期，部分商业银行开启5G消息试商用先河，实现金融线上服务多媒体化、轻量化、交互化，在金融营销、客户服务等领域实现突破，使用户更直接地享受金融服务。

（三）深化产用对接，促进金融服务质效提升

1. 提高金融服务效率。金融机构加大普惠金融科技投入力度，创新特色信贷产品，推出以“秒批、秒贷、零干预”为代表的智能信贷服务，持续完善无还本续贷、随借随还等贷款产品，提升用款便利度，有效发挥结构性货币政策工具的精准滴灌作用，助力纾解融资难、融资贵难题，合理引导金融资源配置到经济社会发展的关键领域和薄弱环节。新冠肺炎疫情加速了无接触式金融服务发展，“屏对屏”服务正取代“面对面”服务，便民服务效率得到大幅提升。2020年银行业金融机构离柜交易达3709.22亿笔，离柜交易总额达2308.36万亿元，行业平均电子渠道分流率为90.88%。其

中，手机银行交易达1919.46亿笔，交易总额达439.24万亿元，网上银行交易达1550.30亿笔，交易总额达1818.19万亿元。[①]

2. 降低金融机构运营成本。金融机构构建跨层级、跨区域、分布式的后台处理中心，推动资源集中管理、数据集中存储、服务集中维护、应用集中部署，避免了闲置资源浪费，降低了运维成本。根据2020年国有六大行年报，国有六大行平均成本收入比为31.59%，较2019年下降0.91个百分点。通过布局金融科技，商业银行运营成本不断下降。

3. 支付创新加快实体经济资金循环。商业银行、第三方支付、特许清算机构根据自身定位，积极投入支付体系建设，运用生物识别、云计算、人工智能等技术，融合不同应用场景，丰富支付产品类型，加速支付应用迭代，提高支付效率，提升用户支付体验。2020年支付系统处理支付业务金额8195万亿元，其中，银行处理电子支付业务2352亿笔，支付机构处理网络支付业务8273亿笔。[②] 我国移动支付的广泛使用对支撑国民经济资金循环发挥了重大作用。

（四）增强技防能力，守住金融风险防控底线

1. 打造常态化金融业务风险防范体系。金融机构构建风险联防联控体系，实现风险早识别、早预警、早发现、早处置，防止金融风险跨部门、跨机构、跨行业交叉感染蔓延。从业务风险防控需求出发，其建立安全风险防控体系，运用监管科技手段，对货币政策工具资金运用情况以及民营小微企业贷款、金融支持乡村振兴、绿色信贷等重点领域贷款实行台账式监测，多维度采集经营业务数据，实现风险监测的精细化、精准化和动态化，提升金融风险感知能力。

2. 筑牢金融关键信息基础设施安全防线。面对日益严峻的网络安全挑战，中国人民银行颁布《金融行业网络安全等级保护实施指引》《金融行业

---

① 数据来源：中国银行业协会发布的《2020年中国银行业服务报告》。

② 数据来源：中国人民银行发布的《2020年支付体系运行总体情况报告》。

网络安全等级保护测评指南》等系列标准，对行业网络安全建设提出更高要求，推动金融机构接入金融业网络安全态势感知与信息共享平台，实现对金融行业网络安全态势的整体管控。同时，中国人民银行加强与网信、公安、工信等部门协同，有效应对网络攻击，牢筑金融关键信息基础设施安全防线，持续提升行业整体防护能力。

3. 加强个人金融信息全方位全流程保护。《中华人民共和国数据安全法》《中华人民共和国个人信息保护法》为我国深入开展数据保护工作提供有力的法律保障。2020 年 11 月施行的《中国人民银行金融消费者权益保护实施办法》（中国人民银行令〔2020〕第 5 号）和 2020 年 2 月印发的《个人金融信息保护技术规范》（JR/T 0171—2020）得到行业积极响应。金融机构落实消费者金融信息保护工作机制，建立清晰明确的数据调用权限对应关系，加强个人金融信息全生命周期技术管理，保障个人金融信息主体合法权益，确保按“最小必要”原则收集个人信息和使用系统权限，防止金融信息泄露与滥用。

（五）健全监管机制，加大金融审慎监管力度

1. 规则制定方面。2020 年，中国人民银行印发《金融科技创新应用测试规范》《金融科技创新安全通用规范》《金融科技创新风险监控规范》三项行业标准，引导持牌金融机构及科技公司规范开展金融科技服务、产品创新。中国人民银行研究制定多方安全计算、联邦学习金融应用技术标准，实现数据“可用不可见”，为发挥数据要素价值和保护隐私数据提供坚实基础。中国人民银行出台云计算、区块链、人工智能、银行应用程序接口等系列金融科技行业标准，引导新技术在金融领域的规范应用。

2. 监管实践方面。中国人民银行推出金融科技创新监管工具，明确创新须在审慎监管的框架下进行，建立富有弹性的创新试错容错机制，划定刚性底线、设置柔性边界、预留充足发展空间，有效提升监管的及时性、穿透性，不断激发金融机构创新发展的积极性和能动性。中国人民银行以金融科技创新监管工具为依托，引导金融机构在充分保障金融

消费者基本权益的基础上，加强对合作方的责任约定与行为监督，聚焦主业、合规经营，不断增强创新能力、优化服务模式、提升风控水平，运用科技手段切实提高金融服务实体经济的质效，助力金融科技健康有序发展。

（六）完善产业生态，筑牢金融科技基础支撑

1. 基础法规制度逐步完善。中国人民银行立足金融本源，研究出台适应金融科技发展要求的政策规定，多措并举推动金融科技健康发展，建立健全金融科技监管体系，注重个人金融信息安全保护，严防金融消费者信息的泄露、篡改和滥用，平衡好金融服务便捷和安全的关系，为金融科技健康良性可持续发展保驾护航。

2. 标准体系框架基本形成。金融科技蓬勃发展的同时，金融科技相关标准制定、标准研制和检测认证等工作取得一定成效，“国家标准保底线、行业标准设门槛、团标企标促发展”的格局已基本成型。截至 2020 年底，现行有效的金融业国家标准、行业标准有 344 项，市场主导制定的金融团体标准有 40 余项。此外，金融科技产品被纳入国家统一推行的认证体系，以“标准 + 检测认证”为核心的金融科技产品质量保障体系得以建立。目前，认证达标的金融机构范围迅速扩大、数量迅速增加，有效防范由技术产品质量缺陷引发的风险向金融领域传导。

3. 联合技术攻关增添活力。北京金融科技产业联盟在监管部门的指导下，发挥一头连接金融机构，一头连接产业机构的优势，推动金融科技产用对接，依托分布式数据库、区块链、监管科技等专委会，针对新技术在金融领域应用的难点、痛点问题，开展对关键技术的联合攻关，提升金融科技创新应用整体水平。例如：推动中国金融电子化公司、中国工商银行、中兴通讯股份有限公司等机构打造分布式数据库联合实验室，在分布式数据库迁移、异构数据库实时交换、多中心多活等方面，开展研究和技术验证，形成可借鉴、能推广的典型案例和解决方案，为分布式数据库在金融领域的全面应用探明路径。

二　中国金融科技面临的挑战及建议

（一）法治伦理问题需要有效应对

近年来，一些企业只顾眼前利益，利用市场地位与技术优势侵犯用户权益、妨碍公平竞争，对技术可能存在的道德风险和伦理问题视而不见。在隐私泄露方面，当前数据黑产问题日益严峻，犯罪分子大量窃取个人金融信息并通过非法渠道交易，为网络诈骗、网络攻击等提供可乘之机，严重侵害金融消费者信息及资金安全。据《中国网民权益保护调查报告（2020）》，2020 年网民因诈骗信息、垃圾信息和个人信息泄露而遭受的经济损失达到 805 亿元。在数据垄断方面，一些规模较大的企业违规收集大量用户信息形成数据垄断，强迫商户“平台二选一”，抑制市场公平竞争，甚至运用数据优势进行“大数据杀熟”，严重损害消费者权益。在信息安全方面，个人金融数据蕴含大量潜在信息，一旦泄露，将为不法分子预测用户消费行为、实施非法活动提供可能性。金融数据的集中、大量泄露甚至可能影响经济稳定与国家安全。

（二）新型风险问题需要高度重视

一是互联网平台风险。由于在金融科技背景下服务方式更加虚拟、业务边界逐渐模糊、经营环境不断开放，信用风险、流动性风险等传统金融风险呈现外溢效应。一些头部互联网平台公司在细分领域占主导地位，具有系统重要性特征，“大而不能倒”问题突出。多类风险主体共存容易引发金融风险。二是技术同质化风险。金融与科技的融合促进了金融服务迭代升级，但一些中小金融机构自身技术能力不强，开发多采用服务外包模式，底层算法同质化、模型缺陷等问题可能催生蝴蝶效应，在证券交易、支付结算等领域放大金融市场波动幅度，造成市场挤兑现象。三是新技术融合风险。云计算、大数据、5G 通信、物联网等技术快速演进、彼此交叉，增加了金融业务系统技术架构的复杂程度。在此背景下，金融科技创新面临更大的系统风险，潜在技术缺陷难以及时识别，可能造成严重后果。

（三）数据权属问题亟待解决

金融数据涉及多方利益，数据权属边界不清、利益分配规则不明、纠纷解决机制不健全等问题阻碍数据流通和应用。一方面，数据权属规章制度需要健全。以深圳市为代表的地区通过立法在数据权属问题上虽有探索，但在数据的收、存、管、用等环节中，数据权属尚未有清晰的界定。数据本身的价值评估取决于很多条件，所有权和使用权分离没有得到广泛认可，难以直接套用物权的规则。因此，数据开放共享、交易流通和权益分配缺乏依据。另一方面，数据权益划分存在实践困难。个人对数据的控制能力有限，权利行使能力也受到限制。而若将数据所有权和收益权全部归于个人，而否认金融机构对数据享有的权利，则金融机构按照审慎管理的原则，不愿、不想、不能共享数据。激励机制的缺失影响金融企业对数据进行有效的管理、维护和价值开发，难以创造更大的数据价值。

（四）网络安全问题需要重点关注

网络安全风险不断累积，安全防护面临前所未有的威胁与挑战。一是新型网络技术面临潜在风险。5G 商用和 IPv6 规模部署在促进网络能力开放、金融业务创新的同时，原有网络接口风险被引入新型网络环节中，给金融行业网络安全提出新的研究课题。二是网络攻击威胁程度加深。近年来，以金融行业为目标的网络攻击层出不穷，网络攻击的种类、规模和方式不断增加，DDoS 攻击、勒索软件、木马病毒等成为牟取利益的重要攻击手段，事件型漏洞和高危零日漏洞威胁的持续走高，隐蔽性更强的高级可持续威胁（APT）攻击成为常态。三是关键信息基础设施防护难度增加。金融行业新技术快速发展和普及应用的同时，通信网络基础设施、算力基础设施等关键信息基础设施安全隐患日益突出，传统安全防御边界被打破。混合型高级别威胁严重危害信息资产安全，对信息基础设施安全提出更高挑战。

针对以上问题，金融业相关部门要找准金融科技工作发力点，推动金融与科技融合协调发展。一是强化金融科技监督管理。运用新一代信息技术丰富监管手段，进一步完善金融科技监管规则体系，增强监管专业性、统一性和穿透性。二是纾解融资难、融资贵困局。使用数字技术提升企业底层资产动态监测水平、准确定位真实融资需求、优化信贷业务流程，不断提升融资服务精准性与可得性，降低企业融资成本。三是破解普惠金融发展难题。构筑线上化、网络化金融服务渠道，探索建立更加高效率、可持续的金融服务模式，为特殊群体提供定制化金融服务，运用科技手段破解“数字鸿沟”问题。四是助力乡村振兴战略实施。探索运用新一代信息技术因地制宜打造惠农利民金融产品与服务，全面提升农业产业现代化水平、农村金融承载能力和农民金融服务可得性，为乡村振兴注入金融力量。五是强化全流程风险管控。建立适应数字化时代要求的风险管理体系，加强数字化监管能力建设，增强风险信息共享与智能预警能力，多维度、深层次增强我国金融风险抵御能力。

基础理论篇

Basic Theory

B.2

金融科技的统筹规划布局

金融信息化研究所*

摘　要：随着数字时代的到来，金融科技成为提升国家金融竞争力的关键力量。尤其是在2020年，由于新冠肺炎疫情的影响，非接触式金融科技服务为疫情防控和经济社会恢复发展提供了有力保障。政府和监管部门陆续出台多项政策和指导性文件，推广金融科技创新试点，引入了社会监督和行业自律机制，探索构建以人民为中心、多元共治的金融科技治理新模式，加强金融数据和网络安全保护，以标准为手段强化金融科技安全与质量管理，完善科技伦理治理体系建设，从顶层设计对金融科技发展进行统筹指导和战略布局。各地政府也陆续出台金融科技产业支持政策，积极促进金融科技生态环境良性发展。

* 执笔人：金融信息化研究所习辉、贺冠华。

关键词： 金融科技 监管科技 金融科技安全 金融科技规划

2021年是国家“十四五”规划的开局之年，也是我国建立新发展格局的关键时期，国家“十四五”规划中明确提出“加快数字化发展，建设数字中国”“以数字化转型整体驱动生产方式、生活方式和治理方式变革”“稳妥发展金融科技，加快金融机构数字化转型”。金融科技进入国家级顶层设计，成为提升金融服务效率和质量、践行普惠金融、发展数字经济的新引擎。

早在2019年，中国人民银行印发了《金融科技（FinTech）发展规划（2019～2021年）》（银发〔2019〕209号），明确金融科技六个方面的发展方向，构建了金融科技“四梁八柱”，以规划促发展，成为统筹金融科技系统性发展的纲领性文件。三年来，我国金融科技在该规划的指引下，科技引领作用凸显，金融科技迈入守正创新、合规发展的新阶段。尤其是在过去的2020年中，新冠肺炎疫情肆虐全球，新一代信息技术在金融领域被快速应用，金融科技助力我国金融行业推行“非接触式”服务，金融科技创新成果显著，有效支持了疫情防控和经济社会的恢复发展，成为金融行业数字化转型的关键要素，为我国经济社会平稳安全运行提供了良好的支撑环境。

在党的领导下，金融业坚持系统关联、整体推进，构建起包括法律约束、行政监管、行业自律、机构自治、社会监督在内的多层次金融科技治理体系。金融科技筑牢金融安全“防火墙”，其赋能作用得到进一步发挥，金融与科技实现深度融合、协调发展，提高了服务实体经济和人民群众金融需求的水平。金融科技治理能力现代化得到逐步推进。

一　金融管理部门加强顶层设计与统筹指导

金融管理部门认真贯彻落实党中央、国务院决策部署，加强顶层设计，中国人民银行成立金融科技委员会，明确中国金融科技发展的指导思想、基本原则、发展目标和重点任务，坚持“守正创新、安全可控、普惠民生、开放共赢”原则，全面发力、多点突破，制定了一系列金融科技规划指引和标准指南，包括《金融科技创新应用测试规范》（JR/T 0198—2020）、《金融科技创新安全通用规范》（JR/T 0199—2020）、《金融科技创新风险监控规范》（JR/T 0120—2020）等，促进监管机构、金融机构、自律组织、科技企业、高等院校和科研院所不断强化金融科技协同发展。

金融科技创新监管试点在北京、上海、深圳、杭州、雄安等多地全面落地，60 项兼具创新属性和普惠导向的金融科技创新应用陆续被推出。这一新型创新监管工具摒弃了过往一刀切的简单模式，探索包容审慎的金融创新监管新模式；引入“多元联动”的公众监督机制，提升金融监管专业性、统一性和穿透性；引导持牌金融机构、科技公司在依法合规、保护消费者权益的前提下，积极运用新兴技术驱动金融创新，赋能金融服务提质增效，着力提高金融服务实体经济能力，营造安全、普惠、开放的金融科技发展环境。

中国人民银行加强对金融科技关键核心技术的研究攻关，成立金融信息技术创新生态实验室，通过联合实验室等形式搭建产用对接与资源共享平台，汇集产学研用各方力量联合开展金融科技核心技术研究，构建安全可控的金融科技供应链体系。

二　金融科技监管守正出新

金融监管坚持依法合规、持牌经营的原则，引入了社会监督和行业自律机制，探索构建以人民为中心、多元共治的金融科技治理新模式，通过金融科技应用试点，引导金融机构运用科技手段赋能金融服务能力，保障新技术创新应用过程的规范化。2020 年 12 月中央经济工作会议提出，强化反垄断和防止资本无序扩张。金融监管部门加强了对金融科技企业的垄断行为、不正当竞争行为和可能损害消费者利益的行为的严格管理，避免了大范围金融风险的出现。

金融监管部门在申报主体、审核标准、风险监控、消费者保护等制度设计上进行了创新，将行业自律和社会监督引入政府监管+机构自治的传统治理模式，初步取得了成效。行政监管和行业自律有机协调配合的金融科技治理机制逐步形成。互联网金融协会按照中国人民银行的要求积极履行加强客户端软件行业自律管理的职责，牵头开展 App 实名备案等工作，有效发挥了社会监督和行业自律对监管的有效补充作用，进一步完善监管规则体系，提升监管的科技水平。

三　加强金融数据要素应用和安全保护

2020 年 4 月，《中共中央国务院关于构建更加完善的要素市场化配置体制机制的意见》发布，明确了数据成为生产要素。金融行业积极推进金融数据安全共享，加强数据要素价值挖掘应用和数据分级分类管理，探索金融数据要素流转规范，促进数据资源有效整合和规范利用。中国人民银行发布《金融市场交易报告数据要素指南》系列金融行业标准，支持金融市场双向开放，完善现代金融监管体系，提高金融市场交易报告数据水平。中国互联网金融协会发布《数据资产、账户与要素交易流转机制研究——基于银行保险机构的实践》，聚焦数据资产界定、数字账户实现和数据要素流转市场的构建三个关键环节，推动金融业数字化转型，促进数据价值最大化。

2020 年，中国人民银行发布了《金融数据安全 数据安全分级指南》（JR/T 0197—2020）、《个人金融信息保护技术规范》（JR/T 0171—2020）等行业标准，明确了金融机构对金融数据保护的职责和要求，规范了金融数据生命周期安全框架和个人金融信息保护，确保金融数据在安全合规的情况下流动，促进金融数据价值的充分释放和深度利用。为促进数据安全融合应用，中国人民银行发布《多方安全计算金融应用技术规范》（JR/T 0196—2020），规范了多方安全计算在金融业的应用要求，推进安全数据共享技术在金融机构落地，有效促进了金融数据的安全高效应用。

四　金融科技标准取得新进展

金融科技标准体系日益健全，适应新时代金融发展需要的新型标准体系基本形成，金融标准供给被加大，金融标准实施不断被强化，提升了金融风险防控能力，推动金融服务提质增效，支持金融业双向开放。

中国人民银行和国家市场监督管理总局联合推动将金融科技产品纳入国家统一推行的认证体系，以标准落地实施为手段，持续强化金融科技安全与质量管理，切实防范由技术产品质量缺陷引发的风险向金融领域传导，着力提升金融科技守正创新能力和综合治理水平。

金融行业不断优化移动支付相关标准体系，进一步提升支付便民利企服务能力。人工智能、云计算、区块链、商业银行 API、移动金融 App、个人金融信息保护等一系列金融科技的标准规则加速出台，提升了金融业新技术应用能力和安全保护水平。

五　金融科技伦理治理得到重视

在党的领导下，金融监管高度重视数字鸿沟、监管套利、风险外溢、算法歧视、个人隐私保护、信息茧房效应等科技引致的伦理问题。2020 年，国务院办公厅印发《关于切实解决老年人运用智能技术困难的实施方案》，提出了智能产品“适老化”改造要求。各大银行、金融科技公司等积极推进“适老化”改造工作。

金融消费者保护和金融知识普及教育工作有序开展。为贯彻落实《国务院办公厅关于加强金融消费者权益保护工作的指导意见》（国办发〔2015〕81 号），中国人民银行制定了《中国人民银行金融消费者权益保护实施办法》（中国人民银行令〔2020〕第 5 号），切实保障金融消费者合法权益。同时，中国人民银行、中国银行保险监督管理委员会、国家互联网信息办公室联合启动“金融知识普及月金融知识进万家”活动，持续提升消费者金融素养。

六 各地政府积极支持金融科技产业

随着金融科技国家顶层规划的逐步明确，各地更加积极地发展金融科技产业。地方政府结合当地产业、资源、人才、技术等优势，通过专项资金、产业基金、减税降费、配套服务等手段，做大做强金融科技产业链和生态圈。

近年来，国内多个城市相继出台金融科技相关支持政策，通过招商融资、人才补贴、融资支持、研究奖励、专项投资基金等各项优惠政策引进优质金融科技企业、研发机构及高端人才，促进、鼓励、扶持金融科技发展。2019 年以来，各地金融科技政策如表 1 所示。

表 1　各地近三年来颁布的金融科技政策

时间	地区	政策
2019 年 4 月	成都	《关于支持金融科技产业创新发展的若干政策措施》
	湖南	《湖南湘江新区管理委员会关于支持金融科技发展的实施意见》
2019 年 5 月	苏州	《苏州工业园区关于促进金融科技发展的实施意见》
	杭州	《杭州国际金融科技中心建设专项规划》
2019 年 9 月	厦门	《中共厦门市委厦门市人民政府关于大力建设金融强市打造金融科技之城的意见》
	武汉	《东湖高新区关于加快科技金融产业高质量发展的若干措施》
2019 年 10 月	上海	《关于促进金融科技发展支持上海建设金融科技中心的指导意见》
2019 年 12 月	苏州	《苏州工业园区关于金融科技发展实施意见的管理细则》
2020 年 1 月	上海	《加快推进上海金融科技中心建设实施方案》
2020 年 4 月	重庆	《重庆市人民政府办公厅关于推进金融科技应用与发展的指导意见》
2020 年 5 月	成都	《成都市金融科技发展规划(2020～2022 年)》
2020 年 9 月	厦门	《厦门市关于促进金融科技发展的若干措施》

数据来源：作者整理。

B.3
金融科技的体制机制优化

金融信息化研究所*

摘　要：近年来，金融科技快速发展，由于技术的先进性及组合的创新性，原有的体制机制与之不匹配，亟须被优化以充分发挥金融科技的作用，保障其进一步稳健发展。中国人民银行印发的《金融科技（FinTech）发展规划（2019～2021年）》将体制机制优化列为重点任务之一。本报告从治理结构、管理模式和组织方式三个层面阐述了如何对金融科技的体制机制进行优化。

关键词：金融科技　融资　金融科技标准

近年来，金融科技快速发展，由于技术的先进性及组合的创新性，原有的体制机制与之不匹配，亟须被优化以充分发挥金融科技的作用，保障其进一步稳健发展。着力解决体制机制制约金融科技发展问题，需要加快制定组织架构重塑计划，创新金融科技治理结构、管理模式、组织架构，切实发挥科技主导作用，构建完备、科学、规范、有效的制度体系，推进组织架构的轻型化、敏捷化，提升组织管理的灵活性、适应性。

（一）优化治理结构，着力科技赋能

一是开放合作，突出人力和技术因素。金融科技业要以平台为中心，强调开放合作，设计好利益协调分配机制，从而整合多方资源达到合作共赢。

* 执笔人：金融信息化研究所习辉、姜晓芳。

平台性质和科技属性决定了人力资本和技术创新的重要性。因而金融科技行业在公司治理制度设计中，可考虑“同股不同权”，投票权重向管理团队适度倾斜，并使用股权激励计划激励骨干员工。

二是重视数据治理，融入数据基因。大数据是金融科技的核心发力点，大数据和人工智能对客户体验改善、安全风控升级的作用最大。金融科技行业要在明晰数据产权和隐私保护的基础上推动数据开放和共享，加快数据标准制定及实施，完善覆盖数据全生命周期的治理体系。在整体层面实现数据整合，打造支持信息整合、建模处理、算法分析的综合性数据平台，为业务联动、决策管理提供有力数据支撑。

三是科技全面赋能，强调客户为本。金融科技行业要切实发挥科技驱动作用，加速自主技术研发，结合重点领域、重点方向实现技术应用的精准赋能，从前台、中台和后台各层面进行整体化改造，实现科技全面赋能。在资源和投入有限的情况下，集中火力，把某些重点业务做到极致，发挥长板效应，培育有竞争力的拳头产品，并将客户体验纳入战略目标中，对标互联网公司，构建真正不可复制的核心竞争力。同时重塑客户体验模式，站在客户立场，解决客户多层次的金融需求，形成以内部体验为主、内外双循环的体验模式。

（二）创新管理模式，制定行业标准

一是推动管理制度和机制创新。遵循实质重于形式的原则，尊重金融基本规律，针对科技属性对管理制度规定进行适应性、创新性调整；利用科技改进管理流程，提升管理能力，探索监管科技新模式，推动监管沙箱配套机制的完善，将监管政策与合规要求数字化，实现监管规则形式化处理、数字化转译和程序化服务，以技术管技术，防范金融科技创新风险，并研究制定金融行业数字监管报告（DRR）技术规范等，提升金融科技创新监管的专业性、统一性和穿透性。

二是要构建金融科技集中统一的管理体制和机制。行政监管和行业自律有机协调配合。明确各级政府科技部门为金融科技对口管理部门，完善监管

分工，理顺职责关系，打破部门间壁垒，提高管理协同能力；建立各类专业行业协会，加强金融科技行业的自律，如中国互联网金融协会通过自律管理和会员服务，规范从业机构市场行为，保护行业合法权益，有效发挥了社会监督和行业自律对行政监管的有效补充作用，引导行业规范健康运行，更好地服务社会经济发展。

三是制定金融科技标准，引领行业发展。加快完善金融科技标准建设。优化全国金融科技标准化工作机制，统筹金融科技行业标准归口管理，加紧研发金融科技国家标准、行业标准，并积极将其纳入法律和政策体系中，增强金融科技标准的权威性、约束力和规范引领作用。推动 LEI 在中国的全面应用实施，丰富金融产品与服务标准供给，构建与数字金融发展趋势相适应的标准体系，建立专业化的金融科技应用审核和验证体系，保证金融科技的可持续发展，防止发生系统性金融风险。

（三）调整组织方式，拓宽融资渠道

一是增强金融科技组织灵活性。依法合规探索设立金融科技子公司等创新模式，尝试孵化创新中心；加快金融业务和科技的融合，及时响应客户需求，快速迭代产品。通过试点先行、战略确立、架构调整、流程优化、资源调配、考核激励等方式，金融科技组织可探索建立具有自身鲜明特色的敏捷机制体系——结构扁平、决策率高、反应灵活，让科技人员深度前移，金融科技基因融入前、中、后台的各个环节中，以科技敏捷带动业务敏捷，提高工作效率。

二是拓宽符合金融科技创新发展规律的多元化融资渠道。支持金融科技企业上市、再融资和并购重组。继续完善和落实促进金融科技成果转化应用的政策措施，促进金融科技成果资本化、产业化。建立再融资制度，形成“小额、快速、灵活”的再融资机制，为金融科技企业提供便捷的再融资渠道。支持符合条件的金融科技企业在境外上市融资。支持金融科技上市企业通过并购重组做大做强。鼓励金融科技上市企业通过并购基金等方式实施兼并重组，拓宽融资渠道。

三是加强金融与科技产业对接。建立并完善金融机构和科技企业之间的信息沟通机制，举办多种形式的投融资对接活动，加强科技创新项目和金融产品的宣传、推介，推动项目资源、政策资源与金融资源的有效对接。支持银行业金融机构在风险可控的前提下，在业务范围内综合运用统贷平台、集合授信等多种方式，加大对高新区建设和小微科技企业的融资支持。构建产业联盟，充分利用金融机构、科研院所、相关厂商、科技企业实验室等社会力量，完善产学研用协同机制，在金融区块链、大数据、人工智能等领域开展课题研究、联合攻关、实验室共建等，加强产业对接，将成果使用、处置、收益权下放，赋予科研人员职务科技成果所有权和长期使用权，促进金融科技成果转化。

参考文献

［1］中国人民银行等六部门：《中国人民银行 科技部 银监会 证监会 保监会 知识产权局关于大力推进体制机制创新 扎实做好科技金融服务的意见》（银发〔2014〕9号）。

［2］中国人民银行：《金融科技（FinTech）发展规划（2019～2021年）》（银发〔2019〕209号）。

B.4
新型金融科技联合攻关的思考

北京金融科技产业联盟　北京金晴云华科技有限公司
中国光大银行股份有限公司　贵州易鲸捷信息技术有限公司
中兴通讯股份有限公司　上海英方软件股份有限公司*

摘　要：　本报告整理了金融科技联合攻关的典型案例，通过对案例的分析和解读，从联合攻关协作模式和特点揭示了当前金融科技联合攻关的实施路径。本报告重点从“合作内容”、“动员机制”以及“绩效评价”三个方面分析联合攻关，诠释了金融科技联合攻关的合作内容由点及面、动员机制由内向外、绩效评价统筹兼顾的主要特征，并结合我国新发展阶段对科技治理体系要求，提出主攻产业关键共性技术、积极促进跨领域科技开放合作、完善攻关项目绩效评价体系的具体对策建议。

关键词：　联合攻关　金融科技治理体系　金融科技

人工智能、大数据、区块链等技术的兴起促进了金融科技的蓬勃发展，从本质上看金融科技创新是技术融合、系统集成和产业协同创新共振的结果。中国人民银行在 2019 年 8 月发布的《金融科技（FinTech）发展规划（2019～2021 年）》（以下简称《发展规划》）提出，“加强金融科技联合攻

---

* 执笔人：北京金融科技产业联盟姚文韬、张蕾；北京金晴云华科技有限公司曲武、富吉祥；中国光大银行股份有限公司刘浩然；贵州易鲸捷信息技术有限公司王夔元；中兴通讯股份有限公司周日明；上海英方软件股份有限公司黄亮。

关、推动强化法律法规建设、增强信用服务支撑作用、推进标准化工作、强化金融消费者权益保护”。在中国人民银行金融科技委员会2020年第1次会议上，范一飞副行长特别指出：“充分发挥系统内外部力量，强化金融科技基础理论、重点领域及关键技术研究。”金融科技联合攻关作为金融科技在新发展阶段的重要举措，其经验和模式为金融科技创新提供新的借鉴参考。

一　金融科技联合攻关的模式分析

（一）以应用为导向，建设产用联合新平台

金融科技的创新本质上是横纵双向的同业协同和跨行业联合的集成创新，行业需求是拉动金融科技发展壮大的关键性因素。各联合攻关团队根据《发展规划》提出的重点任务，强化需求侧政策引导，通过整合金融行业与科技行业的数据、技术、资金和人才等创新要素资源，充分发挥行业龙头企业的引领示范作用，有效整合科研资源、技术资源和产业资源，成为面向行业输出金融科技科研攻关能力和技术开发能力的重要创新载体。“合作、开放、共享”是联合攻关的重要原则。各联合攻关团队通过构建多层面的开放创新合作平台，着力提升开放共享服务能力，促进金融科技成果的扩散与转化，使金融科技成为驱动金融行业高质量发展的新引擎。

（二）以合作为纽带，共筑产业合作新体系

当前，以5G、区块链、量子通信为代表的新一代信息技术正逐渐渗透到金融行业内，金融与科技的融合由浅及深，技术的不断成熟驱动的各类金融创新层出不穷，极大地改变了传统的金融业务形态、金融业务模式。金融科技联合攻关聚焦行业数字化转型这个根本性问题，推动行业发展与《发展规划》相契合，着力解决行业内数字化发展失衡、数据治理困境、信息

鸿沟等问题，建设开放、包容、合作、共赢的金融科技创新联盟。在联合攻关规模不断壮大的当下，产业合作是根本，我们要充分发挥市场在资源配置中的决定性作用，以市场化机制和手段引导企业落实《发展规划》任务，以合作为纽带将金融行业和科技行业不同主体结成利益共同体，共同打造开放型合作平台，帮助中小规模金融机构加速转型，形成政府主导、企业参与、社会组织促进的金融科技合作格局。

（三）以竞争为驱动，打造协同创新新机制

当前，金融科技联合攻关以《发展规划》为工作指导，坚持目标导向，深入贯彻落实党中央关于深化科技创新体制机制改革的决策部署，突出金融科技在发展过程中面临的共性问题与个性问题，建立新型科技任务组织实施机制，增强《发展规划》对金融科技总体任务布局和要素资源配置的指导作用，构建“顶层设计—规划研究—任务布置—组织实施”的高效衔接机制。金融科技联合攻关对《发展规划》中明确提出的重大战略任务，采用“揭榜挂帅”的任务管理方式；对具有开拓意义的金融科技创新任务，鼓励由多个牵头单位对同一个研发项目同时进行攻关，实行“赛马制”的任务管理方式，前期注重前沿探索，扩展创新边界，后期聚焦优势主体，强化竞争，突出优胜劣汰。这不仅丰富了创新成果，也更好地推动各项技术的应用落地，增加相关技术路线或方案的储备，一系列的课题通过“赛马制”形成了技术路线的互补，实现了利益的最大化。

二　金融科技新发展阶段联合攻关的特点

（一）合作内容由点及面

当前，金融科技联合攻关呈现打破行业界限，企业间深度合作的趋势，既发挥不同行业、不同业态的比较优势，形成各具特色的金融科技协同发展

的格局，又重视行业内龙头企业的辐射带动能力，“以点带面”助推金融科技创新。针对金融与科技融合应用过程中的痛点，联合攻关普遍采用大型金融机构和科技企业“揭榜挂帅”的机制，围绕相关企业发展过程中的“急、重、险、难”关键技术问题，通过实施一批金融科技联合攻关项目，共享重大应用成果，助力解决制约金融行业发展的关键技术难题，通过典型示范，进而影响和带动金融行业的普遍创新。

（二）动员机制由内向外

联合攻关不同于传统企业内部研发，涉及多方利益关系，需要在联合攻关成员间做好资源和成果的合理配置。当前，联合攻关多以项目和课题为基础，建立自上而下的引领机制和自下而上的动员机制，塑造一个充满活力和生机、稳定有序的科技创新共同体。传统的项目开发由于组织内部的非强制性关系，各个层面都缺少自主性，在建立现代组织体制的背景下，新型的创新体系建设工作应更能反映市场，引导社会力量、政府和市场共同推动创新。此外，不同于自上而下的企业推动，联合攻关的开发理念更加强调多元主体发挥作用的利益协调机制，强调运用市场机制和市场化激励手段以及多层面的要素资源配置补充，以“共赢”的理念引导金融科技创新，真正激活金融科技发展的内在动力。

（三）绩效评价统筹兼顾

随着科研合作模式和研究内容不断迭代，金融科技已经成为综合性程度极高的科研项目，跨学科融合程度相较其他行业具备更复杂、集成性更强的特征。相对于传统科研攻关主要围绕单一技术链和目标，金融科技项目评价要兼顾技术、市场和成效等多方面因素，着力破解金融科技创新与市场双轨制的现象。首先，积极落实“十四五”规划对金融机构数字化转型的要求，围绕金融与科技交叉学科领域和创新方向培养一批具有国际水平的战略科技人才、科技领军人才和创新团队。其次，深化科技评价机制改革，确立以应用价值、可靠性、综合贡献、总体绩效为核心的评价导向，实行与金融科技活动规律相适应的跟踪和分类评价制度，优化科技奖励项目。最后，侧重目标导向到实现目标与注重效益并重，体现国家使命和创新绩效的有机结合。

三　金融科技联合攻关典型案例

针对金融科技发展中面临的共性技术难题，中国人民银行积极引导金融机构、科技企业、高校和科研院所等加强交流协作，在此背景下，中国金融电子化公司在中国人民银行金融科技委员会办公室指导下，倡议成立“北京金融科技产业联盟”。该联盟通过组建专业委员会和成立联合实验室等方式，促进金融科技向纵深发展，推动金融科技产用对接，强化产业链上下游技术整合和优势互补，打造集约高效的新技术联合攻关机制，提升金融领域科技创新应用整体水平。

（一）成方金科联合麒麟软件协同攻关

成方金融科技有限公司（以下简称成方金科）是中国人民银行下属的金融科技类公司。2021 年 3 月，成方金科与麒麟软件组建联合攻关小组共同就中国人民银行业务终端及关键业务适配展开联合攻关。成方金科经过对中国人民银行内部业务系统的测试梳理，结合当前金融业务系统的发展方向，制定了以 B/S 架构为主线的业务发展路线；通过 C/S 转 B/S 架构、老旧业务系统淘汰和运行环境迭代更新等方式，对原有业务系统进行数字化转型。

成方金科以问题为导向、以系统重要级别为依据，对目前央行约 200 个业务系统在信创迁移过程中存在的各类问题进行梳理，总结出四类共性问题，包括数据库、浏览器插件、国密安全、金融外设。其通过大量的测试验证与分析，制定了产金联合的攻关路线。由于操作系统承上启下的特殊性，成方金科选择麒麟软件作为联合攻关合作方，建立联合攻关机制；制定了由易到难、由点到面的信创迁移思路，选择了多个有代表性、覆盖面广且能够落地的试点系统进行验证；解决中国人民银行在信创迁移过程中存在的四类共性问题，产出阶段性成果，形成关于四类主要问题的共性解决方案，并对央行计划的试点业务系统进行适配验证。

在整个信创适配阶段，该联合攻关小组以终端适配为先、以服务端核心技术突破为前提稳步推进适配迁移工作。其在终端方面，先进行软件对接后进行硬件测试；在整体应用系统适配方面，先进行功能模块验证后进行性能调优；通过对前期需求的综合分析尽可能地避免重复测试、无效适配、方案漏洞以及非必要的项目延期；在形成阶段性成果后，充分验证适配成果的可行性，为后续业务系统的全面适配迁移提供技术性指导意见。

（二）贵阳银行联合产业链打造全栈国产化系统

面对海外巨头在金融核心业务中的技术垄断，为了保障金融安全，快速实现核心业务的信息安全，贵阳银行联合易鲸捷制定了全栈国产化的银行核心系统解决方案。其在实施过程中以国产数据库为中心，集成全产业链技术进行深度优化，为建立中国自己的金融核心技术生态与标准，突破海外技术垄断提供条件。

银行传统核心交易系统项目实施流程需要各个厂商单独采购和适配产品，项目周期长，优化深度不够，导致系统稳定性等性能存在不足，很难在有限时间内完成全银行业的系统替换任务。贵阳银行将所有的上下游厂商汇聚到一起，打造银行核心交易系统全栈信创体系的解决方案。在项目实施过程中，该联合攻关团队关注各个银行顶层业务系统中的个性化开发，大大缩短基础软硬件的联调适配工作；并且通过各个厂商的紧耦合，共同推进信创全产业链的快速发展，消除各厂商单独推进项目所遇到的各种产品适配阻力，加快构建内部金融技术生态与标准。贵阳银行全栈解决方案在 2021 年 5 月已完成对各个产业侧的深度优化。基于 ARM 架构的全栈解决方案能够支撑数万 TPS 的核心交易需求，达到了 X86 架构的性能水平。

国家持续推动信息技术应用创新的发展，但国产技术相对来说起步晚，没有构成稳定的国产技术生态，任何一个单独模块的替换都需要进行大量的兼容适配工作，稳定性、安全性还有待验证，尤其是芯片、操作系统、数据库这种基础软硬件，这给信创产业的推广造成了难以快速跨越的困难。贵阳银行与易鲸捷实施的核心系统全栈国产化联合攻关项目，是目前唯一一个银行核心交易系统采用全栈信创体系解决方案，并且具备可落地的条件。该项目包含了银行营业所必需的业务系统，同时包括服务器、操作系统、数据库、中间件等基础软硬件产品。该项目实施的最终成果将为银行业树立业务系统全面国产化的标杆，并将业务系统的上下游全栈产品深度优化，打造成紧耦合的银行核心业务全栈解决方案，为快速推广、落实信创目标提供最有力的保障。同时，该项目的实施还将信创体系下银行核心业务全产业链厂商们紧密地捆绑在一起，构建成紧耦合的国产技术生态体系，打破各厂商力量分散、整体行动迟缓的困局，通过生态力量突破传统技术的垄断，甚至走向世界，形成属于中国自己的、具备强竞争力的银行核心应用系统生态标准，推动信创全产业链技术的快速发展。

（三）光大银行进行分布式数据库建设

当前分布式数据库技术正在快速发展，涌现出了各具特色的产品和技术方案，且仍在不断地优化演进，还没有形成完全成熟的产品和具有明显领先优势的厂商。光大银行对于分布式数据库领域的技术发展进行了长期的跟踪。2019 年初，总行信息科技部将“分布式数据库建设”作为十大技术创新项目（10T）之一进行重点推进，并提出提升处理能力、增强可用性、实现跨数据中心多活以及保障供应链安全的四大建设目标。经过一年多的努力攻关，其初步形成了具有光大银行特色的分布式数据库技术方案，即“自主知识产权的分布式数据库研发”和“NewSQL 分布式数据库产品引入”双轨并行、互为补充、互相促进的技术发展机制。其中，在自主知识产权的分布式数据库研发方面，与光大科技、万里开源合作开发了“安沃分布式数据库系统（EverDB）”。该产品根据光大银行实际需求，在完成数据库访问请求的横向分布式扩展之外，还集成了数据复制、切换、管理等模块，目标是构建简单、健壮、部署灵活、适应光大银行应用部署特点，特别是渠道类应用系统和大规模单元化分布式应用部署所需的分布式数据库产品；在NewSQL分布式数据库产品引入方面，通过对比测试，引入了国内分布式数据库厂商平凯星辰的TiDB产品进行试点。

在分布式数据库的后续建设阶段，通过对两种技术路线的分布式数据库在行内业务系统中的应用实践和总结，光大银行将继续加大资源投入，扩大分布式数据库研发和运维团队规模，着力提升产品在分布式事务处理效率、灾备切换、运维管理、容量趋势分析等方面的能力。光大银行通过自身的研发能力建设以及和相关厂商的密切合作，让分布式数据库技术更好地适应自身的业务发展。

（四）中国建设银行联合中兴通讯构建大规模分布式通用平台

金融行业科技转型带来的业务系统数据库快速增长，使得原有存量数据库系统无法承载，迫切需要采用分布式数据库解决数据库扩展难题。原有传统数据量向分布式数据库迁移过程中，数据库架构不同、数据库开发语法及运维方式迥异，带来诸多方面的技术挑战，如业务应用适配改造，存量数据库到分布式数据库的迁移等，需要投入大量的人力和时间。

中国建设银行与中兴通讯股份有限公司（以下简称中兴通讯）开展联合技术攻关，基于行内现有分布式开放平台能力，充分利用GoldenDB分布式数据库的事务一致性优势，扩展平台服务能力，简化平台架构，将基础数据能力和业务能力解耦，打造更加通用的基础平台。双方利用新平台能力（平台+数据库），对现有存量应用做兼容，做到现有核心应用无须变化和修改，可直接迁移到新平台架构中。同时双方联合研发，在分布式事务一致性、业务迁移、数据备份、并网测试比对等方面，形成平台能力，实现智能化应用迁移环境，简化业务向新架构迁移的复杂度，并在项目过程中总结提炼业务下移的通用方案及规范。

中国建设银行针对未来两地4AZ的基础设施建设计划，设计多地多中心多活的数据库部署方案，既满足当前阶段在两地3AZ场景下的部署需求，又满足未来4AZ场景的多活扩展要求。为进一步发挥分布式数据库优势，双方通过梳理现有平台架构模式，在前端应用路由和跨系统服务整合层分别找到切入点：一是业务请求接入应用服务单元仍然使用平台原有应用路由组件，应用服务单元内部的数据路由使用分布式数据库，减少应用路由组件数据存储和计算量，提升路由速度；二是跨地域的服务交互使用现有服务整合层，单地域内部充分发挥分布式数据库特性，减少分布式应用对平台服务整合的压力。

中国建设银行与中兴通讯联合设计并行验证方案，包括全量迁移方案、增量迁移方案、流量双发方案、数据比对方案。基于上述联合技术攻关成果，目前多支业务已经投产上线。

四　金融科技联合攻关的启示

一是立足行业总体规划，主攻产业关键共性技术。《发展规划》指出，推动我国金融科技发展居于国际领先水平，实现金融科技应用先进可控、金融服务能力稳步增强、金融风控水平明显提高、金融监管效能持续提升、金融科技支撑不断完善、金融科技产业繁荣发展。关键共性技术具有基础性、关联性、系统性、开放性特征，一个“点”的突破，可以带动金融产业的技术跃升。从全球经济和科技发展趋势看，行业的竞争，需要从更高的维度看，竞争已不再局限于行业内企业与企业之间的竞争，也不再是几项高新技术的竞争，而已经转变为战略性的泛在竞争关系，即基于整个金融产业链的整体性竞争。开展金融行业前沿和关键共性技术的研发攻关，要通过构建新型创新平台，提高金融科技成果转化率，还要提高创新体系整体的开放协同性，推动创新资源在创新主体和应用主体之间有效流动，形成形式多样的创新共同体。

二是加快建设和完善科技创新治理体系，积极促进跨领域科技开放合作。党的十九届四中全会审议通过的《中共中央关于坚持和完善中国特色社会主义制度、推进国家治理体系和治理能力现代化若干重大问题的决定》特别强调“加快建设创新型国家”“强化国家战略科技力量”，并对“完善科技创新体制机制”做出了一系列部署，要求全面深化科技创新体制改革。适应金融科技产业合作组织的科技创新治理体系能够为深化产学研多层面合作提供重要指引，促进形成多层次技术创新决策、研发投入、科研组织和成果转化的主体，使金融科技创新转化为提高金融企业数字化水平的产业活动。完善的科技创新治理体系可扩大联合攻关辐射面，吸纳跨区域、跨领域、跨行业、跨系统的创新主体，覆盖到更多的金融和非金融机构，实现战略研究、原始创新、技术创新与产业的相互结合，创造更多、更有应用价值的联合创新成果。

三是注重创新综合价值，完善攻关项目绩效评价体系。联合攻关涉及面广，需要充分考虑项目绩效评价的特点，不能照搬企业内部的评价体系，不仅要创新评价手段，更要从绩效目标设定、评价体系选择和绩效信息的有效利用等环节加以优化，持续提高联合攻关绩效评价的科学性和可操作性。联合攻关需要结合实际发展情况，在项目实施前对使命和目标进行明确，从而为绩效目标的设定、评价指标的制定提供明确的导向，为实施分类评价创造条件。同时，联合攻关要引入交叉评价机制，与专家评价合理分工，其中专家评审主要负责技术价值层面，联合攻关内交叉评价主要负责应用层面，此外，联合攻关牵头方还要发挥好管理、监控职能，针对不同绩效考核对象建立评价指标库，提高评价指标体系的灵活性，强化评价结果的应用。

场景应用篇

Scene Application

B.5
大数据在金融业的应用探索

中国工商银行股份有限公司、中国农业银行股份有限公司、
神州数码信息服务股份有限公司、华为技术有限公司
上海跬智科技有限公司、深圳致星科技有限公司*

摘　要：推进大数据发展，持续做大做强大数据产业，培育壮大数字经济，关系到“十四五”时期经济社会发展全局，大数据已经成为数字经济社会的关键驱动力。本报告介绍了近年来大数据作为特殊生产要素，呈现数据规模持续增大、跨域需求不断增长、支撑关键业务不断增多、数据流动加速等特点，对大数据技术在可持续演进的资源供给、融合生态、数据安全、时效方面提出了要求；分别阐述部分金融机构的大数据应用探索案例，包括多元算力混合部署、数据中台、数据安全合规、损益预查询、反欺诈等方向；详细分析目前遇到的主要难点和对

* 执笔人：中国工商银行股份有限公司袁一、夏冰沁；中国农业银行股份有限公司范素洁；神州数码信息服务股份有限公司马洪杰、辛园、刘烨；华为技术有限公司王宁、王明迪、侯荣沏；上海跬智科技有限公司韩卿、胡初凡、周涛；深圳致星科技有限公司陈凯。

策，进而展望大数据在金融行业下一步的发展方向。

关键词： 金融业 大数据 数据中台 数据安全 数据时效

近几年大数据技术不断推陈出新，在千行百业中加速落地，通过改变战略决策、改变企业创造价值及企业服务客户的方式，不断彰显数据对业务的驱动力。而大数据技术在金融行业的推动力量最为明显，推动着金融服务与产品的革命性创新，促进整个金融行业数字化转型不断升级。

一 2020年大数据技术发展情况

2020年，随着金融行业数字化转型进入深水区，大数据技术已成为核心的分析系统，大数据技术也将进一步增强大数据平台的可靠性、融合分析、实时性、安全性等能力，总体而言，其呈现如下几大特征。

（一）数据规模持续增长，亟须可持续演进的资源供给能力

金融业数据增长强度位居各行业之首，其中银行数据增长最快，大数据平台已是金融业核心的分析系统，需通过多种技术手段不断提高其大数据平台的基础资源供给能力，其中涉及如下多个关键技术点。

1. 大规模集群跨域部署能力

面对飞速增长的数据量，传统大数据平台超过一定规模需要分割集群，造成集群割裂、系统割裂、数据割裂等问题。在大数据可扩展性方面，业界主流方案均支持5000节点以上的大数据集群，基于超大规模集群的高扩展能力，使得资源实现统一调度和运维，多租户资源利用率也得到大幅提高。

2. 多元化算力混合部署能力

在大数据新老设备兼容性方面，金融机构新增的底层硬件与原有非国产设

备间的兼容性，通过大数据混合部署方案得以解决，实现了 X86 与 ARM 的混合部署，既满足了信息技术应用创新的要求，又实现了新老设备的有序融合。

（二）数据跨域融合需求不断增长，融合生态不断完善

1. 数据中台

传统的大数据平台主要以批量加工类场景为主，对于批量加工的结果通常需要导出到关系型数据库中进行联机访问，造成数据冗余、不一致、时效慢等问题。因此，当前各大头部金融机构都在建设数据中台，通过微服务的形式来提供联机数据服务。头部金融机构采用数据湖和数据仓库，构建湖仓一体化的统一数据平台，实现了湖内建仓、以湖建仓、湖仓协同等，对外提供离线分析、实时分析、交互式查询等。同时，统一的数据治理工具，结合数据治理方法论，使得开发人员在一个平台上实现数据集成、规范、开发、开放服务等全流程。

2. 湖仓融合

金融行业领跑数字化转型，数字化水平排名前十的金融机构占 50%，但仅头部金融机构做了系统性规划，在集团层面建立统一数据平台，大多数地方金融机构内部仍存在湖仓割裂、“数据孤岛”等现象。在 2020 年数据融合分析技术得以增强的情况下，金融机构通过虚拟化引擎打通数据湖和数据仓库，结合底层大数据存算分离方案，实现全量数据统一存储；通过统一元数据实现全量数据视图统一；上层提供 SQL 接口实现接口统一，并极大地降低了大数据使用难度。这种湖仓一体架构，使得金融行业构建逻辑数据湖，全局使用一份数据，实现使用计算引擎灵活构建，以应对高速发展的业务需求。

（三）支撑关键业务不断增多，数据安全要求高

1. 大数据容灾

如今大数据平台已进入核心分析场景，在大数据平台可靠性方面，可通过以下三个维度提高其可靠性。首先，通过备份恢复整体方案和备份到远端集群、第三方 NAS 平台等方式，提高元数据、业务数据全量/增量备份和恢

复能力；其次，采用单集群跨 AZ 技术方案，提高机房级 HA 能力，确保单机房故障不丢数据；最后，通过大数据集群异地灾备方案，保障上层金融分析业务继续正常运转。

2. 大数据平台安全

在安全管理方面，大数据平台从网络、主机、应用、数据、认证五个安全维度，确保大数据系统安全。网络隔离采用多网络平面部署保障核心业务数据实现物理隔离，业务平面仅支持业务网接入，管理平面仅支持运维网络接入。主机安全采用操作系统内核安全加固，控制操作系统权限，保障协议与端口防攻击。应用安全采用用户级别的访问控制，实现细粒度权限控制能力。数据安全通过 Hadoop 数据校验，保证数据完整性，采用传输加密、存储加密保证数据的保密性。认证安全基于用户和角色的认证统一体系，采用 Kerberos 安全协议和 LDAP 账户管理，实现登录退出等操作的安全审计。

（四）数据流动加速，时效要求越来越高

在金融实时营销、实时推荐等分析场景，传统大数据方案往往采用批量集中处理、T+1 提前预计算方法，造成上层业务感知慢、实现逻辑复杂等问题。2020 年，大数据在 ACID 能力和实时 OLAP 分析技术方面得到提升，使得金融供数时效从 T+1 走向 T+0。其中，Hudi 作为实时增量数据处理组件，提供了行级 Insert、Update、Delete 的细粒度实时同步能力；实时分析引擎 ClickHouse 可在 PB 级数据下做到毫秒级响应，实现即时 BI，使业务分析更加敏捷。

二　2020年大数据在金融领域的典型案例场景

（一）金融业信息技术创新实践

案例 1：中国工商银行自主可控转型实践

近年来，中央和国家部委从支持我国高端信息产业发展、确保国家金融

安全出发，持续推动金融业关键信息基础设施安全可控转型工作，中国工商银行积极推进大数据平台的自主可控转型工程建设工作。

通过开展原型验证，中国工商银行确定基于国产 ARM 服务器、国产中标麒麟操作系统，搭建大数据 Hadoop 集群、MPPDB 集群，并开展相关适配改造，解决自主平台软件与国产芯片服务器、国产操作系统兼容性问题和性能问题。集群成功搭建后，其通过数据双加载、数据复制等技术将试点应用所需的基础数据同步至国产化集群，并向试点应用提供灵活调度服务和互联互通能力，作业在新集群和老集群上并行运行，数据核对通过后，正式切换为国产化集群对外提供服务。

为兼顾对存量硬件资产复用，在 Hadoop 集群的建设方案中，中国工商银行率先实现了多元化算力混合部署能力，将 X86 和 ARM 服务器部署在同一个大集群中，在提升自主可控能力的同时，也有效复用了存量硬件资产。

转型改造之后集群运行状态稳定，同时在平台改造过程中，中国工商银行充分利用了 ARM 架构中多核并行计算指令集，使关键业务场景的批量性能提升60%以上。通过本次改造过程中积累的技术实力，中国工商银行为金融业大数据平台的自主可控转型提供了一套成熟的解决方案和实施路径，助力智慧金融转型和发展。

（二）金融业数据中台实践

案例1：中国农业银行数据中台

为解决企业数字化转型面临的诸如烟囱效应、数据孤岛等问题，中国农业银行构建了企业级数据中台（见图1）。其基于业界首创 MPP + Hadoop 融合架构，依托“三库一市”沉淀数据资产，运用机器学习、深度学习等算法孵化各类智能模型，形成“数据 + 算法”的数据中台核心架构。

中国农业银行数据中台目前已实现全行重要生产经营、对客服务系统全覆盖，通过陆续接入工商、司法、海关等行外多领域数据，有效融合内外部

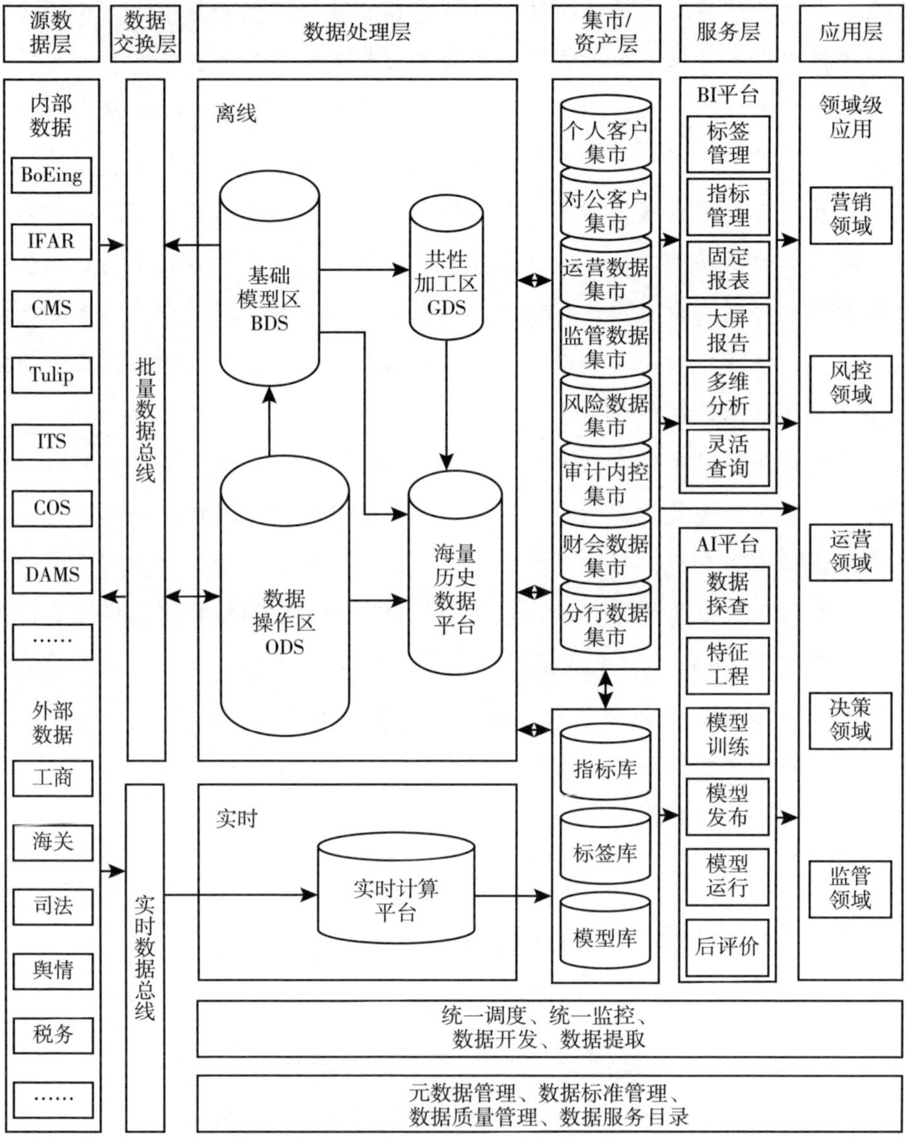

图1　中国农业银行数据中台

数据，建立起全行统一、数据标准的服务平台。其基于大数据技术将海量客户信息蕴含的客户特征转换为可辨识、可共享、可应用的标签，围绕客户建立资产、风险、行为等标签视图，全面、深入、准确地描绘千人千面的客户特征，形成客户画像。其通过与传统的关系型数据库灵活融合，实现了实时数据加工定制与海量数据离线处理的融合。

案例 2：神州信息三农金融数据中台

近年来，党中央、国务院高度重视发挥农村金融在服务三农中的核心作用。2021 年中央一号文件首次提出发展农村数字普惠金融，并支持市县构建域内共享的涉农信用信息数据库。神州信息三农金融数据中台（见图 2）围绕“建立完善金融服务乡村振兴的市场体系”的要求，结合大数据、物联网、互联网、4/5G 网络通信、3S 技术，搭建农村与金融机构之间的“农村 + 金融”服务桥梁。该平台通过数据汇交机制、异构空间数据共享等技术将各类信息数据资源进行有效融合，为用户提供准确的信息服务，支持多种格式、不同来源的数据共享。

神州信息三农金融数据中台打通农业农村数据壁垒，将数据信息（农户、经营主体、产权交易、产业扶贫信息等）、资金服务（征信、贷款、资金、支付、惠农缴费）进行整合，提供三农基础数据服务、数据校验服务、金融主体资信评估、评价分析报告、科技金融产品（数字风控模型与全流程解决方案），打造农业农村金融生态圈，打通政府、金融机构、农业农村等乡村金融服务产业链的关键环节，为三农金融赋能提供一体化应用服务。

（三）金融业数据安全实践

案例 1：神州信息银税互动业务管理平台

国办发〔2018〕104 号文要求，充分发挥纳税信用信息在普惠金融体系建设中的重要作用，加强数据安全管理，保护企业合法权益，促进银税互动积极健康发展。

神州信息承建了多个省市的银税互动开放平台，并自主研发银税互动业务管理平台，为保障数据交换的高可靠性，税务局系统与银行系统之间网络

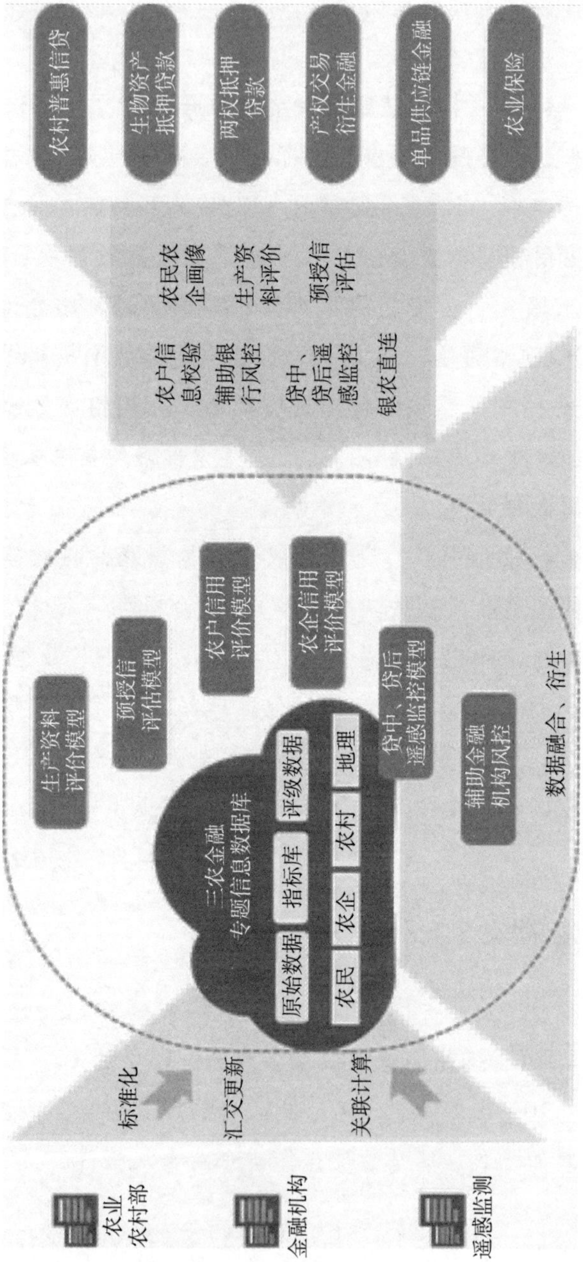

图 2　神州信息三农金融数据中台

通过传输专线进行连通，设置安全区域，包括独立的“接入区”“DMZ 区”“内网区”，安全级别依次为低、中、高。在数据安全方面，其通过非对称加密、动态随机密钥等确保数据完整性、抗抵赖性、防攻击、防敏感信息泄露，同时对数据库安全和应用安全进行了整体设计及部署。该平台基于区块链技术，实现税务数据资产化处理，将企业税务数据与其他维度数据源相结合进行采集、清洗、融合、加工，形成企业大数据风险指标体系，实现企业数据资产自主安全合规的流动，为税务大数据在金融行业的场景融合应用以及构建大数据风控模型提供全面支持，提高银行授信效率以及风险控制能力。

案例 2：星云隐私计算平台

伴随《中华人民共和国数据安全法》等顶层法律的落地施行，各行业对数据安全的讨论与重视度也空前高涨。2020 年 11 月，中国人民银行发布《多方安全计算金融应用技术规范》，2021 年 3 月《金融业数据能力建设指引》出台。两份行业标准进一步明确了机构处理数据时要遵循“安全合规、最小够用、可用不可见”等基本原则，确保数据所有权不因共享、应用而发生让渡。

为满足数据应用流通与隐私保护需求，深圳致星科技有限公司基于联邦学习与各类创新技术，打造了星云隐私计算平台（见图 3）。该平台通过海量可信安全数据接入、数据加密与算力加速、多源数据融合隐私计算、权限管理以及数据通信存证审计的软硬件“一站式”服务，解决机器学习框架环境配置、IT 部署能力要求高、数据资源申请周期长、数据必须明文传输、模型训练操作门槛高、模型结果复杂难于查看以及训练过程中审计存证难等问题。

在产品能力方面，星云隐私计算平台提供丰富的算法库与易用、统一的用户界面，通过兼容联邦学习、多方安全计算、可信执行环境、同态加密等隐私保护技术，支撑起联合建模/推理、联合查询/统计等各类应用场景，实现安全合规的数据流通共享，释放数据价值。该平台搭载自研高性能网络加速技术和异构算力加速方案，强化分布式计算的通信效率与计算能力，实现

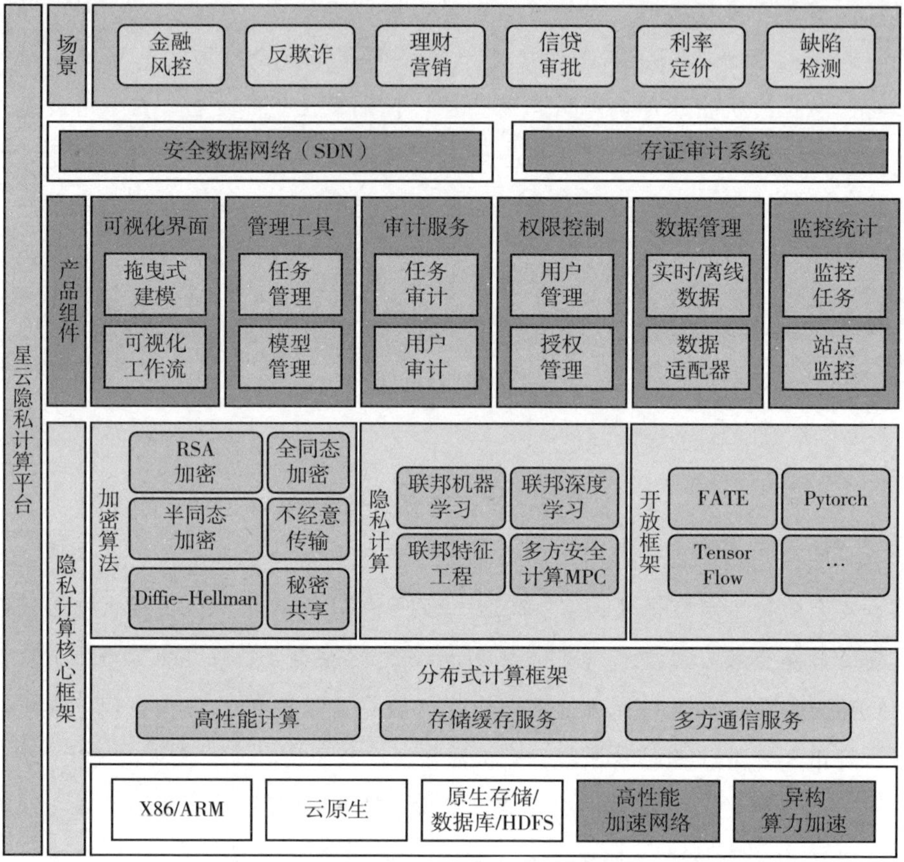

图3　星云隐私计算平台框架

50~70倍的单点算力提升，将计算节点之间的延迟缩短3倍以上，功耗节约70%以上，解决隐私计算因使用同态加密而产生的计算压力与时延问题。另外，针对多方参与联邦学习中的恶意行为，星云隐私计算平台可提供实时与事后审计、分析、存证，探测到来自控制流、算法流、数据流三个方面的风险，并可通过预警设置，推送告警信息给监控运维人员进行处理，进一步保障数据融合的通信与计算安全性。

目前，星云隐私计算平台已在多家头部金融机构落地。在某大型国有银行的落地项目中，星云Clustar深度结合业务需求，为其搭建了基于联邦学习的多方安全建模平台，满足了业务方联合查询、联合建模、联合运算等场景的数据合规流动的需求，同时对数据资产、流程日志、加密中间结果进行安全审计以确保流程可追溯，以“可用不可见”的方式帮助该银行打通全行内外部的数据共享，优化流程标准与降低管理成本的同时，为该银行未来进行更大规模的数据开放提供了技术基础。

（四）金融业数据时效提升实践

案例1：中国工商银行损益预查询场景

损益预查询是年终决算当天的重要步骤之一，是业务掌握损益情况的重要手段。随着业务量增长，损益预查询时效压力日益增加。

改造前：

中国工商银行原损益预查询基于主机批量加工，加工结果点对点传给财务管理应用进行特色加工和展现（见图4）。场次加工到展现结果耗时超过45分钟，未达到20分钟查看业务结果的预期。

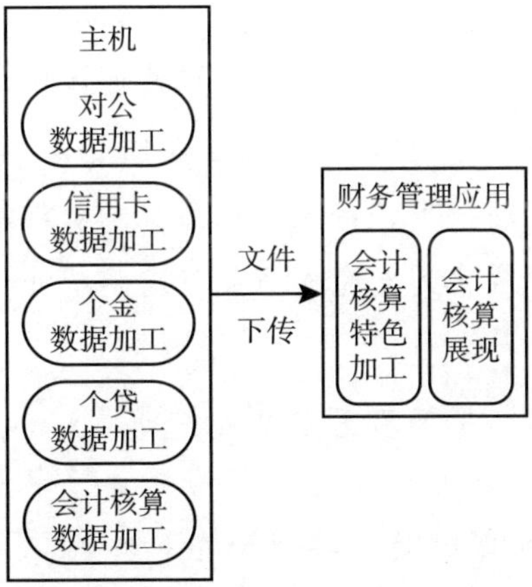

图4　损益预查询原主机加工流程

改造后：

新平台将数据的加工处理拆分成基础数据预处理和增量数据准实时处理，通过每秒复制10万~20万条记录的数据复制技术，将待加工数据导入数据湖，基于大数据平台通过平台化开发完成数据加工，最后将结果存储在大数据平台，以联机接口方式向目标应用提供数据服务并展现（见图5）。

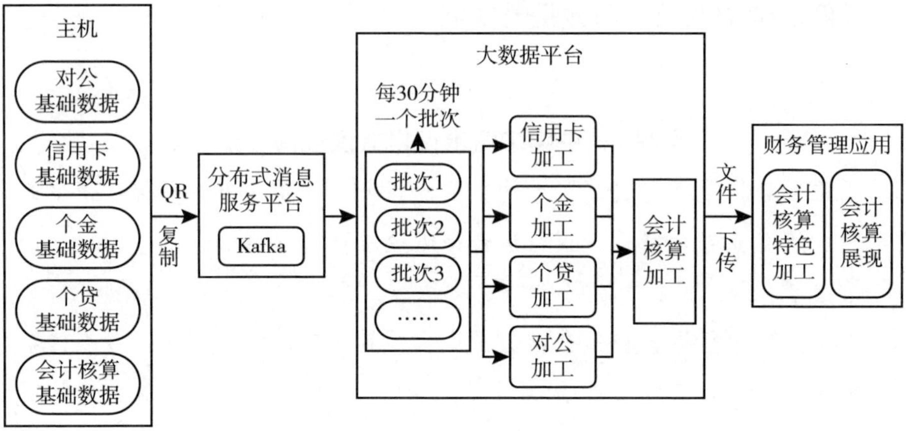

图5　损益预查询大数据平台改造后加工流程

对于基础数据，安排在主机凌晨定时预处理场中加工并下传给大数据平台，并由会计核算做预加工处理；对于当天已记账的日志、明细等增量数据，通过准实时数据传输技术，将主机产品日志明细等数据传输至大数据平台，各产品应用通过平台化开发完成增量日志解析处理，由会计核算完成数据汇总处理。

上述方案对日均数亿笔的处理数据，实现了准实时同步及加工计算10批次到30批次的提升，每批次共耗时15分钟，效率上相比原主机加工时间缩短50%，大幅提升处理时效，并减少了年终决算当日的主机资源开销，降低了成本。同时，其增强了各主机业务的联动性，强化了全行数据共享体系，便于价值挖掘和数据资产管理、治理。

案例2：中国农业银行智能反欺诈平台

企业级智能反欺诈平台（见图6）是中国农业银行为应对当前风险场景线上化、专业化、高科技化的新形势，对全行欺诈风险进行高效拦截和精准打击的一体化管控的数字化转型实践。该平台支撑跨领域、跨渠道联防联控，打造模型智能高效、数据整合互通、监测手段多样、场景全面覆盖的欺诈风险防控新架构。

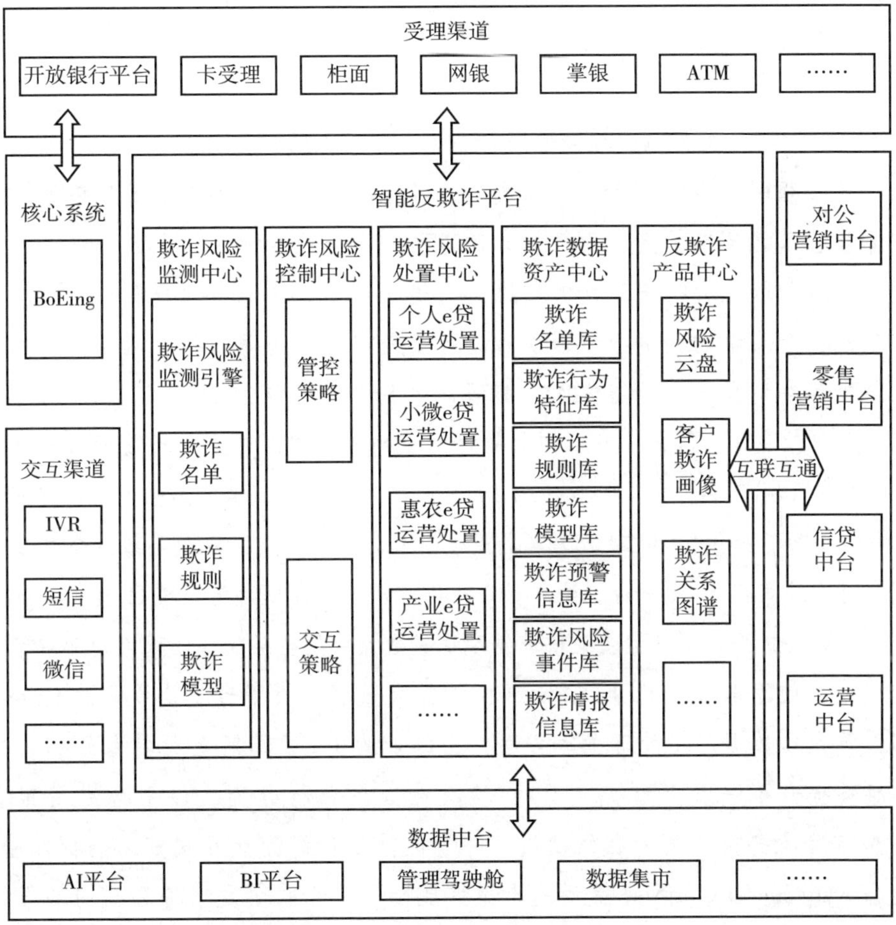

图6　中国农业银行智能反欺诈平台

该平台日均交易峰值达3.5亿笔，各类监测模型400余个，覆盖信用卡、网络金融、银行卡、在线信贷等重点业务，日均有效预警量7万余笔，有效遏制了网络欺诈犯罪。该平台依托数据中台，基于大数据+AI赋能，一是采用实时流计算技术完成对高风险交易的实时监控，实现了毫秒级的服务响应，特别是在掌银、网银、信用卡千万级业务量场景下，实现从秒级到毫秒级的实时场景提升；二是基于机器学习模型，单模型识别准确率较专家规则提升3~5倍，实现了从规则模型到AI智能模型的优化，全面提升了全行欺诈防控智能化水平。

案例3：跬智信息金融Cognos BI国产化替换

随着互联网技术的逐渐深入发展，各金融企业的业务范围不断拓宽，用户体量也随之不断扩大，大数据开始进入金融企业的视野。大数据时代对人类的数据驾驭能力提出了新的挑战，而过去传统的Cognos BI多维分析技术在应对如今海量的数据分析需求时，不管是在数据处理的时效性方面，还是在数据的查询和分析性能方面，都面临诸多的问题和挑战。

跬智信息作为国内少有掌握大数据技术的领导者，专注于大数据智能分析领域方向，并自主研发了Kyligence Enterprise新一代人工智能增强型大数据管理和分析平台，提供在PB级数据集上亚秒级查询响应，支持互联网级的高并发访问，可无缝兼容各BI平台。该平台为业务分析师、数据科学家和IT提供了统一的大数据分析平台，助力企业快速发现海量数据中的业务价值，助力商业决策。

银联使用Kyligence Enterprise作为其大数据分析平台替换原来的Cognos BI，首先在数据加工处理效率方面，由原来的T+N缩短至现在的T+1，效率整体提升4倍以上（见图7）。其次在数据分析方面，该平台满足银联3000多个数据分析用户在线使用，并能提供亚秒级的交互式查询分析体验。结合Kyligence Enterprise提供的丰富扩展接口，银联研发出符合其内部数据分析人员使用的全新多维分析BI平台，在实现技术完全自主可控的同时，不仅可延续过往用户在使用Cognos拖拽分析报表的习惯，而且满足部分高级用户通过自定义SQL方式来查询和分析数据的需求。

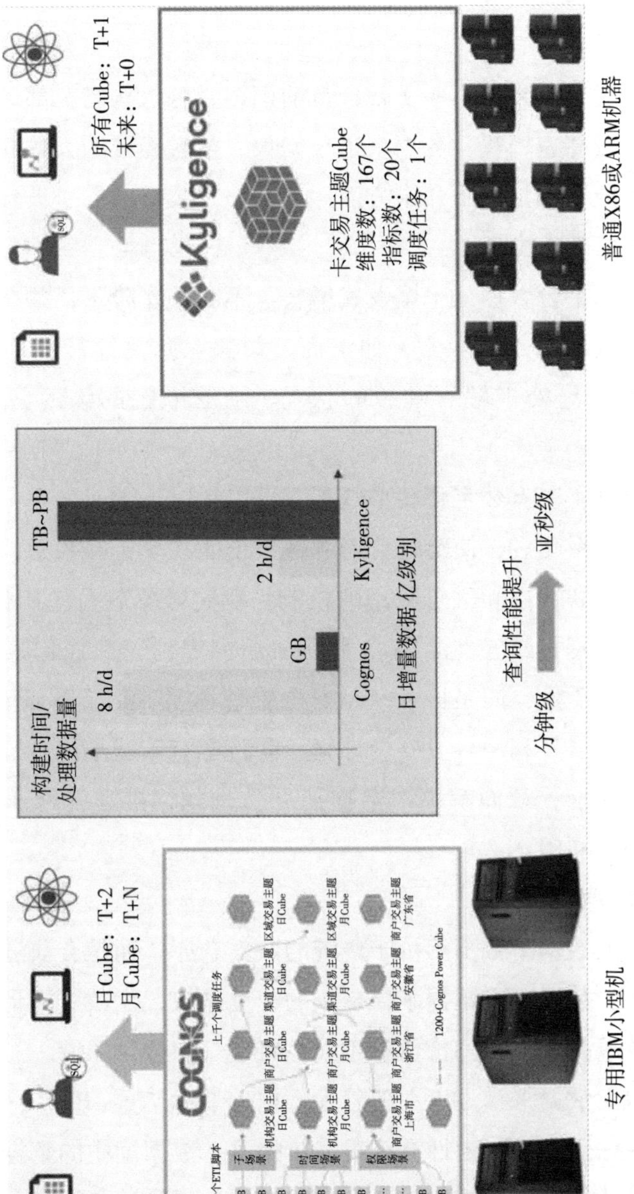

图7 银联大数据分析平台效率提升对比

三 2020年大数据应用在金融领域的难点与对策

金融行业在大数据领域不断实践，目前国内金融机构已全部迈入大数据领域。随着业务量高速增长，数据量迅猛增长，金融领域的大数据应用仍面临巨大的挑战，主要包括以下几个方面。

1. 跨行业数据融合应用

目前，大数据平台数据处于爆发式增长、不断入库阶段，并在一些项目中进行了跨领域数据接入的探索，如工商、司法、海关等行业外多领域数据，但各行业数据仍处于较为割裂的状况，缺乏顺畅的沟通共享机制和标准。

为使各行业真正享有数字化转型红利，可以从以下方面入手：一是推进统一的数据标准体系建设，使跨行业跨领域数据能共享、好共享；二是建立跨行业服务系统互联互通和融合应用的机制，制定数据融合应用标准规范，在系统建设中使数据标准落地，规范数据使用流程；三是强化数据质量监测，提升基础数据质量；四是持续完善安全管理体系，切实保证数据隐私、商业秘密不泄露；五是利用多方安全计算、联邦学习等技术，进行同业数据建模，实现价值交换，从而解决“数据孤岛”问题，推动各行业数据资产的有效整合和深度利用。

2. 数据时效性要求高

数字化时代大数据平台不等价于传统的数据仓库，而是会演进成数据流动和汇集的中枢，数据向大数据平台聚焦的速度越快，大数据平台对外提供数据服务的时效越高，创造的价值就越大，特别是在金融领域。

在数据流向大数据平台方面，随着大数据生态中诸如 HUDI、IceBerg 等产品的成熟，数据入湖的时效性有望进一步提升，数据湖中的数据与原业务系统中的数据保持分钟级同步（5 分钟内的延时），从而将目前在各应用数据库中所做的批量作业迁移到大数据平台上，充分利用大数据平台的计算能力来提升数据处理的时效性。在对外提供数据服务时效方面，金融机构在建设数据中台时，应考虑通过微服务的形式来提供联机数据服务，减少数据冗余，使批量加工后的数据尽快对联机可见，提高数据类微服务的开发效率，并构建金融数据资产地图，丰富对内、对外数据服务 API，搭建自助 BI 平台及跨源分析引擎，快速展现数据创新价值。

3. 数据安全性要求高

随着金融行业场景及大数据平台的发展，数据使用场景从有限用数阶段发展到了规模化用数阶段，且随着数据要素跨行业合作日益增多，国内外对数据共享合作的管理要求日趋细化严格，各金融机构亟须尽快构建安全合规的数据应用生态。

一是坚持安全与发展并重，通过构建数据安全平台，提供智能敏感数据识别、动态控权、统一数据脱敏引擎、数据水印溯源、全生命周期数据应用监控审计服务，全面提升大数据平台安全服务的供给能力，既充分发挥数据价值，又避免数据隐私、数据泄密、数据滥用等方面带来的安全问题，在安全合规要求下更高效地释放数据要素价值。二是利用联邦学习、多方安全等新技术，探索形成跨境、跨业、跨界的数据要素融合方案，实现数据“可用不可见”，推动企业自身、产业层面实现数据价值的最大化。

四　大数据应用于金融领域的前景展望

金融行业带动了大数据技术的发展，同时大数据技术也必将改变金融领域的未来。金融行业应用好数据这种特殊生产资料，积极解决数据的可持续、融合、高效、安全、可信、开放、共享问题。

金融行业应积极探索金融科技领域的新技术，将人工智能、区块链、云计算、IOT、5G、终端设备等技术与大数据结合起来，围绕经济社会发展痛点，加快金融科技新技术在风险防控、客户服务、运营管理、数据智能生态等领域的应用，并推进金融大数据与各行各业深入融合，更好释放大数据在金融领域的价值。

B.6
云计算技术发展及金融科技的应用

中国工商银行股份有限公司　上海证券交易所　华为技术有限公司
南京云信达科技有限公司　中国银联股份有限公司*

摘　要： 云计算技术已经步入成熟应用阶段，国内云计算产业在经济、技术、应用场景、生态方面已达到一定成熟度，并向自主可控、云原生、丰富云服务发展，部署模式也从公有云、私有云向混合云发展。随着金融机构IT基础设施从大型机向通用PC服务器转变，从虚拟化向云化演进，云计算已逐步成为金融业科技发展的“底座”，支撑和推动上层金融业务应用不断创新，未来将成为智能社会的基石。云原生技术、AI、5G、IoT技术的结合，将产生新场景“裂变”，新“裂变”将驱动金融行业新的发展。

关键词： 云计算　云原生　金融科技　金融云

一　2020年云计算技术发展情况

（一）云计算技术推动智能社会发展

社会发展的速度与技术创新、技术应用有着强烈的正相关，智能化社会

* 执笔人：中国工商银行股份有限公司白佳乐、周晓庆；上海证券交易所曹福祥、徐丹；华为技术有限公司白阳；南京云信达科技有限公司黄海峰；中国银联股份有限公司何东杰。

已经崭露头角，主要的推动因素离不开两个：一是云计算、人工智能、大数据、边缘计算、5G等技术的融合创新；二是各行业的多元化应用场景。云计算技术是近几年已经较为成熟的技术，其在各行各业的应用已成为驱动业务增长的重要引擎。云计算本质上是复杂的信息系统，其各个模块保持着技术的不断迭代，以容器、微服务、服务网格为代表的云原生技术逐渐成为当前技术趋势的热点，伴随各行业上云进程的不断深化以及行业云标准的发布，云化转型进程和数字化转型将进一步加速。

2020年至今，云原生技术发展和行业云标准发布成为云计算在行业创新落地的标志。云原生技术具有极致体验、敏捷创新、数据智能、安全可信等特点，带来证券快速交易、系统敏捷上线、准时/实时反欺诈、高级别容灾等优势，进而驱动金融行业的新业务体验和保证业务连续性。

（二）云计算技术在金融行业应用的政策和标准

《金融科技（FinTech）发展规划（2019～2021年）》指出，“加快云计算金融应用规范落地实施，充分发挥云计算在资源整合、弹性伸缩等方面的优势，探索利用分布式计算、分布式存储等技术实现根据业务需求自动配置资源、快速部署应用，更好地适应互联网渠道交易瞬时高并发、多频次、大流量的新型金融业务特征，提升金融服务质量”。

中国人民银行2020年发布《中国人民银行关于发布金融行业标准强化金融云规范管理的通知》（银发〔2020〕247号），并同步发布了《云计算技术金融应用规范 技术架构》（JR/T 0166—2020）、《云计算技术金融应用规范 安全技术要求》（JR/T 0167—2020）、《云计算技术金融应用规范 容灾》（JR/T 0168—2020）标准，规范云计算技术在金融行业的应用。同年，中国人民银行发布的《金融行业网络安全等级保护实施指引 第2部分：基本要求》（JR/T 0071—2020）规定了云计算部分的4个等级的安全要求。

《金融科技（FinTech）发展规划（2019～2021年）》还要求“强化云计算安全技术研究与应用，加强服务外包风险管控，防范云计算环境下的金融风险，确保金融领域云服务安全可控”。银监会于2013年印发了《银行业金融机构信息科技外包风险监管指引》，银保监会在2020年提出为进一步规范银行保险机构信息科技外包活动，加强信息科技外包风险管理，于2020年底启动《银行保险机构信息科技外包风险监管办法（征求意见稿）》起草工作，目前正在业内征求意见中。

（三）云计算技术在上、下游的发展趋势

我国云计算产业上游主要围绕核心硬件研发和创新，芯片产业仍是重中之重，芯片的自主可控能力直接影响着云计算产业安全可信的水平。我国芯片产业整体发展较为薄弱，服务器芯片领域自主研发的有基于MIPS的龙芯、基于X86的兆芯、基于ARM的天津飞腾和华为鲲鹏以及基于Alpha架构的成都申威等，虽然涉及厂商较多，但产业生态仍不完善，直接影响了上层应用生态的成熟度。

我国云计算产业下游创新主要围绕云原生、云安全、数据库、数据湖、可信AI、区块链平台等，加速数字化转型，提升企业生产力。

（四）云计算技术推动金融业务智能化、数字化的发展

企业IT基础设施走向全面云化，对云计算技术的需求升级，推动业务进一步实现智能化。2020年3月30日，国务院发布的《关于构建更加完善的要素市场化配置体质机制的意见》指出，“数据成为与土地、资本、技术、劳动力并列的第五种生产要素”。围绕云计算技术和金融业务场景的结合可分为如下三个方面。

（1）应用全面现代化。从开发到运营，助力金融面向互联网化敏捷创新，促进金融互联网移动App开发、金融传统应用开发、金融应用微服务全域治理、金融云原生应用开发及运营等。

（2）数据全栈智能。发掘金融数据资产价值，加速金融知识与AI结合，促进金融行业知识与AI结合的模型开发；建设金融级智能数据湖、金融核心交易分布式数据库、金融级数据仓库、金融数据一站式运营平台。

（3）业务全流程安全。构建金融安全合规平台，保证数据可信流通，

通过金融云、金融数据加密技术、金融同业及跨业多方数据可信计算技术等方式实现业务全流程安全。

云计算推动以数据库、数据仓库、大数据、AI、视频等为代表的技术云化部署，通过相互融合呈现更加强大的云创新能力，进而推动企业业务应用系统的智能升级，在业务风险控制、移动支付、精准营销、数字化获客/黏客、物流金融、农业金融等方面均有落地场景。

二　云计算技术在金融科技的应用与实践

从金融行业 IT 基础设施技术路线演进来看，先是从早期的大型机逐步演变至普通 PC 服务器，随后大范围采用服务器虚拟化技术；随着云计算技术的兴起，以 IaaS、PaaS、SaaS、容器、微服务等为代表的云计算理念及技术逐渐成为金融机构的首选。根据中国信通院调查数据，目前我国已经应用或计划应用云计算的金融机构已超过 87%，部分金融机构应用云计算已较为成熟。

（一）中国工商银行在云计算技术应用方面的探索

随着中国工商银行业务的迅速发展，烟囱式的传统架构难以支撑业务灵活创新，传统运维模式举步维艰，互联网秒杀大促、纪念币预约等业务亟须资源弹性伸缩能力支撑。因此，中国工商银行紧跟业界发展趋势，在云计算领域持续探索，建成同业领先的云平台，全面支撑包括核心业务在内的各类应用系统。

1. 建设历程

中国工商银行 2015 年率先在同业基于开源 Docker 容器技术、微服务架构建设应用平台云（PaaS）。2017 年基于 OpenStack、Ceph 及 SDN 等业界先进技术建设基础设施云（IaaS），引入 Kubernetes 建设企业级应用平台云（PaaS 2.0）。2018 年上线金融生态云（SaaS）。2020 年，为进一步提升云平台性能及可靠性，同时满足信息技术应用创新需求，中国工商银行又完成了新一代云平台建设，并上线分行云，随后按照“应入尽入”的原则开展全面推广工作。

2. 实践概况

为了打造安全可靠的云平台，中国工商银行基于业界领先云产品和主流开源技术，结合中国工商银行特色实现金融级自主定制和加固。其以基础设施云（IaaS）和应用平台云（PaaS）两大核心云计算技术为支撑，分别建设研发云、测试云、生产私有云、分行云和金融生态云（SaaS），构建了完善的金融云服务体系（见图1）。目前，中国工商银行生产入云应用节点数已接近10万套规模，其中业务容器近6万套，关键应用入云比例达到100%，日均服务调用量超过100亿次。

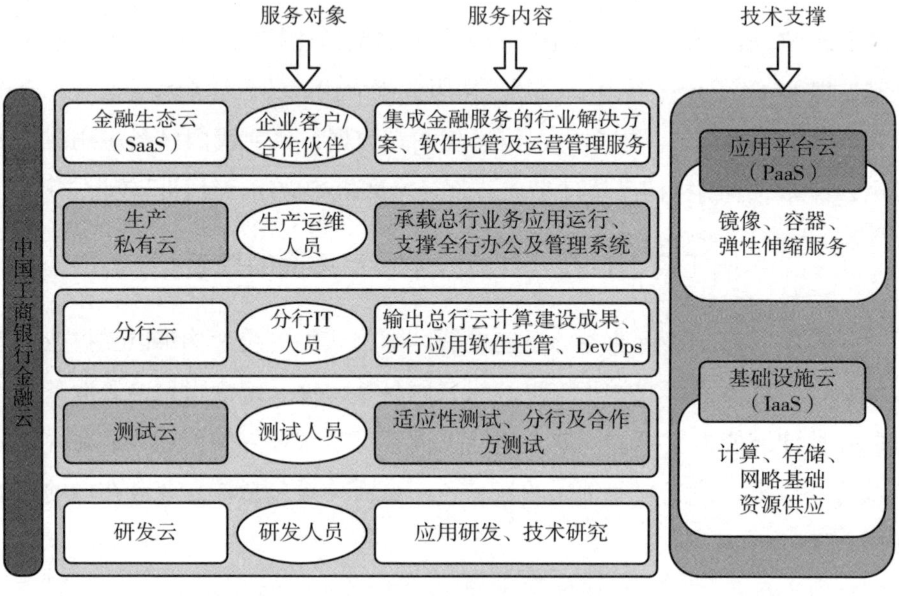

图1　中国工商银行金融云服务体系

中国工商银行利用云计算、分布式等新技术，基于开放平台集群系统与大型主机有机结合的基础架构，构建面向未来业务发展的一站式私有云，并通过API实现金融生态云对行业开放（见图2）。同时依托“两地三中心”的资源池布局，设计实现多层次的高可用机制，保障业务连续性。

基础设施云统筹管理计算、存储、网络基础资源供应，实现不同应用间

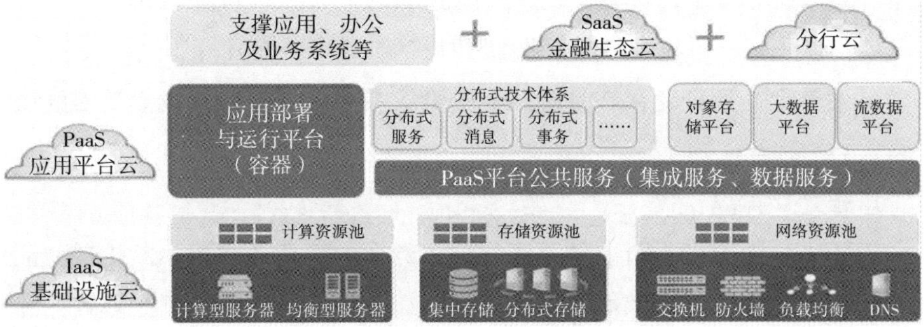

图 2　中国工商银行金融云架构

资源共享，提高云上资源利用率。中国工商银行通过引入成熟产品并结合生产运营运维需求进行客户化定制，对接各类 IT 服务管理系统，实现云主机供应、操作系统内配置等全流程自动化，满足大规模私有云场景资源集中供应的需求。

在应用平台云方面，中国工商银行基于业界主流开源技术自主研发，实现容器调度及多集群机制，支持超万级容器集群规模调度运行，并在定时弹性伸缩及手工伸缩的基础上，针对典型应用实现业务监控的自动化弹性伸缩支持，实现秒级弹性伸缩，有效应对业务突发高峰场景。同时，中国工商银行在云原生监控、DevOps 等方面持续探索，构建自动化、可视化、智能化的云运维体系，实现跨平台、跨应用的调用链路分析和应用画像视图，提供云上应用秒级故障预警及实时诊断等能力。

（二）上交所在云计算技术应用方面的探索

当前，数字化技术全面助力资本市场普惠发展，切实提高监管与服务效能，加快重构市场竞合格局，深刻改变了行业生态，也已成为资本市场高质量发展的核心引擎。上海证券交易所（以下简称上交所）在提高信息技术安全自主可控、加强数字赋能监管、促进科技与业务深度融合、推进行业技术共享共建共治等方面已经取得了积极成效。针对证券行业基础设施建设成本高，建设周期长的普遍诉求，上交所于 2018 年 11 月，面向证券、基金等金融机构推出证通云服务。上交所通过证通云的建设运营，为证券行业机构提供技术领先、稳定可靠、安全合规、随需获取的云服务。行业机构，基于证通云部署信息系统，可显著降低行业 IT 建设运维成本，提升行业生产效率。

下面就上交所证通云在证券行业券商灾备系统建设应用场景的实践展开分析。

1. 背景及挑战

近年来，随着证券行业的不断发展，券商各类业务规模不断扩展。证券公司信息系统作为券商核心业务运行基础，系统运行中断不仅会导致券商业务的瘫痪，也会对广大投资者和社会造成不可估量的影响。为了信息系统在发生故障、灾难或重大灾难时，能有效保障业务的连续性，证券公司应严格遵循《证券基金经营机构信息技术管理办法》《证券期货经营机构信息系统备份能力标准》等文件的要求，为自身的信息系统建立有效的备份能力，满足生产与灾备 1∶1 比例建设、RPO < 30 秒、RTO < 5 分钟的业务连续性要求。机房建设、设备采购、运维成本及建设周期等各个维度，对券商灾备能力建设工作都提出了严峻挑战。

2. 方案及特点

（1）“小火种”模式降低基础设施投入成本

基于证通云快速获取、弹性扩展及按需付费能力，上交所联合券商及软件供应商，打造证通云“小火种”灾备云方案。基于该方案，券商日常仅需启动少量资源运行灾备系统核心应用及数据库，而部署中间件的资源可以镜像的方式免费存储于证通云对象存储。当需要灾备切换的时候，灾备系统可在 4 分钟内完成全量扩容，完全满足监管要求。

（2）云平台 SDN 架构下实现行情组播

针对证券系统的组播、广播的复制与转发需求，该方案通过在云平台 SDN 技术架构基础上，设立组播区部署行情源，优化应用系统进行适配，将组播改造为单播、将广播改为 TCP 直连等方法，实现了信息的高效传输，确保了系统的可靠运行。

（3）“全云”模式探索

该方案通过将高性能的物理服务器改变为云服务器，增配高性能的 SSD

盘，扩展内存，并联合券商及软件供应商对中间件和数据库进行优化，优化后各项关键指标满足要求，压力测试 TPS 达到了生产中心历史峰值的 3 倍。采用“全云”模式，为行业异地灾备系统建设探索了一条新的路径，也为核心交易系统由传统架构向分布式转化，进而实现多中心多活创造了基本条件。

三 云计算技术的金融科技应用前景展望

随着以人工智能、大数据、云计算、物联网为代表的新技术开启了新一轮技术革命，云计算技术成为推动金融科技发展的关键因素之一。云计算技术不断在金融科技应用领域拓展，重塑了金融业的服务模式和行业格局，推动金融产品服务朝着智能化、精细化、多元化、场景化方向大步迈进。

（一）继续推动金融科技应用赋能金融服务

2020 年全年虽然受新冠肺炎疫情的影响，但是中国金融云市场规模仍然达到 46.4 亿美元，同比增长 38.9%；其中，中国金融云基础设施市场规模达到 32.7 亿美元。云原生、边缘计算和 5G 等新技术拓宽了云计算技术的覆盖面，促进技术架构和使用场景深入发展；金融行业通过服务优化业务，逐步走向开放，驱动了金融行业应用解决方案的增加。金融各行业受合规、业务需求和自身特点等各种因素驱动，未来将实现差异化发展。大中型商业银行继续加速往私有云发展并构建云生态，保险和证券等行业则更灵活地采用混合云或金融云（金融团体云）。

云计算技术的发展不断推动金融行业 IT 建设深入发展并从 IaaS 基础设施层往 SaaS 应用层上移，发挥云计算弹性扩展等技术优势，通过客服、风控、营销、认证等智能化云应用和移动应用开发、AI 开发、API 开放等云服务，大力探索和深入实践智能场景和创新型云服务，提升金融科技应用，推动金融服务发展。金融行业基于云计算的技术特点不断提供丰富的金融产品，孵化和打造更多场景化的金融解决方案；从线下到线上变革和拓宽金融服务渠道、增强金融惠民覆盖面，同时实现降低成本和提高服务效率的目标。

（二）持续加强安全监管防范化解金融风险

数字经济时代的市场需求给予金融科技快速发展的土壤，但同时需要着重防范金融科技快速发展带来的风险，云安全已经成为化解金融风险的基础之一。云计算在快速发展过程中相应带来了新的业务中断风险、数据安全风险、技术外包风险和多云管理风险等。

在中国人民银行2020年重新修订的金融云规范指导下，各金融机构将加快云计算金融应用规范落地，深化金融技术应用，推进技术架构落地；夯实云计算运维保障体系，支撑云计算运营管理；稳步提高云计算技术的自主可控能力，构建安全可信的金融科技"底座"。近年来信创产业以信息技术产业为根基，通过科技创新构建国产信息技术产业生态体系，形成了一批有竞争力的、以国产化CPU和操作系统为基础的信创云计算平台。随着信创产业的发展以及相关政策引导，信创云已开始逐步应用于金融行业，它将持续促进金融科技核心能力的提升，确保云服务安全。

（三）加速构建金融云生态和提升输出服务能力

金融与科技的融合也带动了金融行业与科技企业的合作融合，大中型金融机构纷纷设立金融科技公司，依托云计算平台为自身和同业金融机构提供金融云科技服务及业务服务，构建面向行业的云生态平台，实现行业资源整合和高度复用。

结合"一带一路"倡议，金融行业积极推动对外输出以云计算技术为基础的金融云技术、应用和服务等，提升我国在金融科技领域的影响力，促进国际间技术协作。

参考文献

［1］国务院发展研究中心国际技术经济研究所：《中国云计算产业发展白皮书

（2019）》。
［2］中国人民银行：《云计算技术金融应用规范 技术架构》（JR/T 0166—2020）。
［3］中国人民银行：《金融科技（FinTech）发展规划（2019～2021年）》（银发〔2019〕209号）。
［4］中国工商银行金融科技研究院：《银行信息系统技术体系发展历程及未来趋势展望》，2020。
［5］中国证券业协会：《示范实践第2号——证券公司基于行业云的信息系统备份能力建设》。

B.7
人工智能应用

上海浦东发展银行股份有限公司　华为技术有限公司
神州数码信息服务股份有限公司　北京九章云极科技有限公司*

摘　要：　在数据、算法和算力三大要素的共同驱动下，人工智能进入高速发展阶段，并推动金融业进入智能金融时代。AI 在金融应用过程中，普遍存在数据难打通、算力芯片制约、开源框架不成熟、模型可解释性和泛化能力差等问题。随着 AI 芯片的国产化、开源框架的更新优化、算法模型的创新突破、数据协同平台的成熟，未来 AI 将助力金融业进一步提升客户体验、优化内部运营、深化风险管理。目前 AI 在金融领域的典型应用主要有自动建模、风险控制、智能运营、数字劳动力、身份认证、资产管理等。

关键词：　人工智能　数据协同　智能运营

一　人工智能金融应用的挑战与趋势

（一）人工智能在金融领域应用发展情况

1. 人工智能在金融领域应用发展背景

当前以深度学习为代表的人工智能主要是在大数据基础上的人工智能，

---

* 执笔人：上海浦东发展银行股份有限公司万化、顾蔚、张琛、李锋、李丽楠、杨洋、黄思、喻燕君，华为技术有限公司王明迪，神州数码信息服务股份有限公司赵文甫、于宏志、谢国斌、上官瑞春、崔春艳、张利，北京九章云极科技有限公司方磊。

在人工智能与实体经济融合的过程中，金融业具有天然的数据优势。金融在历经电子化、移动化后，正迈入金融与科技高度融合的新阶段——智能金融时代。在智能金融时代，基于计算机视觉、自然语言处理、语音处理、知识图谱、隐私计算等技术，金融机构商业模式发生颠覆性改变。其在对客服务方面，可以提供远程身份认证，让客户足不出户即可办理业务，并提供24小时全天候待命的智能客服，提供定制化理财推荐；在内部运营方面，通过智能客服、流程自动化审核、实时风险监测产品降低内部运营成本、提高处理效率；在投融资方面，集成客户的交易、工商税务、生产等数据生成评估结果，丰富评估维度，加快放贷速率……智能金融正在全方位地改变传统金融服务和运行模式，并逐渐渗透到人们生产生活的方方面面。

2020年初新冠肺炎疫情突袭而至，各行各业都受到巨大影响，经济环境有恶化趋势。在此背景下，人工智能作为科技创新和数字经济领域的前沿技术代表，助力金融业快速推出零接触线上服务保证个人用户的金融需求，推出数字人降本增效，推出线上信贷风控系统保证信贷增量，为摆脱疫情对金融业务和实体经济的巨大冲击提供了坚实基础。为加快构建以国内大循环为主体、国内国际双循环相互促进的新发展格局，人工智能在金融领域的合理应用起到至关重要的作用，将承担着加速金融服务下沉、帮助国家拉动内需、激活经济的重要使命。

2. 金融领域关注的人工智能前沿方向

（1）技术融合应用

目前，金融机构除了在内部推动数字化、智能化转型，同时积极推进产业金融服务创新，驱动业务和产品与产业深度嫁接，根据产业特点，有针对性地选择合适环节设计供应链金融产品，完成对企业的生态建设和平台建设，并对整个产业链提供金融数字化、智能化综合服务。其中，人工智能与其他新技术的交叉融合是目前的关注重点之一，也是解决产业金融服务落地痛点的有效工具。

多种技术相互融合将产生相互促进的效果。云计算能提供强大的技术“底座”和大规模算力支持；大数据对多源异构的海量数据源提供大规模并行处理或分布式处理能力；区块链技术可以提供大量可靠数据，保证流程的透明和灵活；物联网技术可以提供从机器和设备端采集的、多样化的数据源；人工智能技术能助力构建数据驱动、人机协同、共创分享的智能经济形态。人工智能技术的突破，反过来又能帮助云计算的快速发展，帮助区块链提升数据的传输效率，最大限度地发挥大数据的资产价值，促进物联网行业的应用落地。

（2）全流程国产化

过去国内人工智能的底层标准、框架、生态大多数都是由国外科技巨头制定的，而国内对国外科技巨头的制约性低，因此存在诸多安全风险。尤其随着中美贸易摩擦、科技竞争全面升级，美国对华技术封锁将成为常态，核心芯片、开源框架等方面的资源将会严重受限。为突破技术围堵，实现核心技术自主可控，国内科技企业纷纷在人工智能全场景、全流程国产化领域投入大量科研力量。

金融业作为国家拉动内需、激活经济的基石，出于数据安全、网络安全的考虑，金融智能国产化发展和应用将是重中之重。目前金融业正在全力推动数字化转型，为防止愈演愈烈的贸易摩擦对我国金融业的数字化转型带来冲击，金融机构正在积极开展信创建设，从应用软件的自主创新，到国产服务器、操作系统、数据库、中间件及开源框架的适配迁移，并最终构建全流程国产化应用生态。

（二）人工智能在金融领域应用的挑战与困难

1. 数据壁垒

金融业长期存在数据鸿沟，由于缺乏公司级、行业级的数据管控体系及基础规范，跨部门、跨子公司、跨机构、跨行业之间的数据打通存在困难。同时由于缺乏有效的数据管控工具，各业务平台之间数据难以有效整合，未能实现高度的数据协同。

2. 算力芯片

AI 芯片算力决定人工智能上限，同时芯片的能效影响应用场景。AI 算法的增强，超大规模的批处理、自动模型结构搜索等新方法的涌现，对 AI 计算系统的计算性能、通信性能、可扩展性能等提出巨大的诉求，亟须高能效比的算力芯片来大幅度降低数据中心场景运营成本，并适应边缘部署及低功耗需求。因此，未来 AI 处理器的系列芯片，需要覆盖嵌入式模组、板卡、小站、服务器、集群等云、边、端全场景。

3. 开源框架

机器学习与深度学习模型训练推理需要 AI 框架作为支撑。对于 GPU 和 NPU 的单卡无法承载的整个大模型，多卡运行不仅需要数据并行，还需要多维混合并行，如 AI 框架不具备分布式能力，则需要耗时耗力地考虑模型结构、集群资源配置等数十个维度超百亿种优化组合，编写大量并行切分和通信代码。

在模型研发过程中，开发者除设计模型自身的逻辑外，还需设计分布式并行训练的配置。开发者不仅要分析数据量、参数量、集群网络拓扑等因素来确定模型切分策略，还要考虑切分后的子模型设备绑定等，来达到性能较优的分布式并行训练效果，但这些并行训练的优化细节与模型要实现的业务目标无关。因此，开发者需要在 AI 框架内解决以上问题。

在模型运行中，AI 芯片发展要求框架与硬件的耦合度提升。AI 框架需要和算子层联动优化，适应大量 SIMD（单指令多数据流）加速指令下的异构编程，当前 AI 框架，对国产 AI 芯片指令集适配较弱，当前机器学习模型运行到国产芯片效率需要进行调优工作，且部分能力需要框架适配解决。

在金融云边协同场景中，如智慧网点，AI 部署需要 AI 框架在云侧和端侧能做到架构上的统一，保证云侧训练的模型可以在端侧平滑地进行增量学习，支持联邦学习。同时其需要 AI 框架小型化，比如小到 K 级的底噪，从而能内置到 IoT 的设备里高效运行。

在 AI 生态维度，AI 编程语言尝试突破 Python 的限制，国产神经网络开源框架亟须构建开发者生态。

4. 模型问题

人工智能算法模型存在以下几个问题。

（1）可解释性差，缺乏理论和算法支撑。深度神经网络模型是黑盒模型，伴随算力增长、模型复杂性的提高，模型变得不可解释，而金融用户评级、风控等均需要模型可解释。目前，可解释的模型需要监督学习，并与场景进行一对一迭代，这要求海量的标注样本及算力提升，且模型通用性受到限制。

（2）泛化能力差。大部分 AI 算法的性能是论文基于公开数据集的测试结果，由于实际数据和公开数据集分布差异较大，算法模型预测推理时的泛化能力很差。在市场环境、业务场景、客户情况发生重大变化后，如果没有及时升级、优化模型，就会产生意外，导致模型失效。

（3）抗攻击性比较弱。在特定数据集上测试性能良好的 AI 模型，很容易被添加少量随机噪声的对抗样本欺骗，AI 模型很容易出现高可信度的错误判断，这使得不法分子很容易通过一些攻击手段对算法漏洞进行攻击。

围绕用户的数据分散在各行各业中，在计算分析过程中，需要以“人”为单位，多维度理解一个“人”才能进行高效的、智能化的推荐与风控。如何在保障企业数据安全与用户个人隐私的同时，完成多方数据建模，是金融机构在同业和跨界领域最大程度发挥价值所要面临的挑战。

（三）人工智能在金融领域应用的发展趋势

1. 提升客户体验

（1）人机交互

金融行业是典型的服务行业，有众多服务客户的触点。随着人工智能技术的发展和应用，客户和机器人通过人机交互进行业务办理和服务提供的场景将越来越多、越来越普遍，从人人交互逐步过渡到人机交互，客户将享受到更多的服务便利，金融行业未来将迎接巨大的变革。

AI 将重塑整个金融行业的业务流程，全行业从信息化到数据化再到智能化，人工智能在解决人机交互、交互鸿沟方面发挥着越来越重要的作用。从趋势上看，未来会更多依赖于语音作为人机交互的入口，以对话系统为核心的机器人技术，以计算机视觉为核心的生物识别、图像分析技术将在金融行业中发挥更加重要的作用，以此辅助人工、减轻人工的工作时长和压力，同时降低工作中的差错率。语音、文本和图像三者融合的多模态应用，提升了对于金融场景的复合语义理解程度，也将在金融行业中得到更多的应用。

（2）个性化服务

金融服务的目标一直都源自民众、从民众出发。金融服务的核心从以资金为中心到以人为中心，金融发展方向应是人人共享的金融，无论财富、地域、年龄差异，每个个体都能获得金融的助力，拥有平等的发展机会。

人工智能技术在金融领域的发展运用也应从提升金融服务目标的体验出发，以为个体提供更加个性化、智能化和场景化的金融服务为前提；让每个个体获得更加个性化的服务，将技术更加密切地与金融发展场景融合，更好地服务社会经济和民生的发展。通过 AI 云边协同，结合 RFID、机器视觉、水利灌溉等，在产业、农业的数字化过程中，金融授信、支付可以融合到生产及经营过程中。

2. 优化内部运营

（1）监管科技丰富监管运营手段

在监管科技领域，AI 将在非现场监管、风险识别智能化、客户身份有效认证、虚拟助手、反洗钱等场景广泛应用。

非现场监管：报告由“手动生成”向“自动化生成”、由“事后生成”向“实时生成”转变，助力形成标准化报告。

风险识别智能化：AI 机器学习通过识别大型数据集，构建准确风控模型，提升风险度量范围，增强自然语言进行情感分析能力，评估注册人语调，转化为风险度量信号。

客户身份有效认证：远程开户通过移动设备采集头像、OCR 自动填单、人脸识别核查身份等一系列流程完成。基于生物认证（指纹、人脸、虹膜等）和密码验证用户身份，完成大额支付转账业务。

（2）AI 运营效率提升

金融机构众多，业务类型复杂，数据处理量大，核算检查项目多，人工处理效率低下。如何将不同主体、不同地点的重复性高、技术含量低、易标准化的银行业务，通过人员、技术、流程的有效整合，实现标准化和流程化，从而解决银行金融职能建设中重复投入和效率低下的问题是银行运营优化的重点。

结合 AI 的 RPA（机器人流程自动化）技术可显著提高银行金融管理的精确度和事务处理效率，提升银行金融服务的数字化水平，进一步优化金融共享服务中心的流程和模式，是银行业务流程的重构与优化。

（3）AI 支撑运营决策

人工智能的发展经历了三个阶段：计算智能、感知智能、认知智能。人工智能的最终目标是智能决策。认知智能依赖条件。沟通理解能力弱、学习成本高，造成认知智能发展相对缓慢。

认知智能在金融应用的一个重要突破点是结合跨领域知识图谱、因果推理、持续学习等技术，建立稳定获取和表达知识的有效机制，让知识能够被机器理解和运用，实现从感知智能到认知智能的关键突破，助力监管部门和金融机构向人机协同、多方互动的方向发展。

3. 深化风险管理

（1）贷前、贷中的多数据源探查

①企业信贷的风险信号监测

企业风险监测对于信贷业务至关重要，目前传统的风险管理模式为企业主动申报和信贷员线下审核，然而企业主动申报的数据可能无法被及时验证，而线下审核也无法探索到企业有意隐瞒的黑匣子数据，导致金融机构无法全面监控企业真实的运营状况。企业级智能风险监测系统的作用，就是还原企业真实运营现状及变化趋势，从而作为传统企业风控体系的补充。

当下，企业级智能风险监测系统运用搜索引擎领先的数据能力和 AI 能力，提供实时舆情、行政处罚、法律诉讼等资讯数据，把 Query 舆情信息、风险探针数据，以及企业图谱，融合到企业风险工具箱中，进行多维度交叉验证。通过该系统，金融机构可以快速掌握企业发展脉络，实时挖掘重要信息，精准捕捉热点事件，及时感知风险信息，降低风险和损失。

②零售信贷的多数据源风险管理

风控的核心是数据。过去的很多年里，为提高零售信贷能力，很多金融机构开始买卖用户数据，在数据交易的过程中就出现了大量用户数据泄露等安全问题。近年来，多方安全计算技术的蓬勃发展，不仅能够使用多个数据源增强风控能力，还使得数据不出各自的本地私域，从而保障了用户的隐私安全。该项技术的出现，最终使得人工智能更接近人文，在实现了更精准的零售风控的情况下，其更体现了金融机构的社会责任感。

（2）贷中、贷后的动态风险管理

目前，信用风险管控主要侧重于对单个客户分析、预测、监控和管理，在防控集中度风险方面也侧重于对行业整体进行限额管理等，缺乏对风险在关联企业中传播和扩散的分析与管控，目前绝大部分商业银行在这类风险的分析、预测、监控和管理方面还处于空白状态。但是，越来越多的风险事件表明，单个客户的风险往往会因为各类关系而扩散到一定的群体中，从而造成潜在风险暴露的迅速扩大。建立风险传染监测体系，提前预测、提前介入、提前处置，防止单个风险事件扩散成群体甚至区域性风险给商业银行造成不可挽回的损失，是目前亟待完成的任务，而风险传染监测模型开发与建设则是其中的核心和关键内容，将成为未来企业风控的核心竞争力。

二　案例及分析

（一）浦发银行构建大数据智能交易反欺诈系统

随着移动互联网的兴起与发展，各类金融创新业务给客户带来便利的同时，也给风险控制工作带来严峻的挑战。

浦发银行大数据智能交易反欺诈系统接入了全行跨渠道（网上银行、手机银行、微信、支付网关、呼叫中心、IVR、ATM、POS）、跨产品（借记卡、信用卡、电子支付、内部转账、银行汇款等）、多实体（客户、账户、商户、设备、IP）的交易数据，同时引入商户工商信息等数据，采用业务规则和算法模型双重引擎，利用图卷积神经网络和知识图谱技术，勾勒客户、交易对手账号、登录设备指纹、商户等信息关联关系网络，对非结构化的拓扑图进行端对端的学习，分析并挖掘异常子图结构，监控异常的资金流动风险场景，有效识别羊毛党账户和可疑的套现、刷单、团伙欺诈等行为。其实现了事前、事中、事后全覆盖的风险防控机制，构建了适用于电子渠道交易的反欺诈侦测体系。

该系统面向客户和商户双主体，已实现对电子渠道交易的 7×24 小时监控，针对不同业务场景实施差异化风险控制策略，已覆盖借记卡登录、消费、取现、商户交易等多个业务场景，覆盖 80% 以上的欺诈交易范围，精准度较传统专家规则提升了十倍，欺诈损失率控制在百万分之一以下的低位水平，风险预警和控制取得了明显成效。

（二）华为公司搭建某银行 AI 智慧网点

银行网点在转型中，需要基于 AI 实现潜在客户 KYC，实时推送：对于要客，重点服务，提升服务质量；对于高风险客户，快速识别，全面排查；对于特殊人群，提前识别，给予有温度的关怀服务。

华为公司通过部署云边协同的 AI 能力，构建新一代智慧网点方案。首先，将数据处理前移，减小中心机房压力，进行低流量传输和云端集中管控，实现训练推理一体化，通过 Mindscope 框架下发端侧，形成端侧推理与云端训练协同。其次，通过轻量级高精度算法，实现多场景并发，人脸识别率达 99%，识别速度小于 20ms，融合人脸与轨迹追踪技术。

华为公司搭建的某银行 AI 智慧网点效果显著：单网点要客识别建设成本从 17 万元降低到 1.7 万元；边缘计算预处理中传输线路带宽从 4M 降低到 150K；营销成功率提升 6.7 倍，提高了客户经理工作的积极性，实现“精准获客”。

（三）神州信息构建基于金融超脑的金融服务知识图谱

金融超脑使用 AI 平台、联邦建模、语音识别、计算机视觉、自然语言处理和知识图谱六大 AI 核心技术，满足风控、营销、运营、农业金融和小微金融五大类场景应用（见图 1）。

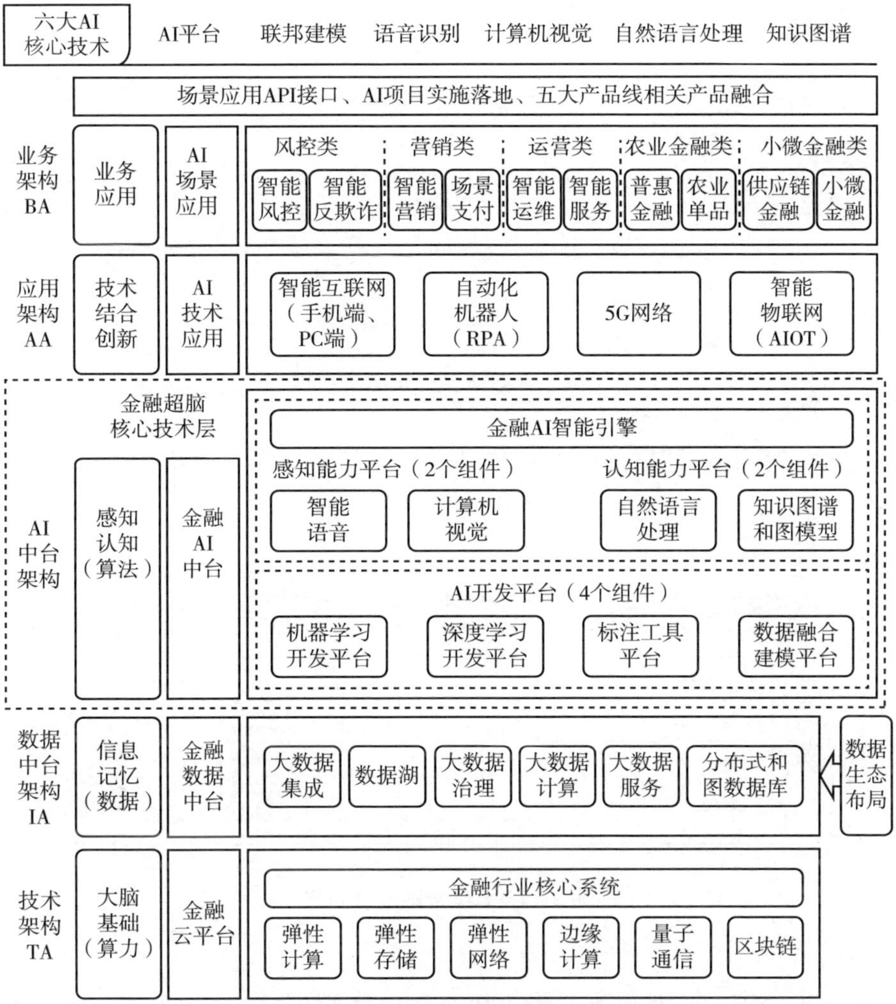

图 1　金融超脑概览

在某商业银行的服务治理应用项目中，神州信息以该行的金融数据模型为基础，参照标准银行服务蓝本中对服务识别、服务定义与服务管理的要求，构建金融服务知识图谱（见图 2），实现服务治理智能问答，解决银行 IT 建设中的现实困境。

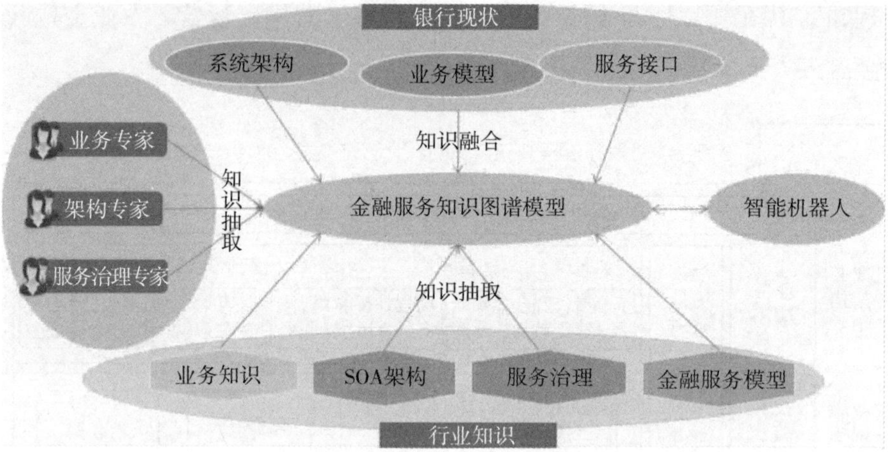

图 2　金融服务知识图谱架构

金融服务知识图谱具体覆盖 12 大类金融业务知识，涉及 1200 个服务标准设计及业务知识（见图 3、图 4、图 5）。

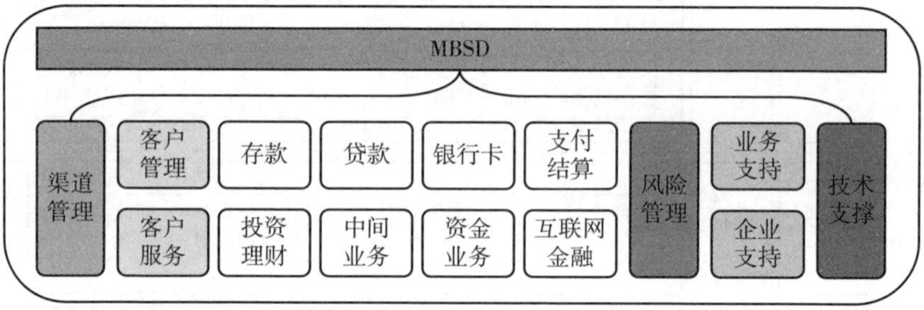

图 3　12 大类金融业务知识

（四）银行基于九章云极 DataCanvas 产品建设全行级 AutoML 自动建模平台

银行业人工智能技术应用逐渐深入，促使机器学习、人工智能技术获得巨大成功以及对其的需求呈爆发式增长，随之而来的是日益凸显的数据瓶颈、算力瓶颈以及人才瓶颈。在数字化和摩尔定律的加持下，数据和算力需

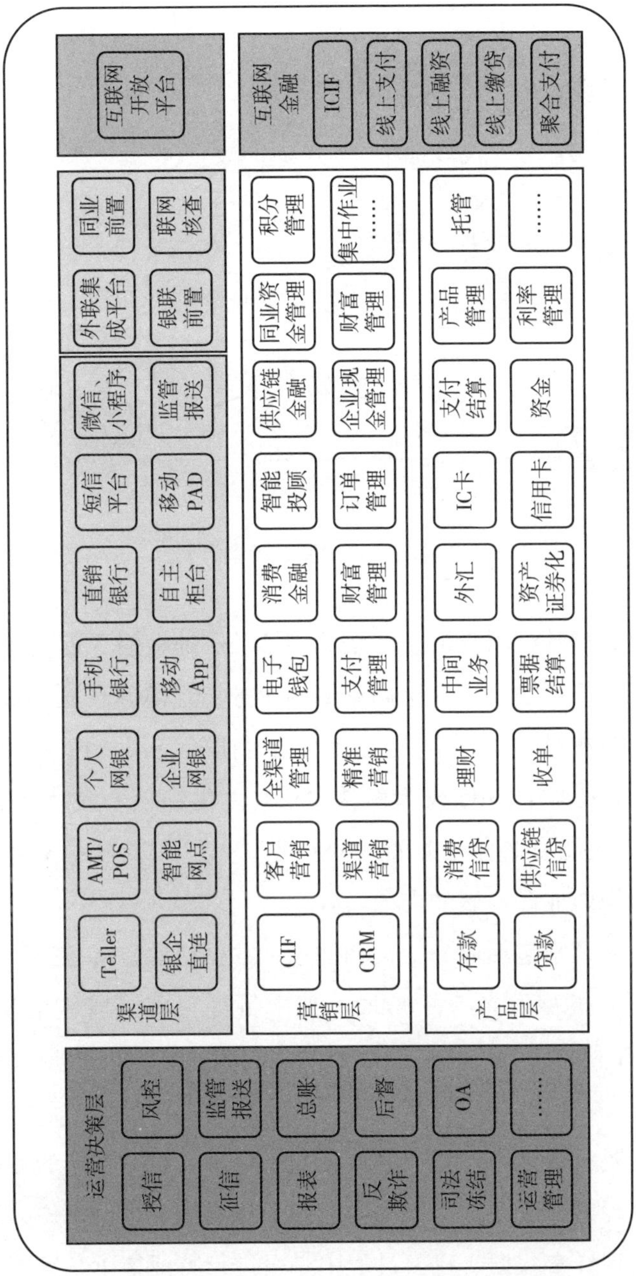

图4 1200个服务标准设计及业务知识

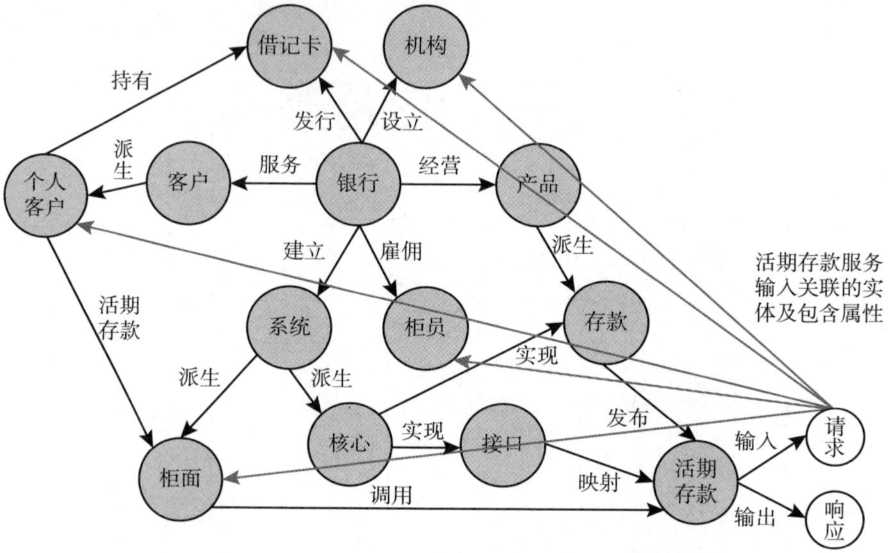

图 5　金融服务知识图谱模型样例

求迅速得到满足，但数据科学的人才培养周期长、速度慢，远远滞后于需求的爆发。在人工建模的阶段，一个高价值的业务场景模型开发，需要一个经验丰富的专家团队支持，时间和人力成本相对比较高昂。在这样的背景之下，AutoML 自动机器学习将成为解决 AI 民主化的核心技术。银行通过 AutoML 自动化建模能力结合业务团队的专业知识，实现自主模型开发，也就成为未来银行职能业务发展的方向。

机器学习建模通常包括业务定义和抽象、数据获取、特征工程、模型选择和超参数优化、模型发布 5 个阶段。其中特征工程（特性清洗、加工、筛选）、模型选择和超参数优化是最重要的两个阶段，同时也是建模的难点所在。

特征工程需要对数据进行复杂的数据加工处理，针对不同的业务场景和算法，对特征处理的方法选择需要专业的知识和经验。举例来说，选择用什么方法检测和处理异常数据、建模过程中是否进行特征衍生、是否进行归一化、如何处理目标数据的数据类型和缺失值、是否进行特征分箱等，都需要基于专业知识进行判断。此过程通常需要耗费大量的工作量，工作量可能占到整个过程的 70% 甚至更高。

模型选择和超参数优化过程对技术要求相对比较高，需要针对业务目标和数据样本分布情况决定选择哪几个算法进行建模训练，调参过程需要对模型参数有充分理解。这些都需要专业的知识和经验。

制定解决方案前需要解决以下 4 个主要问题：（1）对原始数据进行自动化的数据预处理；（2）如何对特征进行自动化加工，实现特征自动衍生，同时识别有效特征；（3）针对场景应用实现自动模型选择；（4）快速高效的自动模型超参数优化。

解决方案如下。

银行基于九章云极 DataCanvas 产品建设全行级 AutoML 自动建模平台，实现全流程端到端自动机器学习、深度学习建模，在数据预处理、特征生成和筛选、模型超参数优化、模型选择、模型融合过程中，使各个环节实现自动化。通过低门槛、配置化的自动化模型训练能力，AutoML 自动建模平台将机器学习、深度学习场景建模由数据科学家团队推广到全行 IT 和业务部门，推动业务数字化、智能化建设的全面落地。

AutoML 自动建模平台支持如下功能。

1. 自动数据预处理

该平台支持自动化的数据预处理，目前支持的数据预处理类型包括特殊空值字符处理、列类型校正、常量列清理、重复列清理、删除标签列为空的样本、非法值替换、id 列清理、共线性特征清理等。以上这些数据预处理操作会在建模过程中自动完成。

2. 自动特征生成

该平台支持多种自动特征生成方法，包括特征组合、PolynominalFeatures 多项式方式的特征生成、FeatureTools 特征变换等。

3. 特征筛选

自动特征生成解决生成大量新特征的问题，但是带来了特征爆炸的问题，拥有太多特征可能会导致模型性能下降。该平台使用基于学习模型

（Model-based Ranking）的特征排序来完成特征筛选，针对每个单独的特征和目标变量建立预测模型，再根据指定的评分函数获得具体特征的评分，最终根据评分顺序选择指定数量的特征作为下一步建模的输入特征。

4. 模型超参数优化

该平台的超参数优化过程通过搜索算法对超参数解空间进行参数搜索，同时对搜索超参数进行拟合和评估，最终得到最优解。该平台支持多种先进的搜索算法，包括蒙特卡洛树搜索（Monte-Carlo Tree Search）、随机搜索（Random Search）等。

5. 模型选择

该平台会自动分析目标列的数据来推断任务类型从而实现自动化的选择对应任务的算法，让自动建模的过程更加简便。当然用户也可以通过页面配置来设定任务的类型，AutoML 自动建模平台会根据指定的任务类型来自动匹配相应的算法。

6. 模型融合

模型融合是指将多个好而不同的模型进行融合，这样当某个模型在一个样本上做出了错误预测时，其他的模型可以将这个错误纠正回来，模型融合可以达到减小方差、偏差并且改进预测的效果。

案例应用实践及效果如下。

某头部城市商业银行基于九章云极 DataCanvas 产品建设全行级 AutoML 自动建模平台，打造行内统一的 OCR、NLP 等模型智能识别场景，目前已支持手机银行 5.0 千人千面模型服务、全产品交叉销售模型服务、场景化营销模型服务、潜在客户识别、客户流失风险预测、贷后违约预测、异常交易识别、网点运营分析等 60 多个模型场景，目前该平台平均日活达 50 人以上，每天支持计算 6000 余次，辅助营销各类产品近千亿元，实现了数据挖掘项目的全流程线上化与自动化应用。

B.8
分布式数据库在金融行业的应用探索

中国民生银行股份有限公司　华为技术有限公司
腾讯云计算（北京）有限责任公司 *

摘　要：分布式数据库是金融科技里的重要的基础设施，是重点行业进行信息系统数字化转型的必然选择。本报告阐述了分布式数据库的发展情况，介绍了数据一致性、高可靠、极致性能、运维体系以及迁移能力这几个关键技术点，列举了厂商与客户联合的产用联合新模式以及金融行业的几个典型案例。

关键词：分布式数据库　CAP 理论　两阶段提交　一致性算法　数据分片

一　分布式数据库的主要发展情况

随着智能金融时代的到来，金融业务架构发生巨大变化，以大行和股份制银行为核心，开始加速构建敏态体系，并开始采用各种新技术重构其核心系统。在数据中心方面，由传统“两地三中心”演进为“多地多中心”；在云服务方面，由单一虚拟化服务演进为多种云服务；在技术体系方面，由稳态系统演进到双模 IT，积极引入开源技术，系统化地构建分布式技术栈。

* 执笔人：中国民生银行股份有限公司朱彬、郝庆运；华为技术有限公司冯柯、张浩；腾讯云计算（北京）有限责任公司苏强、李义涛、陈明。

金融业务架构的变化，推动底层数据库的分布式改造和互联网金融业务创新，数据库从集中式走向分布式是大势所趋。

分布式架构及 IT 建设模式的改变，促使金融行业有能力随时应对业务的变化，满足业务快速上线的需求，并通过分布式架构动态扩容等技术，应对业务洪峰的来临。同时分布式架构天然的“分布”能力使得真正的业务双活甚至多活得以实现，体现了其从容面对洪峰、业务应用双活、随时应对改变的三大核心价值。综观数据库的发展历史，我们可以看到如下内容。

1. 云计算、云化和融合是未来 IT 产业的发展大趋势，数据库作为 IT 领域中数据流转不可或缺的一部分，自然也遵循着这一规律。

2. 从 20 世纪 60 年代诞生起一直到现在，数据库产业经历了诞生、兴起、发展、转型、创新等多个阶段（见图 1）。

3. 从 20 世纪 90 年代开始，互联网热潮带动了数据量的井喷式增长，数据库也从单一类型数据存储转变为多场景、多来源、多结构的适配型 IT 组件，在支持数据的流转和使用中不可或缺。

分布式数据库，由于其所具有的满足行业关键应用的高可扩展性、高性能、高可用性以及无硬件绑定等特性，已经成为重点行业进行信息系统数字化转型的必由之路。近几年，国产分布式数据库在重点行业的不断应用，产品成熟度得到了很大提升，主要表现为以下 5 个方面。

1. 分布式数据库的技术不断发展，在自身固有的优势领域，如高可扩展性、高可用性等方面进一步加强，并且已经在多个重点行业的核心业务领域进行了落地实践。

2. 国内许多分布式数据库的处理性能已经达到甚至远远超过传统商业数据库，在业内国际标准测试（如在线交易场景 TPCC、在线分析场景 TPCH 等）中已经得到了证明，对于行业核心业务起到了重要的支撑作用。

3. 越来越多的国内厂商开始提供对主流分布式数据库的功能支持，分布式数据库生态持续完善，产品的兼容性取得显著进展，管控平台、迁移工具等配套设施逐渐完善，极大地降低了业务的使用门槛和迁移成本。

4. 分布式数据库相关的行业标准和评价体系逐步健全，对分布式数据

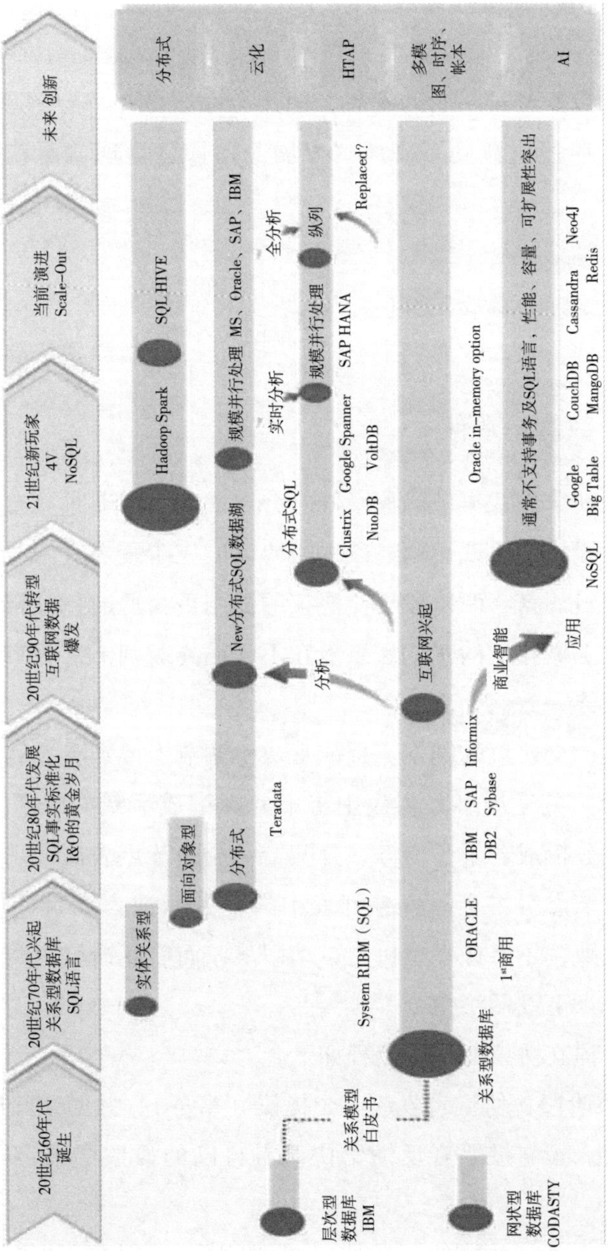
20世纪60年代诞生
20世纪70年代兴起 关系型数据库 SQL语言
20世纪80年代发展 SQL事实标准化 I&O的黄金岁月
20世纪90年代转型 互联网数据爆发
21世纪新玩家 4V NoSQL
当前演进 Scale-Out
未来创新
分布式
云化
HTAP
多模 图、时序、帐本
AI
层次型数据库 IBM
网状型数据库 CODASTY
关系模型白皮书
关系型数据库
System RIBM（SQL）
ORACLE
1st商用
IBM DB2
SAP Sybase
Informix
实体关系型
面向对象型
分布式
Teradata
分析
互联网兴起
商业智能
应用
New分布式SQL数据潮
规模并行处理 MS、Oracle、SAP、IBM
Hadoop Spark
SQL HIVE
分布式SQL
Clustrix Google Spanner
NuoDB VoltDB
实时分析
规模并行处理
全分析
纵列
SAP HANA
Replaced?
Oracle in-memory option
NoSQL
通常不支持事务及SQL语言，性能、容量、可扩展性突出
Google Big Table
CouchDB MangoDB
Cassandra Redis
Neo4J

图 1 数据库发展历程

库产业的健康发展起到较大牵引作用。

5. 使用分布式数据库的金融客户在逐渐增加，使用场景也更加趋于核心业务。

总体来看，经过不断的发展，国产分布式数据库已经实现了质的飞跃，从“进入”阶段过渡到了高速“发展”阶段，呈现“百花齐放”“百家争鸣”的景象。

二　关键技术点

（一）数据一致性

为了保证分布式事务的原子性，分布式数据库通过分布式一致性方案来解决，一阶段提交协议、两阶段提交协议或三阶段提交协议是一般采用的解决方案。相对而言，两阶段提交协议的使用更为普遍，分布式数据库在两阶段提交协议上做相应的优化。事务在不同隔离级别下，分布式事务分为实时一致性和最终一致性。

一阶段提交协议的基本流程如下。协调节点接到事务后，在全局事务管理器（GTM）的全局事务列表中将事务标记成活跃的状态。协调节点把一个全局事务分拆成若干子事务，分配给对应的节点去执行。如果所有操作成功，协调者节点会将全局事务列表中的事务标记为结束，整个事务处理完成；如果失败，子事务在单机上自动回滚，而后反馈给协调者节点，后者向所有数据节点下发回滚指令。

两阶段提交协议的基本流程如下。

1. 投票阶段：协调者发起一个提议（事务），并通知给所有参与者，然后进行投票。参与投票者反馈给协调者自己的投票结果：同意执行或取消执行。

2. 提交阶段：根据第一阶段（投票阶段）的投票结果，协调者进行相应的决策，即提交或者取消。当且仅当事务被所有参与者同意执行后，提交事务的动作才会由协调者通知到所有的参与者，否则协调者会下发取消事务的通知给所有参与者。

三阶段提交协议所涉及的基本流程如下：超时机制被引入协调者和参与者中，并且两阶段提交协议的第一个阶段（投票阶段）被拆分为询问和投票两步，然后再锁资源，最后正式提交。这规避了单点故障、减少了同步阻塞。

（二）高可靠性保障

随着 Quorum/Paxos/Raft 等算法的成熟商用、对 CAP 理论①问题的深入研究和进展，分布式事务数据库同城需要具备高可靠性保障的能力，以满足金融级的高可靠要求（见表 1）。

表 1

技术点	能力要求
主备机	为保证故障的可恢复，需要将数据写多份，设置主备多个副本，通过日志进行数据同步，可以实现在节点故障、停止后重启等情况下，数据库能够保证故障之前的数据无丢失
跨中心的单集群容灾	可以提供同城双中心的容灾能力。当主中心故障时，能在短时间内自动切换到备中心，保证数据零丢失
跨中心的双集群容灾	通过两个中心的双集群间的日志同步复制，保证数据零丢失
“两地三中心”的集群容灾	可以提供异地的容灾能力。当主中心双集群故障时，能支持使用异地灾备集群接管业务

为了避免设备与网络的不可靠带来的影响，分布式数据库通常会存储多个数据副本。分布式数据库为保证副本之间数据一致性一般采用异步复制、半同步复制、强同步复制等方式。

异步复制：应用发起数据操作请求，主节点在执行完更新操作后立即向应用程序返回响应，然后主节点再向从节点同步数据。数据更新过程中主节

① CAP 理论表达的含义是对于分布式数据存储，最多只能同时满足一致性（C，Consistency）、可用性（A，Availability）、分区容错性（P，Partition Tolerance）中的两个。

点不需要等待从节点的响应，因此异步复制的数据库实例通常具有较高的性能，且从节点不可用并不影响主节点对外提供服务。但因数据并不是实时同步到从节点，而主节点在从节点有延迟的情况下发生故障则有较小的概率会引起数据不一致。

半同步复制：应用发起数据操作请求，主节点在执行完更新操作后立即向从节点复制数据，从节点接收到数据（不需要执行）后才向主节点返回成功的信息，主节点必须在接收到从节点的成功信息后再向应用程序返回响应。仅在数据复制发生异常（从节点不可以用或者数据复制所用的网络发生异常）的情况下，主节点会暂停对应用的响应，将复制方式降为异步复制。当数据复制恢复正常，主节点将恢复为半同步复制。

强同步复制：应用发起数据操作请求，主节点在执行完更新操作后立即向从节点复制数据，从节点接收到数据并执行完后才向主节点返回成功的信息，主节点必须接收到从节点的成功信息后再向应用程序响应。

在算法层面，主流的分布式数据库为保障多个副本中的数据一致性采用了 Quorum、Raft、Paxos 等主流算法。Quorom 算法是一种用来保证最终一致性和数据冗余的投票算法，它被经常使用在分布式系统中。Quorum，中文翻译为“法定人数”，指选举时通常要求参与人数必须达到额定的数量，才能成为一个法定有效的选举。这个额定的人数就是 Quorum。Raft 算法是一种能够实现分布式系统强一致性的算法，每个系统节点有三种状态，即 Follower、Candidate、Leader。实现 Raft 算法，最重要的事是选主和复制日志。Paxos 算法是一种当前公认的解决分布式一致性问题最有效的算法。Paxos 算法是基于消息传递且具有高度容错特性的一致性算法。Paxos 算法用于多个节点之间达成一致，往往用于实现总控节点选举，是一种基于消息传递的一致性算法。

（三）极致性能

分布式数据库在性能方面，既需要解决多节点交互带来的性能损耗问题，满足在线交易的高并发低延时要求，又要能够处理大数据量下的复杂运算，满足在线分析或数据批量处理的要求。因此分布式数据库通常采用如下手段来达到极致性能。

1. 结合 CPU 多 NUMA 特性的深度优化

数据库的处理性能，如每分钟处理交易量（Transaction Per Minute），是提升数据库竞争力的关键性能指标，在同等硬件成本的条件下，数据库能提供的处理性能越高，其提供给用户的业务处理能力越多，从而降低客户的使用成本。为达到最大化利用硬件资源的目的，分布式数据库通过将数据绑定到不同的 CPU 模块和对应的内存中，使模块内负载均衡，以降低数据缓冲跨 NUMA 访问延迟；共享数据结构的全局访问，指派单独的核来进行处理，减少数据访问冲突；基于数据进行事务分发，减少核间冲突。

2. 分布式 CBO（Cost-Based Optimization）优化器

分布式数据库的 CBO 优化器能够在众多分布式计划中依据代价选出最高效的执行计划，最大限度地满足客户业务要求。

3. 全并行分布式执行

全并行包括几个层面的并行：MPP（Massively Parallel Processing）节点级并行；SMP（Symmetric Multi Processing）算子级并行；SIMD（Single Instruction Multiple Data）指令级并行。

MPP（Massively Parallel Processing）节点级并行是把执行计划动态均匀分布到所有节点，充分利用集群硬件资源。

SMP 算子级并行是一种利用计算机多核 CPU 架构来实现多线程并行计算，以充分利用 CPU 资源来提高查询性能的技术。SMP 算子级并行通过多线程多子任务并行执行的机制实现系统对计算资源的充分高效使用。显然 SMP 多线程轻量执行的模式无疑能够解决 MPP 架构部署上的不足。

SIMD（Single Instruction Multiple Data）指令级并行，利用 CPU 的局部性，通过向量执行提高执行效率。向量化执行引擎的优势在于可以减少节点间的调度，提高 CPU 的利用率。因为相同类型的数据放在一起，可以更容易地利用硬件与编译的新优化特征。

4. 高性能事务处理

高性能事务处理指的是系统在保证事务 ACID（原子性、一致性、隔离性、持久性）的前提下，最大限度处理并发业务的能力。其中包括对单节点事务的性能优化和跨节点分布式事务的性能优化。其在保证事务 ACID 的前提下，优化单节点事务、多节点事务的处理流程；减轻中心事务管理节点的压力，以支持系统的高吞吐性及高扩展性。

（四）运维体系建设

由于分布式数据库的节点较多、组件也较多，因此分布式数据库的运维体系通常也较为复杂，目前该运维体系下的常用模块及其作用如表 2 所示。

表 2　分布式数据库的运作体系的模块及其作用

模块名称	作用
统一管理	统一管理数据库的分片数量、分片规则、查询和透视数据表的关系，并制定相应的数据库复制方案及同步方案。在平台里统一查看和操作分布式数据库集群状态，管理数据库用户、权限、分布规则、配置下发、配置比对、备份和恢复、日志查看和分析、自动化巡检、性能优化、SQL 优化、历史 SQL 分析等
智能监控	监控分布式数据库节点状态和各个节点的性能，适配单机数据库的各项监控及适配分布式数据库的精细化监控，并分析分布式的负载行为、节点行为、故障信息、容量分析、问题告警及提示
性能容量	分布式数据库环境的数据倾斜现象及性能分布不均问题，需要通过智能运维平台进行实时监控，通过监控数据进行容量预测、负载重分布、数据重分布等操作
多租户	多租户管理是分布式数据库环境需要解决的重要功能。多租户管理需满足运维人员在运维的过程中对租户的容量和性能的管理需求，并相应调整数据库
备份恢复	分布式数据库提供了实例级别的物理备份、逻辑备份、增量备份、全量备份、binglog 备份等其他类型的备份。同时其还提供实例级别的使用物理备份文件恢复、使用逻辑备份文件恢复、基于时间点的恢复、单库单表恢复等

（五）迁移能力

为了降低从传统数据库向分布式数据库的迁移难度，大部分的分布式数据库都会做一些常用数据类型和语法的适配，如对 varchar2 类型的支持或者对分页语法的支持等，同时驱动层也会针对常用的传统数据库做适配，比如支持常见的 PostgreSQL 或 MySQL 的驱动协议。但是由于传统数据库也在不断发展，频繁推出新的功能和语法，因此再成熟的兼容模式也难以做到尽善尽美，应用系统的适配改造必不可少。同时，系统数据从存量数据库迁移到分布式数据库也需要投入大量的人力和时间，这给迁移过程带来了极大的挑战。

从传统的单机数据库往分布式数据库的数据迁移主要包括以下四个阶段。

阶段一：元数据迁移，主要针对表、索引、存储过程等对象定义的迁移，其间要进行从源库定义到分布式目标库定义的等价映射，在保证逻辑一致的前提下，保证功能一致。

阶段二：应用迁移、业务改造。

阶段三：数据迁移，主要针对应用数据的迁移，需要考虑停机时间对应用的影响。

阶段四：数据校验，即迁移后的校验过程。

元数据迁移通过预迁移评估、结构迁移两大核心功能，实现从源数据库到分布式云数据库的自动化搬迁，助力用户轻松实现一键切换数据库的目的。

按功能来看，其需要包括六大核心能力。

1. 数据库源库画像，即识别源库的各项关键指标，包括 TPS、DB 配置、DB 容量、表复杂度、SQL 复杂度、IOPS、QPS 等。

2. 目标库选型与规格推荐，即依据源库画像，综合兼容性、性能、对象复杂度、使用场景等，推荐合适的目标库选型及优先级。

3. 目标库兼容性分析，即识别出不兼容的对象和特性。

4. 迁移工作量评估，即以海量业务场景下的实际人力迁移成本作为评估基线。

5. 数据库结构迁移，包括对象过滤、语法转换、对象校正、验证上线等过程。

6. 应用 SQL 迁移，即通过 SQL 流量采集、流量仿真回放等输出性能分析报告。

数据的迁移根据不同的场景可分为全量数据迁移和增量数据迁移。

全量数据迁移就是指将源数据库中的业务数据全部迁移到目标库，这个过程一般采用批量的方式进行数据的同步，在同构数据库迁移的场景中，可以采用数据库的备份和恢复功能，也可以采用数据库自带的数据导出和导入工具，如 Oracle 的数据泵，这种方式比较高效。在异构数据库的全量迁移场景中，因为不同数据库之间的数据类型、存储格式等各不相同，上述同构数据库的迁移方式不再适用，一般采用数据库特定接口或 SQL 接口的方式进行迁移。全量数据迁移流程如图 2 所示。

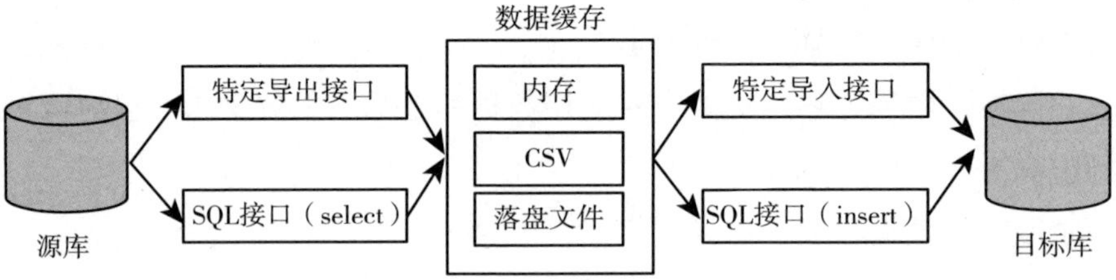

图 2　全量数据迁移流程

增量数据迁移是将源数据库实时变化的数据同步到目标库，实现增量迁移的方式有很多种，如基于时间戳的定时同步、基于触发器的增量同步和基于日志解析的实时同步，对比各种方式，基于日志解析的同步方式无论是从对源库的影响还是实时性方面都是最优的。基于日志解析的增量数据迁移流程如图 3 所示。

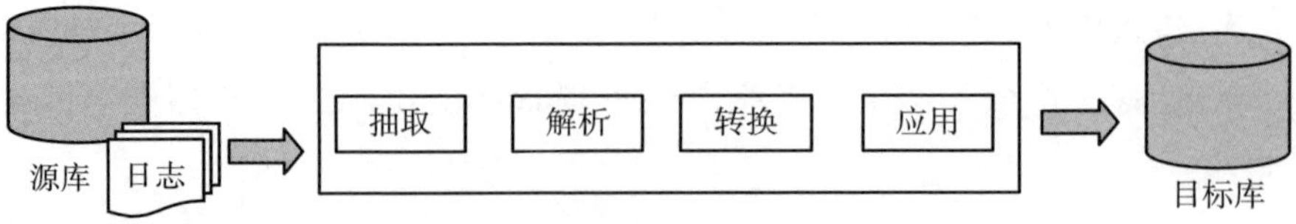

图 3　增量数据迁移流程

二 产用联合新模式的应用案例

1. 腾讯云助力多家金融机构实现技术创新

为加快分布式数据库产品的落地和更好地助力企业转型，腾讯云分别与中国银行、中国建设银行、微众银行、深圳证券交易所等机构共同创建了联合实验室。各方结合金融科技发展趋势、行业金融科技前沿技术、关键技术等相关重大课题开展联合预研、开发、应用与推广。例如，中国建设银行和腾讯共同建立金融科技联合创新实验室，通过构建金融科技创新平台，研究创新技术、孵化创新产品、优化金融服务模式，依托先进技术（如大数据、AI、云、区块链等）进一步提高科研投入、强化科技创新；通过建行大学华南学院“创业者港湾”和腾讯在产业互联网领域的技术及生态资源的合作，“产学研用”一体化交流分享平台被构建，推动发展金融业务和赋能实体经济。又如，中国银行和腾讯共同建立联合实验室，共同建立总部对总部的金融科技云平台（涉及云上金融、普惠金融、科技金融和智能金融等），开展先进技术的深度合作（如大数据、AI、云、区块链等），通过中国银行的优势业务资源和腾讯的先进科技优势的结合，共同推动业务发展，在洞察客户需求、建设风险管理体系、提升金融效率等领域进行深度合作。

联合实验室的创建，使腾讯云可以更深入地了解金融行业的具体需求，夯实自身产品，使产品更加贴合金融行业的实际需求，同时金融客户也可以更近距离接触产品部门，与产品研发面对面沟通需求，将自身的想法融入产品中去，在沟通学习的过程中，也极大地提升了自身的技术水平，实现了产品、技术的双赢。

2. 华为 GaussDB 分布式数据库助力中国工商银行核心交易系统分布式改造

根据工信部对金融机构信息系统的科技创新转型要求，以及中国人民银行提出加快金融级分布式交易型数据库研究突破的工作建议，中国工商银行从 2018 年就开始和华为公司进行分布式数据库联创，并在 2020 年 1 月形成商业采购，确定将华为 GaussDB 分布式数据库作为中国工商银行 OLTP 分布式数据库技术选型。中国工商银行使用 GaussDB 主要应对两个场景：一是核心业务主机下移；二是分布式改造。整个联创项目围绕以下几个方面进行建设。

一是建设中国工商银行的分布式技术体系，推动中国工商银行的应用架构由单体集中向分布式架构转型。

二是实现系统整体的高容量，具备灵活弹性扩展的能力，以满足大容量、高并发和突发峰值场景的需求。

三是建设开放平台的核心银行系统，为主机应用下移提供解决方案。

四是实现系统的分层解耦，通过快速组合服务实现快速的业务灵活创新。

在联创的过程中，该项目取得了如下突破性成果。

1. GaussDB 分布式数据库在中国工商银行陆续已上线 10 个以上业务系统，全面覆盖 A 类到 C 类业务场景。使用 GaussDB 分布式数据库替换大机业务后，业务系统运行更加稳定，性能大幅增加，自动化运维水平得到显著提升。

2. 共同定义了面向金融行业的同城跨中心双活和“两地三中心”容灾分布式建设方案，并且和应用双写及数据双向同步相结合，该方案完全满足金融级的高可用高扩展的要求，保障业务上线的零风险。

3. 通过不断的联合优化，GaussDB 分布式数据库将高性能高兼容性的能力做到了极致，可以完全满足中国工商银行从传统数据库向分布式数据库的转型要求。同时，华为公司与中国工商银行一起设计了一站式的迁移解决方案，通过联合开发数据和语法迁移工具，中国工商银行业务迁移可节省约 74% 的人力成本。

中国工商银行软件开发中心和华为公司在两年多的联创项目中，建立了一套从售前、售后到研发多条线密切合作的机制。中国工商银行软件开发中心深度参与华为 GaussDB 分布式数据库产品的设计和特性规划，在支撑业务平稳上线的同时，针对试点情况，华为公司对 GaussDB 分布式数据库进行了大量优化，完成了中国工商银行 140 多项需求的开发内容，使 GaussDB 分布式数据库可以更好地为金融行业服务，实现了双方的共赢。

3. 平安银行构建基于腾讯云 TDSQL 的新信用卡核心系统

平安银行 A + 信用卡核心系统是国内首例将其数据库由大型机直接下移到腾讯云 TDSQL 分布式数据库的核心业务系统。平安银行原有的信用卡核心系统（旧核心）在软件层存在较大的依赖性，维护成本高、创新能力受到底层服务框架的极大制约，因此需要建设一套全新的能够实现快速实现业务交付以及灵活、富有弹性的新的信用卡核心系统。基于腾讯云 TDSQL 的新信用卡核心系统具有以下四大技术能力。

（1）基于私有云和 PaaS 平台建设，实现了应用微服务化，通过拆分解耦，提升了快速创新能力。采用 DSU 单元化分布式架构方案，提高了系统的并发处理能力。

（2）实现了同城多活的能力，采用了非常典型的“两地三中心”“一主五备”的架构，满足了同城多活、异地容灾、一键切换等需求。

（3）实现了自动化运维的能力，打造了一套全链路的运维平台。该平台集统一管理、智能监控、容量管理、多租户管理、容量管理为一体，实现了一键切换、资源扩容、数据同步等功能。

（4）实现了弹性扩容的能力，支持横向扩容和纵向的在线扩容。

通过与腾讯多年的合作建设，平安银行 A + 信用卡核心系统取得了巨大成就：实现了信用卡系统支持 10 亿级交易账户和 10 亿级日交易量的目标；基于全球首创的交易不中断切换模式，保障了快捷、顺畅的支付体验；打造了“交易级账户”“立体化额度管理”“多租户运营”三大核心业务能力；技术体系支持敏捷开发、灵活创新和稳定运行。

B.9

可信技术应用

北京工业大学　华控清交信息科技（北京）有限公司

华为技术有限公司　蓝象智联（杭州）科技有限公司

上海证券交易所　腾讯云计算（北京）有限责任公司*

摘　要：　随着信息技术的快速发展、业务的不断创新，金融信息系统中身份认证及交易安全等重要环节受到严重挑战，如何保障系统安全可信是不可忽视的问题。可信技术是确保金融系统安全可信的基础核心技术。可信技术，一方面包括对系统平台的可信防护，确保系统结果可信、过程可信；另一方面也包括对平台应用的安全升级，通过与其他应用技术的有机融合，减少应用安全漏洞。本报告分析了金融科技可信技术领域存在数据访问、计算、存储和共享上的真实性、保密性、完整性等问题，提出了包括可信计算、多方安全计算、国密应用、区块链和生物识别的可信防护对策，以实现系统全生命周期的安全可信。

关键词：　可信计算　区块链　多方安全计算　国密应用　生物识别

---

* 执笔人：北京工业大学宁振虎；华控清交信息科技（北京）有限公司贾士轩、刘斌、时代、王云河、杨祖艳；华为技术有限公司白阳、林佳萍、邵萌；蓝象智联（杭州）科技有限公司毛仁歆；上海证券交易所蔡楚煌、郭望、王昕、徐丹、张清、朱立；腾讯云计算（北京）有限责任公司蒋昊、姜江、刘文苗、王磊。

一 背景综述

金融系统是人类创造的最为复杂的系统之一，其稳定高效运转离不开系统内模块之间的相互信任。从横向上看，金融系统包括股票、债券和其他证券等一系列市场，还包括银行和保险公司等金融中介机构，因此保障机构间有效沟通，有助于实现数据高效及可控的流转；从纵向上看，金融系统服务市场用户，需要保障数据的隐私性、操作的安全性、业务的连续性。总而言之，机构与机构之间、机构与用户之间都需要建立信任。而随着信息技术的发展、业务的创新，信息系统变得日益复杂，从而给信任的建立带来了巨大挑战。

可信技术是金融科技重要技术领域，是支撑数字货币、区块链、网络身份认证、智能金融、移动支付等金融技术和产品安全可控属性的基础技术。其通过对金融关键基础设施实行全生命周期可信防护，可提高防范金融风险的能力和金融网络安全管控能力，加强金融数据和隐私保护力度，保障金融信息系统过程可信、结果可信。

可信技术需要应用在系统业务流程的全生命周期中，从数据访问、计算、存储到共享，实现全方位可信（见图 1）。首先，可信技术需要保障对

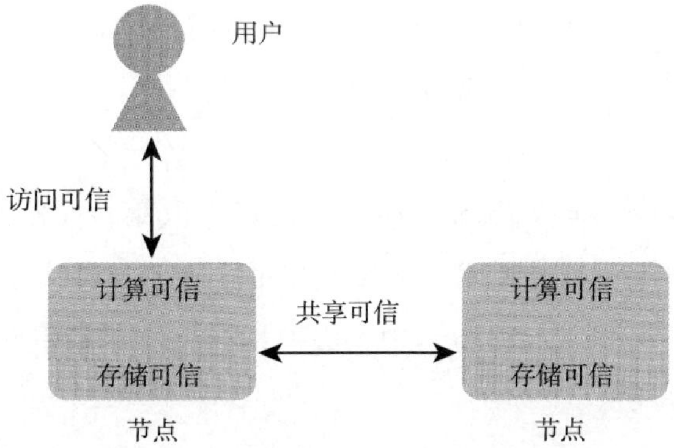

图 1 可信技术在访问、计算、存储和共享上的应用

系统或数据的访问是可信的，只有通过认证的访问才能进入系统，同时该认证不易被伪造或破解。其次，可信技术需要数据的计算和存储是可信的，在一个可信的环境中执行计算过程以及对隐秘数据的安全存储，保护数据的机密性和完整性。最后，可信技术需要数据的共享是可信的，一方面在数据传输上和对方身份认证上是可靠的，从而限定数据范围；另一方面在特殊环境下实现数据的“可用不可见”，对数据应用进行特定计算的同时不暴露数据给计算方，限定数据权限。

二　技术发展及应用现状

（一）可信计算

数字化变革的深入对数据存储、转移、计算和应用过程的安全可信提出更高要求。可信执行环境、可信计算、可信 AI 等技术在保障金融数据全生命周期安全可信方面有显著进展。

1. 可信执行环境

“数据”是区块链和数字货币的核心资产。可信执行环境（TEE, Trusted Execution Environment）是由国际标准组织 Global Platform 提出的基于底层处理器构造的独立执行环境。TEE 技术的发展和应用保障了“数据”的存储和使用数据的应用程序始终处于安全域而不被泄露到非安全域。代表性技术主要有 SGX（Intel）和 TrustZone（ARM）等。

（1）SGX

SGX（Software Guard Extensions）是 Intel 在其第六代处理器芯片的基础上推出的可信执行环境的技术。SGX 技术的要义在于“将合法软件的安全操作封装在一个 enclave（飞地）中，保护其不受恶意软件的攻击”。

（2）TrustZone

TrustZone 技术是 ARM 公司推出的基于处理器架构和安全硬件的系统级可信执行环境技术。TrustZone 技术提供了基于硬件信任根的安全启动方案，保障处理器从上电到运行阶段的合法性、完整性和保密性，避免了因平台固件被篡改而造成的隔离机制破坏。

2. 可信计算

可信计算（Trusted Computing）技术领域在国际上以 ISO/IEC 11889 - 2015 所定义的 TCG 技术方案为代表。而国内在可信计算领域以可信计算 3.0 技术方案为代表。

可信计算 3.0 主要特征是以 TCM（Trusted Cryptography Module）为密码支撑模块构建 TPCM（Trusted Platform Control Module）信任根，通过“宿主 + 可信”双体系架构实现对信息系统的主动免疫防护。

如图 2 所示，该架构采用了一种在安全可信策略管控下的运算和防护并存的主动免疫体系结构，基于防护部件的可信密码服务能够为平台身份认证、交易数据保护、区块链数据传输与存储提供硬件安全基础。

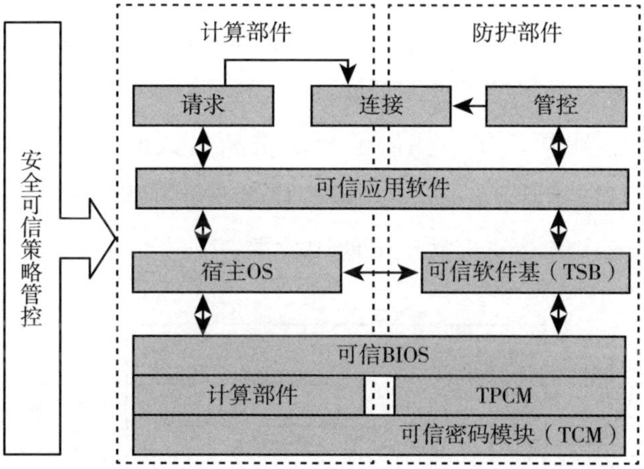

图 2　可信计算 3.0 双体系架构

3. 可信 AI

“可信 AI”的理念逐渐成为全球共识，是未来人工智能产业健康发展的必由之路。目前研究技术方向有 PSI 样本对齐、联邦训练树模型、联邦 SQL 计算等。

（1）PSI 样本对齐：支持亿级用户的隐私样本求交集，防止数据碰撞时一方推测出另一方的其他用户信息。例如，华为 TICS 采用粗筛的方法进行 ID 哈希值的前几位匹配，然后采用联邦 SQL 碰撞和精筛算法 OPRF 算法，获取十万级别的对齐样本数据，因此在保护隐私的情况下解决带宽限制问题，大大提高了传输效率。

（2）联邦训练树模型：基于自主可控 LR、Xgboost、SEAL 同态库进行矩阵密文运算，实现密文计算的批量处理，提升计算性能。该模型能够保证特征方一直在密文上操作，使各个参与者只能获得最后的计算结果。

（3）联邦 SQL 计算：使用 SQL 语句查询前需要进行审查，在 TEE 中进行数据脱敏、同态加密、差分隐私、区块链审计等计算。

4. 金融行业应用案例

（1）普惠金融应用场景

银行通过华为可信计算服务系统，读取多个数据参与方数据，同态加密后发送到 TEE 中，并进行企业风控公式计算，最终得到各个企业的风控评分等级结果。该系统将结果加密后发送给银行请求方，只有银行方能解密得到最终结果（见图 3）。华为提供了 SQL 分析公式的多方审批和共识机制，即数据参与方可以拒绝不合理的数据提供请求，拒绝不合理的 SQL 分析或计算公式，保障多方在安全共识下使用数据。

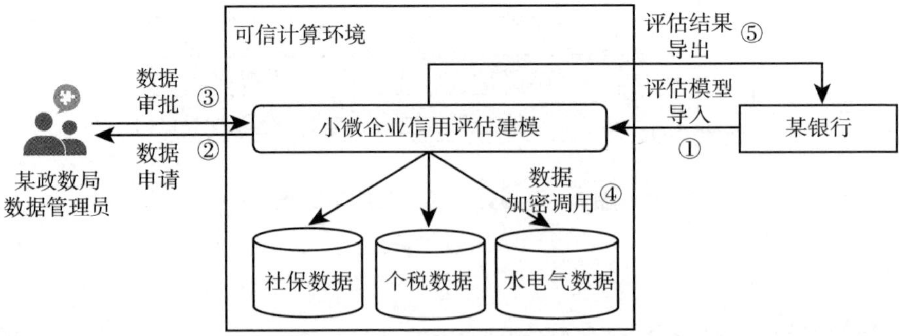

图 3　TEE 普惠金融应用场景

（2）移动支付可信保障

TrustZone 在移动支付领域的创新应用活跃。江苏银行与华为联合成立中国境内首家 Core-banking，2020 年 8 月推出与华为钱包合作开发的“TEE + SE 手机盾”产品，可保障高频次大额人民币（百万至千万级）转账时的安全可信。移动智能终端设备的可信执行环境在金融安全、安全存储、数据隐私保护、身份多因认证等众多方面同样有广阔前景。

（二）多方安全计算

1. 多方安全计算技术现状

多方安全计算（Multi-Party Computation，以下简称 MPC）技术是一种基于密码学的隐私计算技术，其理论肇始于姚期智院士于 1982 年提出并解答的百万富翁问题。后经众多学者研究和发展，常用的 MPC 技术包括混淆电路、秘密共享和同态加密等。MPC 能使多个非互信参与方在数据相互保密的前提下对任意函数进行计算，实现数据的“可用不可见”。同时，其通过指定函数，还可规定数据具体用途和用量，实现“可控可计量”。

MPC 的系统安全假设通常分为两种：一是参与方半诚实假设，即各参与方虽然想知道他方数据，但在计算过程中会遵守计算协议；二是参与方恶意假设，即参与方在计算过程中会偏离计算协议。在后者情况下，一个系统需要付出高昂的计算和通信成本以抵御恶意参与方，因此金融实践中多采用参与方半诚实假设。

2. MPC 金融应用发展现状

（1）顶层设计不断完善

2020 年，中国人民银行发布了《多方安全计算金融应用技术规范》（JR/T 0196—2020），在基础功能、安全性和性能要求方面对 MPC 产品做出明确规范，为金融业正确理解和应用 MPC 技术提供顶层思路，促进行业整体健康有序发展。

（2）试点应用广泛开展

一是 MPC 作为主导技术的金融应用。中国人民银行各分支机构关于金融科技试点项目的公示信息披露了我国与 MPC 相关的 10 个 2020 年度金融科技创新试点项目，涉及场景包括金融消费者人脸信息保护、产品营销、跨境结算、小微企业融资和信贷风控等（见表 1）。

表 1　2020 年涉及 MPC 的金融科技创新试点项目情况

项目名称	牵头机构	场景	地区
多方数据学习"政融通"在线融资项目	腾讯云计算(北京)有限责任公司、北京小微企业金融综合服务有限公司、上海浦东发展银行股份有限公司北京分行	小微企业融资授信及风控	北京
基于多方安全图计算的中小微企业融资服务	交通银行股份有限公司、中移(上海)信息通信科技有限公司、上海富数科技有限公司	中小微企业融资授信风控	上海
基于同态加密的"数据通"数据融合应用	上海市银行卡产业园开发有限公司、同态信息科技有限责任公司、平安银行股份有限公司上海分行	中小微企业融资风控	上海
基于多方安全计算溯源认证的跨境结算服务	中国工商银行股份有限公司广州分行、广州银联网络支付有限公司、云从科技集团股份有限公司	跨境结算	广东
基于多方学习的涉农信贷服务	重庆农村商业银行股份有限公司、腾讯云计算(北京)有限责任公司	涉农、小微企业融资风控	重庆
基于多方安全计算的小微企业智慧金融服务	四川新网银行股份有限公司	小微企业融资授信及风控	四川
基于多方数据学习的小微融资风控平台	成都数融科技有限公司、华夏银行股份有限公司成都分行、成都金控征信有限公司	小微企业融资授信及风控	四川
基于多方安全计算的图像隐私保护产品	中国银联股份有限公司、交通银行股份有限公司、华控清交、上海聚虹光电科技有限公司	移动支付人脸识别	上海
基于多方安全计算的差异化营销平台	上海冰鉴信息科技有限公司、南京银行股份有限公司上海分行	银行产品服务营销	上海
基于区块链的金融与政务数据融合产品	中国银联股份有限公司、上海浦东发展银行股份有限公司、上海银行股份有限公司	小微企业融资授信及风控	上海

数据来源：作者整理。

在商业化应用方面，国内外金融业已有诸多较为成熟的 MPC 产品，较具代表性的有蚂蚁链摩斯多方计算平台、XOR Secret Computing 平台、Duality SecurePlus 系列产品以及 PrivPy 平台。其中，前三者主要针对银行业信用卡评分及反欺诈场景，而 PrivPy 平台的定位为数据要素流通的基础设施平台，已落地应用包括企业级数据融合平台－科创企业信用评估、行业级

数据融合平台 - 个人合格投资者（QI）认证以及跨行业数据融合平台 - 政务金融数据融合应用等。

二是 MPC 作为辅助技术的金融应用。除作为独立技术外，MPC 亦可作为联邦学习中的辅助技术，以保证参与方的数据隐私性。例如，神盾 - 联邦计算平台、FATE、百度金融安全计算平台、蜂巢联邦智能平台以及 Fedlearn 均采用基于同态加密的 MPC 协议，实现了联邦学习建模在保险产品定价、信贷风控以及反洗钱风险预警业务中的试点；PrivPy 平台的联邦学习方案应用基于秘密共享的 MPC 协议，将梯度或参数进行密文聚合计算，从而实现联邦学习建模。

3. 金融行业典型案例

（1）中国互联网金融协会个人合格投资者（QI）认证平台

中国互联网金融协会个人合格投资者（QI）认证平台是基于 MPC 的基础设施平台，在保护申请者数据隐私的前提下，自动联合计算其金融资产或收入状况信息，完成个人合格投资者自动认证，可有效帮助金融机构减少人工成本。同时，该流程能做到全程可验证、可追溯、可解释、可审计、可监管（见图 4），增强 QI 认证监管的穿透力和有效性。该平台已于 2020 年完成原型设计、技术验证、上线试运行。

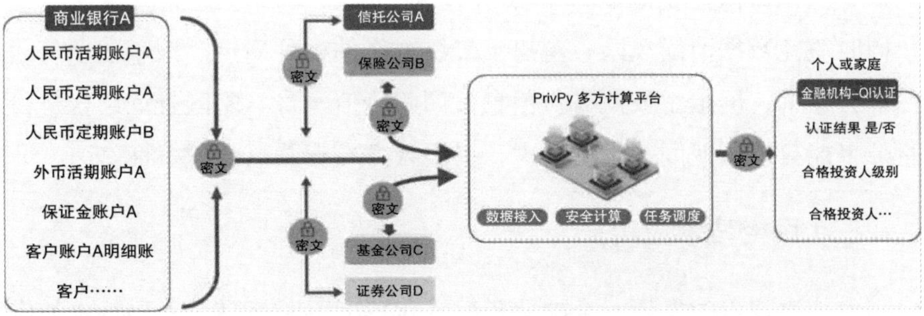

图 4　基于 MPC 的 QI 认证平台业务流程

（2）金融机构反欺诈场景下的短时多头联盟项目

随着互联网金融技术的发展，金融诈骗和共债问题与日俱增，且一般具有操作时间短、涉及平台多、申请次数多等相似特征。此类反欺诈场景对金融多头数据有非常强的渴求，基于双盲隐匿查询的短时多头联盟项目应运而生（见图5）。

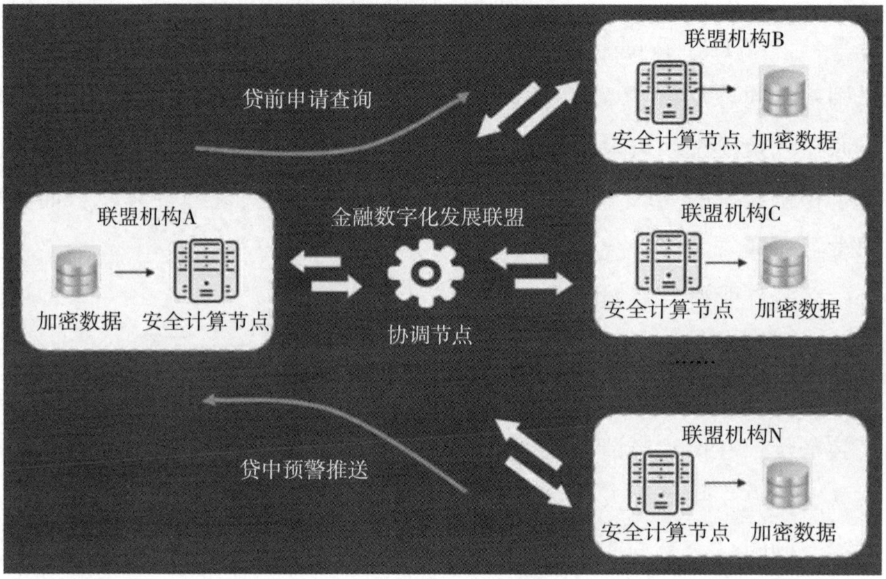

图5　基于双盲隐匿查询的短时多头联盟项目

该联盟项目依托于隐私计算隐匿查询方案，实现数据价值流动互通共享，同时避免数据泄露风险，解决了传统方案的种种痛点。该联盟项目通过身份双盲查询，屏蔽了彼此身份信息，回归价值本身。隐匿查询结合身份的双盲效果能打消同业间竞争的疑虑，提高各方数据共享的积极性。

（三）国密技术应用

随着信息技术的发展，金融业务数字化程度不断提高，密码技术的应用为实现安全数据交换提供了信道加密、身份认证等关键支持。

当前商业密码应用普遍依赖国外技术产品，为进一步增强金融行业信息系统的密码安全保障和自主可控能力，近年来国家持续推动国密算法应用实施，保障金融业务稳定发展。国家密码管理局2018年发布的

《信息系统密码应用基本要求》指出，“密码技术作为网络安全的基础性核心技术，是信息保护和网络信任体系建设的基础，是保障网络空间安全的关键技术”。

1. 国密技术原理

国密算法是指国家密码管理局认定的国产商用密码算法，在金融领域目前主要使用公开的SM2（非对称公钥算法）、SM3（杂凑算法）、SM4（对称加密算法），用于替代RSA、3DES、AES等国际加密算法，实现数据校验、签名验签功能。

2. 国密应用需求

当前金融领域信息系统主要基于国际开源密码算法，存在多方面改造需求。例如，将RSA、3DES、AES等国际算法替换成国密SM2、SM3、SM4，并使用硬件运算；采用国密双向SSLVPN网关替代OpenSSL实现链路加密；采用客户端证书和协同签名技术实现身份认证，对延迟不敏感时可采用USBKey；密钥随机数使用硬件生成；密钥保管于专用密管设备中；对于高并发互联网上大数据量交互，需要设计实现SSLVPN网关网络负载均衡需求、快速应急和恢复处理。

3. 国密应用案例

（1）证券公司网上交易系统安全建设方案

网上交易系统是证券经营机构为PC电脑端客户提供股票交易业务的系统，其交易量占经纪业务交易总量的30%～40%，其互联网接入层区域是实现密码技术安全自主可控的重点。

在国密应用上，证券公司网上交易系统安全建设方案（见图6）将PC客户端与证券公司服务端之间的安全链路替换为国密双向SSL，在链路带外基于协同签名技术实现客户身份认证；链路建立后，采用SM4加密业务数据；采用密钥分割技术将用户私钥分割后分别存放于客户端终端设备和服务端密管机中，结合RA和第三方CA，并结合人员管理、操作规范管理和制度管理等管理手段，实现“防抵赖+防伪造”的数字证书认证体系。同时，建设完善机房门禁、机房视频监控物理安全环境。

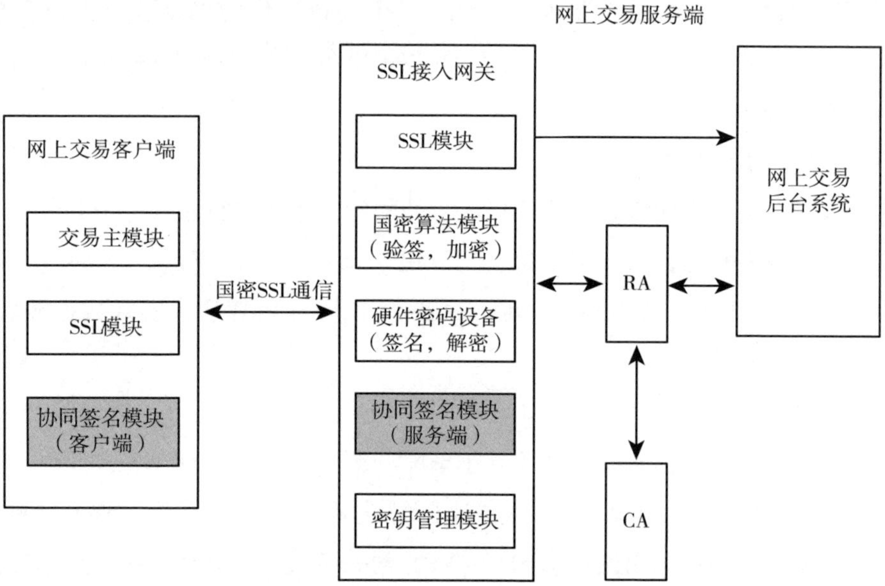

图 6　证券公司网上交易系统安全建设方案

（2）网上银行整体安全建设方案

网上银行承担向客户提供便捷的查询、对账、行内转账、跨行转账、开立电子账户、汇划、理财、基金等金融服务。

在国密应用上，网上银行整体安全建设方案采用国密 SSL 安全网关实现业务数据传输加密，向用户签发国密数字证书并存储在 USBKey 中实现身份认证安全，确保用户交易数据的真实性，实现防伪造、防篡改、防抵赖。同时将全局/链路负载均衡服务器部署在互联网接入区，保障网络的可用性和连续性。

（3）保单登记平台安全解决方案

在中国保险业保单登记管理信息平台（第二期）上，保单登记平台安全解决方案（见图 7）要求保险公司上传保单信息时进行签名，并对中保信返回的响应报文进行验签。签名验签服务器以旁路模式连接到服务器区交换机上，为保单登记平台业务提供基于国密算法的硬件签名验签能力，保障核心数据的完整性和不可否认性。

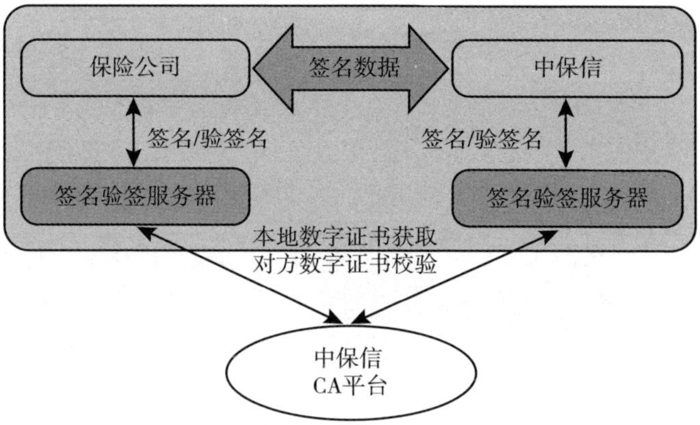

图7　保单登记平台安全解决方案

（四）区块链

区块链是一种拥有分布式计算、共识同步、链式结构、智能合约等特性的可信技术，具有分布式、不可篡改或撤销、公开透明不可抵赖等特性，为互不信任的网络提供中立公平的运行环境，实现计算全流程留痕且透明可查询，提高数据交互安全与效率。区块链解决金融领域可信应用问题的应用案例如下。

1. 上证链

上证链是面向整个金融行业建设的区块链平台，基于上证云 IAAS 层进行构建，以“云链一体化”的方式为金融行业新一代数字金融应用提供可信的基础设施，为相关机构开展区块链的应用创新提供支撑，并探索行业数据资产新型互联互通路径（见图 8）。上证链的建成，既强化了可信技术的基础能力建设，又实现了科技与业务的深度融合，是为证券行业提供共性服务、降低行业研发成本的举措。

上证链紧紧围绕监管要求，建设私募基金电子合同平台，旨在规范私募基金交易各环节，结合区块链技术实现全流程留痕增信，提供云存储解决电子合同长期存储要求，进一步规范私募基金市场，回归本源、防控风险，满

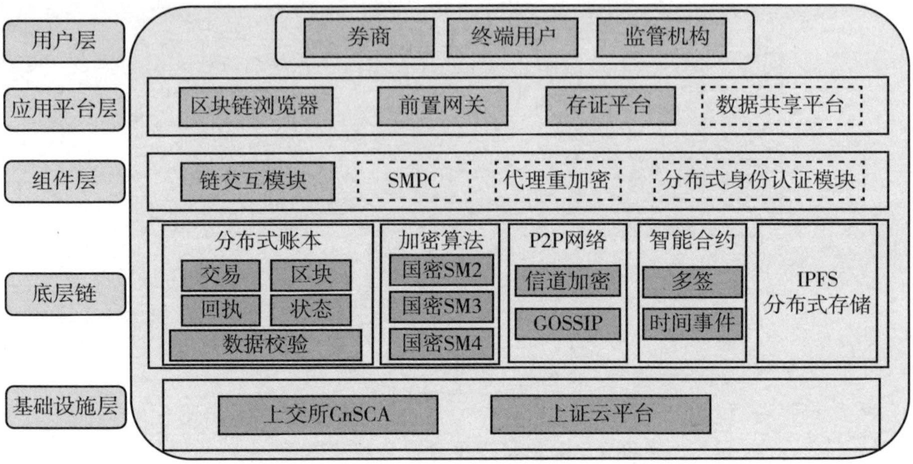

图 8　上证链整体架构

足监管合规要求，推动基金和资管行业真正为高质量实体经济服务。

2. 电子仓单系统

传统的电子仓单系统缺乏对仓库物资监管的有效手段，仓储管理效率低下，重复质押、假仓单等行为频繁出现。由区块链技术支持的电子仓单系统可实现仓单相关方链上身份标识、仓单发行、流转与验证、仓单信息采集上链共享与存证等功能，解决上述问题。

以某国家级港口保税区为例。其通过引入腾讯区块链身份电子仓单系统，在不影响各参与主体独立性和最大限度地利用各自中心化系统既有资源的情况下，将主要流通环节的信息实现及时上链并共享，从而实现登记的资产信息具备可溯源、不可逆和防篡改特征。

该系统还利用电子围栏、智能设备和人工智能等新兴技术，将现实世界的资产转换为可信度高的“数字孪生”资产，实现资产在链上的可信监控和流转。

（五）生物识别

1. 生物识别现状

在金融行业里，AI 相关技术可以提高金融安全以及用户体验，如通过人脸识别、活体识别等，判断当前用户是否为客户本人，提升用户验证的安全性，其中人脸相关的技术安全也受到业内的高度关注。对在实际落地业务中遇到的人脸安全问题，金融机构一般从实物介质的判别（活体检测）、数字合成内容的取证、针对模型定制攻击的防御技术三个方向进行研究。

（1）物理介质检测和防御

对人脸核身中的物理攻击风险，可以通过活体检测体系进行防御。如目前业内比较领先的光线活体技术，是通过捕捉人脸在手机发射不同颜色光照下的成像差异，解耦人脸形状信息与材质信息，同时融合密码学策略，将投射光线组合作为验证码，在检测过程中进行自编解码，完成实时的自动校验，进一步提升整体系统的安全性。

（2）内容生成和取证

对 deepfake 等人脸内容生成的攻击风险，AI 算法基于伪造人脸检测技术 RealFace，结合人脸的 RGB 图像纹理特征和 SRM（Steganalysis Rich Model）特征，充分发掘伪造人脸所产生的伪影细节和伪造位置，有效提高了伪造人脸图像的检测精度。

（3）对抗攻击和防御

对抗样本带来的扰动可能会导致人脸识别模型或目标检测模型进行错误的预测。比如通过对抗生成的方式得到的可打印、可佩戴的特殊图案 Adv-Hat 和 Adv-Glasses。针对这种可打印、可佩戴的攻击方式，在对抗样本检测层面，AI 算法基于随机化的图像 patch 进行网格化处理，以及深度神经网络特征和传统统计特征的融合，在防御此类攻击类型的同时，也提升了防御模型本身的安全性。

2. 应用案例

人脸识别技术在互联网金融领域的一个典型应用就是“人脸核身系统”。人脸核身系统在金融场景的应用案例如下。

（1）券商单向视频开户

中国证券登记结算公司发布的《中国证券登记结算有限责任公司证券

账户非现场开户实施细则》规定，开户代理机构通过网上视频见证方式（双向视频见证或单向视频见证）验证投资者的身份真实性及开户意愿真实性后，可为投资者办理证券账户开立手续。该细则还规定单向视频开户业务包括必需的技术手段“活体检测”“人脸识别”以及必需的业务流程“审核”“复核”“回访”等。

（2）信用卡申请

银监会公布的《商业银行信用卡业务监督管理办法》中对发卡进行了严格规定，在业务员线下拓客的时候，通过人脸核身可以快速验证用户身份，帮助用户完成信用卡申请流程，大大缩短客户等待时间。

三　未来展望

随着信息技术的发展、业务的不断创新，信息系统安全将不断面临挑战。可信技术作为安全保障的重要基础，一是需要持续推进相关理论研究。如作为可信计算基础的密码研究、多方安全计算基础性能和协议扩展性的提升研究、国密技术的实现效率和业务性能的优化研究等。二是需要技术之间的创新融合。如可信计算与区块链技术相结合，完成数据交换、匿名计算或敏感信息保护，以及多方安全计算与区块链、联邦学习、可信计算等技术融合，释放数据要素红利，加速金融行业数字化转型。三是需要加强行业内的推广应用。如国密技术在完成小规模应用试点验证后可逐步扩大其规模，拓展至核心业务系统，同时提炼出成熟的共性问题解决方案，向全行业推广，以及在可信计算方面制定面向特定应用场景的标准等。

金融信息系统安全可信是保障上层业务连续性、服务可得性的基础，可信技术是实现系统安全可信的重要措施。未来我们需持续加强对可信技术的研究与应用，维护金融安全、促进经济高质量发展。

参考文献

[1] 王鹏等:《SGX 技术的分析和研究》,《软件学报》2018 年第 9 期。
[2] *ARM Security Technology Building a Secure System using TrustZone technology*, http://www.arm.com.
[3] 王云河、李艺:《MPC 金融应用场景》,《金融电子化》2021 年第 2 期。
[4] 国家密码管理局:《信息系统密码应用基本要求》(GM/T 0054—2018)。

服 务 篇

Service

B.10
金融科技赋能服务渠道转型升级

平安银行股份有限公司　国泰君安证券股份有限公司
招商信诺人寿保险有限公司 *

摘　要：新一代信息技术应用的日趋成熟和持续的新冠肺炎疫情对金融行业服务渠道产生了深刻的影响。传统线下渠道的产能持续下降、客户行为依赖减少、服务效率与体验较线上渠道有很大差距。同时，新渠道也面临行业统一标准缺失、数据隐私和系统安全、系统观念和组织无法适应转型要求等问题。本报告通过分析目前金融行业利用科技赋能丰富和拓宽渠道发展的转型实践和优秀的项目案例，提出了解决方案：线上渠道积极拥抱互联网，推动业务与场景深度融合，实现线上线下一体化融合；网点模式向轻型化、智能化转型；利用金融机构用户、数据、科技、安全等优势，构建开发平台，实现生态化发展。

* 执笔人：平安银行股份有限公司周博、唐亮、卢锐、李扬、池健晖；国泰君安证券股份有限公司郑爽；招商信诺人寿保险有限公司姚奕。

关键词： 开放银行 线上线下一体化融合 数字化

一 行业发展现状

2020 年，新冠肺炎疫情在全球的肆虐极大地推动了金融机构的开放和数字化转型，全球产业链进入重构阶段，表现为科技脱钩和技术封锁，企业亟须提升自身的核心竞争力，而这种竞争力越来越体现在科技实力上。大量原有的金融业务通过大数据、云计算、人工智能、区块链等新技术改变了传统的运营模式，包括信息采集来源、风险定价模型、投资决策过程、信用中介角色等，大幅提升金融效率，降低传统金融服务成本。

中国金融业正处于数字化、智能化的关键时期，信息技术全面、深入地渗透到金融业务中。疫情之下监管机构多措并举，促进发展与规范管理相统一，互联网公司也越来越意识到，自身的优势在于场景、流量、数据、技术。同时，中国的 B 端产业互联网正在起飞，为金融机构的发展提供了更多场景和机会。根据中商产业研究院预测，2021 年我国产业互联网整体交易规模将达到 60 万亿元，相比于 2016 年 32 万亿元的水平，短短 5 年实现翻番。

在线下渠道方面，截至 2020 年末，中国银行业金融机构网点总数达到 22. 67 万个，在全国布局建设自助银行 15. 62 万家，布放自助设备 97. 37 万台，其中 2020 年投放创新自主设备 1. 52 万台。银行卡联网机具有 3833. 03 万台，较 2019 年末增长 331. 34 台，ATM 机具有 101. 39 万台，较 2019 年末减少 8. 39 万台。[①]

证券公司营业部数量增速逐年放缓，多家券商进行营业部裁撤，完善线下营业网点布局，优化结构配置。截至 2020 年末，主要证券公司营业部数量如表 1 所示。其中，沿海地区长期成为券商营业部主要聚集地，广东、浙江两

① 数据来源于中国银行业协会：《2020 年中国银行业服务报告》。

地营业部数量分别为1602家和1120家。按区域划分，华东地区证券营业部达4886家，占比达到41.65%，东北地区和西北地区证券营业部数量较少。证券公司营业部分布不均衡，部分区域布局密度不断提高，竞争日益激烈。

表1　2019～2020年主要证券公司营业部数量

单位：家

序号	证券公司	营业部数量（2020年）	营业部数量（2019年）	2020年较2019年增加的数量
1	中国银河证券	491	493	-2
2	方正证券	347	308	39
3	国泰君安证券	342	344	-2
4	安信证券	326	331	-5
5	海通证券	302	300	2
6	中信建投证券	292	295	-3
7	中泰证券	289	284	5
8	广发证券	282	283	-1
9	申万宏源	263	263	0
10	招商证券	259	258	1
11	长江证券	247	250	-3
12	华泰证券	243	241	2

数据来源：证券公司年度财务报告。

金融服务渠道逐步泛生态化。在C端，拓展场景种类更齐全，由强金融场景向弱金融场景延伸。金融产品嵌入场景将从出行、饮食、购物等强金融场景延伸至教育、医疗、物业等弱金融场景，未来有望实现消费场景全覆盖，打造“金融服务无处不在”的消费者体验。在B端，伴随产业数字化的成熟和快速兴起，数字供应链和票财税成为关键阵地。在G端，伴随智慧城市建设，政务场景比重不断提升。以平安银行为例，其与深圳市税务局共同创新，构建税企直连平台，建立“业、财、税、融”一体化完整链条。平安银行从企业诉求出发，与深圳市税务局共同打造税企直连平台，贯彻注重体验、优化服务、提升效能、开放赋能的平台建设思路，预计将为企业缩短90%的纳税申报时间，缩减80%的报税人员。同时，平安银行基于税企直连平台进一步实践“银税互动”，帮助企业将纳税信用转化为融资信用，拓展“智慧税务”场景，以助力实体经济发展为愿景，服务中小微企业。

综观全球金融+科技的成功经验，“重落地”、“搭平台”和“强科技”为金融服务未来发展带来重要启示。

一是“重落地”，即监管部门不仅针对开放金融服务生态体系发展制定了详细政策，还专门成立监管实体，推动金融服务生态体系开放建设的落地。

二是“搭平台”，即其搭建开放的平台，撮合科技公司与金融机构协同创新，并解决中小金融机构自建开放平台系统面临的技术能力不足的难题。

三是“强科技”，即金融机构对信息科技的高度重视和大力投入。金融机构都在通过多种方式提升自身的信息技术能力。

二　存在的问题

（一）传统渠道迫切需要转型升级

在数字化转型的背景下，企业发展到一定阶段，中后台主要职能和专业化能力逐步向总部集中，而目前金融机构的网点人员数量占比依然较高，分支机构业务一线产能面临的挑战越来越大。

客户行为模式和需求的快速转变冲击传统线下渠道服务模式。随着互联网的发展，客户对网点的依赖越来越少，导致线下网点业务量不足。新冠肺炎疫情又加剧了线下渠道展业难度，线下网点租金、水电、硬件投入较大，加上人工成本上涨，经营成本高，加大了网点的盈利压力。

传统线下渠道客户服务体验不足。传统线下网点存在排队久、办理慢、流程烦琐、效率低下等诸多问题，在客户服务体验方面与互联网金融新模式形成强烈反差。

（二）新渠道带来新问题

1. 行业统一标准缺失。国外开放银行大多有政府推动，商业银行、政府、第三方合作伙伴各负其责，数据通过 API 接口的方式，在有标准、有约束的前提下有序对外开放，参与机构接受监管机构的严格监管。而国内开放银行则由市场驱动，注重理念开放、场景开放和平台开放。为有序合规发展开放银行，应建立完善有关标准体系和机制。制定统一的技术和数据标准，在合规可控的前提下，减少商业银行、第三方合作伙伴等参与机构对接的额外成本，实现互联互通。

2. 数据隐私和系统安全。金融服务的应用本质就是“开放”，其核心是数据，涉及用户隐私。在传统的模式中，银行系统是个闭环，银行只需要保障自身的信息安全和风险防控能力，面对复杂多样的外部合作伙伴环境，安全挑战随之而来。普华永道在 2018 年进行的一项调查显示，95% 的受访者担心自己的个人信息将会被泄露，68% 的受访者的第一印象是个人隐私将会受到一定影响。

3. 理念、技术和组织革新。不少商业银行受制于集中化的技术架构和层级复杂的组织架构，使得业务创新的投入成本居高不下、决策流程冗长拖沓。开放银行模式要求商业银行摈弃中心化的思想，在技术和组织架构上有所革新，比如，技术上采用扩展性更高的分布式微服务架构；组织上采用更具敏捷性的扁平化组织架构管理；开发流程上推进 DevOps 效能提升，由此加速产品创新、迭代的过程，避免因陈旧系统产生的内耗而错失市场的好时机。

三 金融行业优秀转型实践

（一）线上渠道加速发展与线上线下一体化融合

当前，在移动互联网急速发展和广泛应用的大背景下，保险行业也纷纷借助移动互联网创新服务模式，推出线上渠道服务解决方案，通过手机终端将健康管理和保险结合起来，实现移动医疗和保险服务。同时，金融机构通过线上服务与线下服务融合发展，构建全方位、一体化服务渠道，打造金融服务体系，为客户提供更优质的服务体验。

案例：招商信诺“金牛保宝”家庭智能保顾

招商信诺以解决行员保险销售痛点为出发点，以满足客户个性化保障需求为目的，利用金融大数据、保险精算专业知识进行客户保险购买需求分析，研发了“金牛保宝”家庭智能保险顾问营销工具，为招行行员和客户提供更便捷和优质的服务。

“金牛保宝”通过收集客户的基本信息和系统的智能测算，为客户生成专业、全面的家庭保障规划报告。其引入第三方数据，涵盖经济实力、出行方式、兴趣爱好、支付偏好、投资偏好、融资贷款等6大维度，为IA提供客户信息视图；重建四大维度保障测算模型，接入社保、医疗、教育等民生大数据；率先应用公司3－3－6产品推荐体系，解决“为谁保”“保什么”“保多少”；首次采用“双向报告”模式，围绕客户体验设计报告排版、围绕销售逻辑编排内容顺序。

截至2021年6月9日，得益于招商银行的大力支持，“金牛保宝”已为全行1348家网点的1166位行员提供了服务；2021年的关联产出达1.1亿元，该应用工具的推出，无疑在提升保险公司业务的同时，也完善了招商银行客户的金融产品配置；保险产品持续缴费的模式，也增加了招商银行客户的黏性，助力招商银行客户经营。

（二）线下渠道向数字化、智能化转型

随着人工智能、区块链、云计算、大数据等金融科技的广泛应用，5G网点、无人网点、DIY银行等新型智能网点出现。基于互联网的云计算和大数据加强了客户信息的一体化建设；指纹、人脸、虹膜等生物技术的使用促进了智能化身份识别；多媒体感应技术推动了交互式体验服务的快速发展；新支付技术的发展，推动了网点支付和结算方式的智能化。

网点模式向轻型化、智能化转变。依托数字化、智能化手段，金融机构推出自助柜员机、VTM等自助设备，利用人工智能、大数据、云计算等金融科技实现从人工服务到自助服务再到轻型化、智能化服务网点的递进转

变。新冠肺炎疫情也加速了无接触式服务的发展。营业部中后台职能逐渐向集团总部集中，使得网点人员配置发生转变，更加专注于业务办理和客户服务体验。

案例：国泰君安线下智能网点 VTM

国泰君安从提升业务流程效率和客户服务体验出发，基于虚拟现实技术、O2O 闭环理念推进网点转型，2018 年率先在全国营业网点全面铺设 VTM 智能柜员机，基于自建 CA 技术实现了分支机构服务流程的无纸化，融合了人脸识别、实体机器人、智能 WIFI 等先进技术。全国部署超过 500 台，达到线上线下流程和资源的贯通，支持双录等 20 余项业务的自助办理，减轻人工柜台压力，实现了 O2O 流程提速，大大缩短了客户办理业务的时间，也为分支机构释放了产能，成为线下重要的客户服务渠道。

国泰君安 VTM 个人客户双录占比已达到 97%，其逐渐扩大业务范围，机构客户双录业务占比逐月攀升至 80%，通过 VTM 赋能期货 IB 业务，如期货风险测评、开户双录、模拟测试以及二维码开户等功能，已在上海商城路营业部试点并进一步推广。国泰君安正在孵化引导台项目和小型 VTM，并获得专利，引导台项目已进入营业部试用阶段。

国泰君安率先探索 5G + SDWAN + 云桌面技术应用，在河南黄河路营业部顺利落地业内首家可组装式智慧网点，基于该项技术研究成果，可以在 1 天内完成智慧网点的网络部署和现场试备调试，具备布点快捷、门槛低、随建随撤等优势，为快速部署轻型网点和公司财富管理转型提供技术可能。

（三）外部渠道快速拓展，多方合作实现共赢

相比于传统的线下网点以及线上自有渠道的获客方式，开放银行模式具有规模化的渠道拓展优势，商业银行借助开放银行平台以 API、SDK 等连接方式，网页及移动应用、小程序等应用接入模式，在依法合规的前提下开放金融服务，与互联网平台合作以拓宽客户，提升金融服务效率，实现多方共赢。

案例：平安银行开放银行平台

开放银行平台是平安银行以用户需求为导向，以场景服务为载体，以平

台赋能、生态融合为目标，打造的开放合作平台；通过组件化标准化输出平安银行的产品、金融、科技能力，供合作伙伴快捷接入，打通企业产业链数字化的各个环节和服务场景，实现与产业的信息流、资金流、物流的全面连接及场景的共同经营。

一方面，开放银行平台将平安银行的数字账户、投资理财、支付结算、贷款业务、保证金、信用卡，以及普惠金融、跨境金融、新型供应链、财资管理、数字身份等多项金融产品和服务，通过标准化接口开放给第三方合作伙伴，为合作伙伴赋能，创建更具竞争力的应用场景；另一方面，第三方合作伙伴也可以通过开放平台以小程序形式为平安口袋银行的客户提供各项生活服务；通过“走出去” + “引进来”双向驱动，将银行、合作伙伴、客户汇聚在一起，建立互利共赢的金融服务生态圈。

开放银行平台已发布 1300 多个 API 与 H5 接口，400 多个标准化产品，接口日均调用量超过 1000 万次。在商户端，其实现了合作伙伴的自助对接、自助开发、自助测试、自助投产，接入更高效，单个商户的接入周期从之前的平均 45 天缩短至目前的 2 ~ 3 周，接入效率提升了 60%；而在内部资源端，IT 团队之前可以同时支持 20 个商户的接入，目前可支持 100 个商户同时接入，有效释放了内部开发资源。

平安口袋银行以 App 为载体，基于开放银行小程序模式引入淘票票、大麦、高德打车、饿了么等产品与服务，实现商户自主入驻、自主开发和自主运营。以电影平台淘票票为例，平安银行标准化开放了口袋 App 65 项能力，339 个 API，帮助商户仅用 2 周开发时间实现低成本高效率的入驻，同时打通银行的支付结算体系、优惠券体系、积分兑换体系，推出 8 元观影系列活动，实现用户在口袋银行 App 内便捷选票、优惠购票、扫码取票、积分兑换等全流程、全场景、全闭环的购买体验，截至 2020 年底，口袋银行月活用户数超过 4000 万人。而在嵌入第三方场景平台方面，平安银行为某领先消费互联网公司定制推出电商场景下的支付结算产品“电商见证宝”，嵌入其平台。电商见证宝不仅为该电商平台搭建了一套完整的交易资金总分账户体系，同时也为该平台商户提供了一体化资金管理服务。

四 未来展望

1. 线上渠道不会完全取代线下渠道。部分客户群体习惯到线下网点面对面沟通、咨询、寻求帮助和交易说明，如中老年客户、高净值客户等，基于风险管理和监管要求的需多凭证验证机制的业务，暂时无法完全脱离线下网点进行办理。

2. 线下渠道回归客户服务价值本身。线下渠道重点解决线上渠道无法解决的刚需问题，无须华丽的大厅，逐步向轻型化、智能化转型，更加开放、融合，围绕客户体验拓展业务，提供更多的社交职能，为刚需客户提供有针对性的贴心服务。线下渠道同时可以作为特色渠道合作的桥梁，与客户、合作伙伴沟通交流。

3. 金融产品超货架。未来会有更多更全的银行标准产品逐步在开放银行平台上架，需要大量跨部门的沟通和协作。伴随各个商业银行深入推进开放银行战略，越来越多的全条线银行产品和服务会逐步完成在开放平台上架。随着互联网的深度渗透，越来越高的比例的金融产品销售悄然从线下柜面、线上银行渠道转移至线上各行业场景端，而每个生态合作伙伴都拥有其具有行业特色、场景特色的客户群，这将推动银行构建行业/场景定制化金融解决方案。

另外，在向第三方场景输出自身金融产品的同时，开放银行也以更加包容的心态引进第三方产品，包括金融和非金融产品，将自有流量平台打造成“开放集市”，并整合后上架形成 API 集市，输出至更上端的第三方场景合作方。

4. 高性能。开放银行在自身数据处理能力上必须具有高并发能力。首先，优质的生态场景合作伙伴往往交易量巨大，因此对开放银行平台的并发性、稳定性也提出了极高的要求。其次，开放银行在“接入高效”方面也需要取得进展。伴随场景的快速拓展，双方对接是否高效直接影响合作伙伴的体验和总分行生态拓展团队的信心。

B.11
2020年金融科技赋能金融服务效率提升

招商信诺人寿保险有限公司　中国民生银行　中兴通讯股份有限公司*

摘　要：随着OCR、人脸识别、图像识别、声纹识别等金融科技技术应用的日益成熟，金融业务的自动化、数字化、智能化进程进一步加快，金融机构借助科技手段实现了视、听、说等功能的延伸，并通过移动终端进行了一场史无前例的从线下到线上以及线上线下融合的行为场景大迁徙。这场大迁徙包括：传统线下营销服务网点向体验型转变；客户识别、反欺诈验证时效和安全等级得到质的提升；后台业务处理模式向自动化升级。随之而来的就是网点服务效率、客户识别效率、公共服务效率和金融服务运营效率的提升。

关键词：远程智慧银行　金融科技　金融服务　智慧网点

一　2020年金融科技在提升金融服务效率方面的应用和成效

随着金融与科技的深度融合，越来越多的创新技术嵌入金融机构的业务流程和操作环节当中，推动了银行、保险行业业务服务和运营效率的飞速提

* 执笔人：招商信诺人寿保险有限公司胡崇威、尚雪、何倩；中兴通讯股份有限公司霍同冰、李左；中国民生银行林冠峰。

升。在接触客户层面，渠道更丰富；在业务办理层面，反馈更加及时；同时，创新技术也带来了社会公共服务效率和金融机构运营效率的双效提升。

（一）赋能面向客户应用，提升客户服务效率

1. 提升营业网点服务效率

在疫情防控常态化下，越来越多的银行、保险机构业务办理的窗口推进智慧网点建设，提升线下接触客户业务办理效率，业务离柜率也成为银行、保险机构争相追逐的重要数字化指标之一。而新冠肺炎疫情的突袭而至改变了消费者的心态和行为方式，打开了其对智慧网点、线上网点的需求空间，将赋予银行保险机构更多价值创造的可能性。银行保险机构通过应用大数据、视频服务等技术，合理化布局一体化服务网点，将多业务整合串联纳入智慧网点办理，不但在疫情防控期间有效减少人员聚集，而且充分缓解金融机构传统营业网点的业务办理压力，合理分流、缩短排队等候时间，用更加方便、高效、快捷的方式，打通了服务群众的“最后一公里”。

2. 提升客户识别服务效率

随着 OCR、人脸识别、图像识别、声纹识别等技术的日益成熟，众多的银行、保险业务将高效身份识别技术应用于业务办理中。银行保险机构通过联通公民身份信息等政府数据，进一步打破信息隔断的局限性，将身份识别时效提升至秒级反馈。基于身份识别准确性和响应时效的提升，金融服务风险控制、反洗钱、反欺诈的管理能力也得到提升。例如贷款网申，客户通过在线渠道完成客户认证与相关单据提交，金融机构利用流程自动化技术完成客户识别、单据识别、反欺诈验证、资质审核及用户画像构建，并触发数字风控自动完成面向客户的贷款自动化审批。相比传统的线下面对面认证、贷款办理手续，系统自动化处理的客户身份识别体验更优，同时大大节省中后台审批环节消耗的人力物力。

（二）深化整合实施能力，提升公共服务效率

金融机构和金融科技平台集成应用大数据、区块链、人工智能等数字化

技术，建立数字信任机制，节约信用形成时间和成本，打造高效率、低成本兼具开放性和普惠性的移动端服务平台。银行和保险机构都积极建设“金融+生活”服务一站式App、小程序平台，提供集实用性金融工具、权益活动、服务提醒于一体的综合性服务，打破传统定点服务、限时服务、单领域服务门槛限制，拓宽公共服务经营阵地，打通银行、保险、社会公共服务领域，发挥客户集聚效应，降低客户扩张成本，从而降低边际成本，使更多客户能够获取金融服务。同时，银行、保险机构通过搭建场景化经营的服务模式，让“金融服务”融入群众生活，让“金融服务”主动触达客户，让“金融服务”便捷、优质、高效。

（三）加强跨域协同能力，提升运营服务效率

面临互联网时代高并发和海量数据，各家金融机构都在加快分布式、云计算、中台和区块链四大新技术在运营管理方面的应用脚步，不断强化跨层级、跨区域系统能力，探索金融科技新动能，提升金融服务运营效率。

首先，分布式架构作为云计算的落地形式，通过虚拟化现实计算、存储、网络资源按需动态分布，面向用户提供SaaS、PaaS、IaaS等不同层级服务，相比传统单点集中的数据中心更具敏捷、可移植的优势，使各种金融业务处理模块具备灵活复用性，显著降低金融机构运营成本，避免“重复造轮子”；更便于整合跨部门、跨机构、跨领域的多信息系统，为金融机构运营、服务、监管提供统一平台，实现城镇乡各级网点和个人数据到数据中心、跨地区机构间数据高效传输、处理。其次，基于云技术的统一平台，在区块链的辅助下更易向基层下沉、向个人延伸，其提效优势尤其体现在远程办公、视频会议的应用上。例如，银行保险机构积极推进的远程呼叫中心极大限度地节约了协作、沟通、交易管理成本，提升了银行证券交易、保全办理业务处理效率，有效提高经营效率。最后，金融机构数据联通也将推动面向新型农业经营主体的金融服务专属产品建设，推动农村一二三产业融合发展，加之5G技术应用日益成熟，将为金融机构提供更多赋能效率提升的生产工具。

二　2020年金融科技在提升金融服务效率方面的典型案例

（一）招商信诺线上平台矩阵体系建设实践

招商信诺人寿保险有限公司（以下简称招商信诺）从客户体验出发，通过移动互联网多项应用技术框架多维度构建线上服务平台矩阵体系，“完美人生”App、“招商信诺在线”微信公众号、招商信诺官网会员中心、“招商信诺会员中心”微信小程序及合作银行员工团体福利微信小程序组成了五大官方服务平台，同时，运用大数据及云计算大幅提升综合服务触达时效；实现近30项保全业务线上全自助办理，客户通过线上办理保全服务占比达到68%，线上办结率可达97%，件均办理时效缩短至1～3分钟；推进电子流程一体化建设，只需一次触达即可完成从保单签收到回访的全部流程，办理时效由原来的5天缩短至8小时；通过E诺理赔，客户只需15分钟即可完成理赔申请；自建统一核保后台引擎，上线“天秤”智能核保平台，覆盖公司全险种，在线实时核保，原来需1～2天才能得到人工核保结论，通过“天秤”仅需2分钟即可给出结论。

（二）中兴通讯远程智慧银行实践

远程智慧银行方案，以解决客户服务和客户经营难点为目标，以提升用户体验和满意度为导向，通过全栈技术创新，综合运用通信网络、多媒体融合处理、人工智能等优势技术，打造全渠道、全云化、远程化、智能化的融合视频服务平台，为无接触服务和经营输出科技动力，助力金融机构降本增效、赋能金融行业转型升级。

秉承“以客户为中心”的发展思路，中兴通讯股份有限公司（以下简称中兴通讯）为中国建设银行打造线上与线下一体化、服务与营销一体化、智能与人工一体化的全媒体、全渠道客户触达与服务平台——远程智慧银行，建设规模达 18000 路 IVR、9000 个语音客服、500 个在线 chat 座席、50 个视频座席，并于 2019 年底正式上线。

远程智慧银行提供语音、视频、多媒体、社交媒体融合服务，支持多方通话、桌面共享、文档共享等协同交互能力，支持 internet 网站、手机银行、电话、微博、微信等个人渠道接入和营业厅 STM、金融太空舱等专用终端接入，提供客户接触、客户识别、客户服务、客户洞察等功能，成为获客、活客、留客的重要手段。

该平台集成多样化的智能引擎，提升自助服务效率，在有效降低客服成本的同时，构建起快捷高效的客户服务新模式。智能客服机器人月均服务客户达到 1 亿多人次，日均交互超过 600 万次，问题识别率已达到 99.59%，问题应答准确率 99%，相当于 10000 个人工座席的工作量，远超 95533 的 400 个人工座席的服务量总和。

此外，该平台架构充分考虑了未来演进需要，能够平滑支持 5G 网络特性，包括 5G VoLTE 视频通话、5G 新通话和 5G 消息，能够实现视频 IVR、视频外呼、消息卡片等业务功能创新，将进一步提升渠道效率。

（三）中国民生银行智能交互体系建设实践

中国民生银行智能交互体系以“两提两降”（提升效率和体验，降低人力与成本）为建设目标，布局了自然语言处理一体化平台、智能语音平台、虚拟数字人平台、智能知识库、RPA 平台等，构建以 NLP、ASR、TTS、OCR、RPA 等技术集合于一身的智能数字机器人，覆盖了全行对客与对内全渠道服务入口，作为客户服务第一触点全自动化承接海量客户请求。中国民生银行智能交互体系通过整合各类 AI 技术快速构建四类数字化产品解决方案：机器客服、智能辅助、流程机器人、虚拟数字人。其覆盖了流程自动化、文本交互、语音交互、拟人交互、多媒体交互等应用场景。以中国民生银行对客智能客服应用为例，平均每天有十万级在线客户服务交互均由人工智能技术自动化完成，应答准确率高达 94%，日均人工座席接管的会话量下降了 1200 余个，客服人力需求下降了 59.9%。其背后使用的自然语言处理、智能语音、智能知识库等技术由全行级科技架构平台标准化输出，面向全行各渠道系统、业务系统与内部系统提供 7×24 小时实时智能服务。中国民生银行智能交互体系充分发挥平台规模化应用效能，以一套体系服务多渠道多机构不同场景，显著降低新技术应用成本，提升银行客户服务效率。

三 2020年金融科技在提升金融服务效率方面的难点与对策

在金融科技飞速发展的大背景下，多家银行、保险公司都扬长避短，结合自身特点，建立起适应金融科技发展的组织架构和管理制度，在金融科技提升服务效率方面实现弯道超车。但在提效过程中也面临许多难点。

（一）正面提升金融服务效率难点

1. 金融数据防泄漏、信息风险管控难

一是许多金融公司的提效新技术来源于第三方，应用过程中就必然要面临信息传输安全的难点。二是如第三方或原系统架构中存在漏洞，在新技术赋能提效过程中也将增加用户信息泄露的风险。三是银行、保险公司系统中通常存储着海量数据，防止泄露、丢失、损坏，同时又能最大化利用数据分析定制个性化服务以降本增效，都成为数据管理的难题。

2. 新技术应用有挑战，认知不足阻碍效率提升

传统银行、保险机构核心系统陈旧，从业人员长期使用产生惯性，仅仅通过新技术的简单嫁接，难以从根源上改造传统冗繁的业务模式，反而增加业务培训成本、操作流程，难以支撑业务高效运营，加剧业务办理时效延迟问题。例如，2021 年被频繁提到的区块链技术，仍面临行业、法律法规等现存问题的挑战，在未明确场景的情况下盲目追捧只会增加运营成本，降低管理效能。

3. 金融服务全面提效更要注重“适老”

面对人口老龄化问题，“养老金融”也得到大家重视，商业银行、保险公司等金融机构相继推出老年人金融服务产品，如大字版 App、老年人电话

咨询专线等，但这些产品数量少、规模小，难以匹配老年人实际需求，有些甚至加剧了老年人的数字困境问题。如何懂“老”所需，做到服务“适老”是接下来金融服务效率提升无法回避的问题，也是必须攻克的难点。

4. 金融科技支持新型农业经营服务效率提升的难题

做好新型农业经营主体金融服务意义重大，这有助于提高我国农业竞争力。以往金融科技赋能对乡村区域倾斜不足，资金投入也较少。建设乡村金融服务是一项复杂的系统性工程，首先面临的难点就是数据问题；其次是农业农村金融服务覆盖不足、且服务不好推广的问题；最后打造农业农村金融服务生态也不能单纯依赖和复制以往经验，还需实践和时间检验。

（二）应对提升金融服务效率难点的举措

1. 应对数据管理的难点，需要金融机构和监管机构的共同努力，近年来监管机构陆续颁布金融科技相关管理规范，有效填补监管空白，也提醒了金融机构在应用科技赋能提效时应注重信息风险管理。2020 年，中国人民银行已组织多地开展金融科技创新监管试点，增加风险防控，守住安全底线，维护金融服务发展稳健运行。

2. 服务效率提升的本质是提升业务效率，应以业务为内核，以技术为支撑，以客户为中心。金融机构应从业务实际痛点出发，寻找合适的应用场景，以调动金融科技应用人员的积极性；用“小步快跑”的方式，挖掘提效改造过程中的共性需求，建立灵活的模块化应用；梳理提效场景应用标杆，以明确的提效收益加速创新应用推广才能进一步实现全面提效。

3. 针对“适老”化服务问题，金融机构应在创新线上金融服务时，注重利用金融科技做减法，充分结合老年人生活习惯。2021 年 4 月银保监会发布《关于银行保险机构切实解决老年人运用智能技术困难的通知》，从网点布局、柜面服务、应急保障以及使用流程、手机 App 等 16 个方面，对“适老”金融服务提出了明确要求，其中包括保留和改进传统金融服务，如开设老年人专属服务通道、合理分布网点、智能移动柜台；打造“适老”手机 App，如大字版、简洁版 App；创新产品加强教育宣传，开展“适老服务”活动，研发符合老年人需求的金融服务，同时更要为老年人提供更多引导，辅导老年人轻松使用智能设备，享受到更高效便捷的金融服务。

4. 健全适合新型农业经营主体发展的金融服务组织体系，银行、保险机构应结合自身职能和优势定位，探索支持新型农业经营主体的有效服务模式，积极提供快速、便捷、普惠型的金融产品和服务，优化线上信贷、保险服务，充分发挥金融科技聚集、跨界的优势，激发创新效能，向农业农村大数据平台建设发力，推进农村数字化转型，加大资金倾斜力度，推进线上线下服务网点覆盖，使金融科技更好地服务新型农业经营主体，形成以国内大循环为主、国内国际双循环相互促进的新发展格局。

（三）选育数字化人才困难

企业在进行金融科技创新过程中，人才是关键。数字化人才的引进、选拔和保留是推动企业金融科技创新的关键。数字化人才需要了解并掌握相关技术、数据和业务，能实现业务创新。鉴于具备这类综合能力的人才比较少，企业必须创造有足够竞争力的薪资、办公环境、发展前景等要素才能吸引和保留人才。而在互联网对高端人才的网罗和行业内对人才的需求的背景下，为吸引、保留数字化人才企业所要付出的成本是非常高的。

四　金融科技在提升金融服务效率方面的发展趋势展望

“十四五”规划重点强调了“要提升金融科技水平”，将更加注重金融科技对金融服务效率的提升和普惠性。在我国相关政策大力支持、技术逐渐成熟和市场精细划分的大背景下，服务效率提升同时将更注重风险防范与管控。

（一）同质化应用影响提效

国际上金融科技应用已具备成熟的运作经验，但很多优秀业务模式、金融基础设施的搭建在逻辑上具备自洽性，前期的简单移植经过一段时间的运营，会出现明显的不适用甚至降低服务效率，引发客户投诉，造成监管风险。

从应用趋势和“十四五”规划方向来看，金融科技应用将进一步回归本源——服务业务。金融行业的技术应用也越来越多地倾向于利用多个细分市场和多个工具，为不同类型、不同阶段、不同国家和地区的产业发展提供差异化精准化的服务，以此提升服务效率。

（二）赋能提效以质量为先

在互联网浪潮冲击下，金融科技也步入了爆发式增长阶段，如金融科技引领的网络贷款、理财、货币基金、保险等金融场景，如果单纯追求服务效率提升，必将伴随着审核不足、信息冒用等风险，而线上服务场景大多存在监测难、传播快等问题，一旦出现质量问题，其带来的损失和危害也将十分巨大。

（三）数据共享成为提效基础

现代金融需要“连接”，必须“连接”，只有充分连接，金融与科技、金融与民生、金融与实体、金融生态与外部生态、国内生态与国际生态才能共同成长，生态边界逐步融合，包容开放、互利共赢的新发展格局才能真正形成。目前在数据共享平台、知识产权交易平台等金融基础设施方面仍存在信息不对称、标准不统一的现象。而只有互联互通，即在医疗、社保、财政、住房等多个领域实现数据联通，才能降低业务风险，简化业务流程，切实落实“让数据多跑路，群众少跑腿”的服务效率提升要求。

B.12
2020年金融科技加速推进惠民便民新型服务

招商信诺人寿保险有限公司　重庆农村商业银行
上海票据交易所股份有限公司*

摘　要：近年来，我国各金融企业始终积极践行惠民便民社会责任，坚持以客户为中心，不断通过金融科技加速转变服务理念，切实加强服务群众的能力，全面提升全覆盖的村镇金融服务体系，提升农村金融综合服务水平。各金融企业推出多举措惠民便民金融服务为村镇人民群众构建金融服务示范区，优化金融流通环境，加强金融知识宣传，提升风险防范能力。各金融企业为落实"乡村振兴"战略部署，打通乡村金融服务的"最后一公里"，通过金融科技手段，拉好与乡村之间的"天线"，秉承"以人民为中心"的理念，将科技力量融入金融业务中，推出各类金融产品，让金融服务朝着智能化、线上化方向发展，深化服务模式创新，不断推出更多线上的金融便民服务业务，使客户在任何地点、任何时间足不出户就可安享优质服务，真正实现了业务便捷化和渠道多样化的一站式到家金融服务需求。在数字经济时代的大背景下，金融科技正从金融行业的外在辅助支撑变成内在改造力量，将不断创新服务模式，探索实现多渠道服务的交互融通，持续为广大社会民众提供规范高效、优质满意的金融服务和惠民服务。

* 执笔人：招商信诺人寿保险有限公司胡崇威、何倩、姚奕；重庆农村商业银行田成志；上海票据交易所股份有限公司李欣、张力引。

关键词： 金融惠民 金融科技 金融服务

一 2020年金融科技在惠民便民方面的应用和成效

（一）加大惠民便民力度

单一的金融服务渠道，已经远远跟不上便民惠民下沉服务的步伐，加快农村普惠金融服务点、益农信息社、电商服务点的互通复用，融合金融 App 等渠道，构建“线上线下渠道融合、金融服务与民生互通、金融网点与公共领域复用”的服务格局，一方面可减少政府公共设施和金融机构的重复投入，加快惠民便民金融服务的覆盖速度；另一方面使民众可以在同一网点完成多项业务的办理，提升便民惠民的满意度。

1. 大数据风控模型赋能普惠小微信贷领域

通过大数据风控模型建立信用档案，中国建设银行、中国农业银行、中国邮政储蓄银行等推出了数字化农户贷款产品，为农户提供信贷资金支持，打造“裕农快贷”线上农户贷款产品体系，加快农户信息建档进度，让广大农村客户“足不出户”就能享受到金融服务，常熟银行全面推进网格化管理和整村授信工作，推出“惠民贷”产品，通过村委联议联评和大数据风控模型应用，实现在线审批和批量授信，满足农村家庭金融需求。

2. 健康医疗保险与医疗服务融合新生态

我国寿险、健康管理领域也在积极开展惠民便民农村医疗及健康管理工作，通过大数据、云计算、人工智能等技术的应用将保险与健康管理有机结合，充分利用大数据分析建立“健康管理生态圈”，打造开放式合作平台的整合式健康管理生态圈体系，构建健康医疗保险与医疗服务融合新生态，从全方位、多元化、宽层次出发，为客户提供从健康促进、疾病预防到就医协助、健康管理的整合式医疗解决方案，提升惠民便民的健康医疗保险与医疗服务。

（二）扩展惠民便民广度

金融服务要辐射“三农”和偏远地区，金融机构要突破金融服务的“最后一公里”制约。

1. 银行“末梢”综合金融服务

为了消除农村偏远地区金融服务“盲区”，缩小城乡金融服务差距，银行针对农村偏远地区金融服务供给相对不足的现状，一是在社区、偏远乡镇、行政村设置离行式便民金融服务终端；二是通过银行员工携带移动展业设备到村、到社区提供服务，使当地居民“足不出村、社”即可办理支农惠农补贴支取、小额现金调剂、用户余额和交易明细查询、挂失等金融业务和自助缴水电气费等业务。

2. 流动银行服务

银行通过“流动银行服务车”深入村落，为村民办理存取款，养老金、种粮直补资金支取，银行卡和移动金融开立等多项服务。

（三）挖掘惠民便民深度

各大银行通过金融科技的应用进一步挖掘金融服务与衣食住行、医疗教育、电子商务等方面的应用场景，加大主要民生领域的便捷金融服务力度，提升社会保障、诊疗、公用事业缴费等公共服务便利化水平。

1. 智能语音服务

各大银行陆续推出智能语音服务，客户通过和智能语音助手“对话”，就可享受“只动口，不动手”的服务，客户通过手机银行、电话银行等渠道，说出想要查询的内容、想要办理的交易、想要导航的菜单、想要咨询的问题，即可使用智能语音服务。

智能语音服务可以解放客户双手，可以有效解决手机银行菜单层级复杂，功能不好寻找的问题，同时还能有效解决视觉障碍者使用不便的问题。

2. 视频服务

远程视频银行通过建立远程柜员业务系统，并采用视频、音频、文字等接入方式，为客户提供全天候、全方位、一站式远程金融服务。

3. 完善人身保障产品，有效提高全民健康保障水平

保险机构完善除社会基础保障以外的普惠性企业补充保险和普惠性个人商业保险产品，通过推出重疾险、意外险、医疗险、寿险、养老险和终身寿险等全周期全方位的人身保障产品，有效提升全民健康保障水平。

二 2020年金融科技在惠民便民新型服务方面的案例分析

（一）重庆农村商业银行的“方言银行”

自然语言交互为社会各群体尤其是农村地区和中老年客群提供无障碍金融服务，能够将普惠金融服务触角延伸到老年群体等“数字鸿沟”人群。据非官方统计，重庆方言传承率达97.5%，居全国第一，县域、农村等下沉客群方言使用率更高，重庆农村商业银行县域机构数量占全行比例超82%，客户使用方言办理业务的比例超80%，统一提供普通话服务难以满足客户需求，重庆农村商业银行通过金融科技创新，提供“方言银行”服务，具有以下特点。

1. 建设感知认知平台，打破竖井式的建设局限。将业务需求抽象为标准化能力，建成七大智能中台。“方言银行”主要使用语音、语义、知识库三大平台。

2. 采用私有化部署，构建“标注—训练—发布—调优”闭环，解决技术自主可控难题。语音、语义、知识库平台均实现本地部署和闭环控制。

3. 跨平台联动调优，解决单一技术识别率提升难题。不仅依靠语音平台单点技术提升识别率，还联动语义平台、知识库平台，在语音识别效果不佳时由语义和知识库兜底，进行联动调优。

4. 系列关键技术创新。一是在实践“先分类—后识别”和混合模型两类方案后，根据重庆方言与普通话同属北方语系的特点，选型“普通话—

重庆话”混合模型。二是增加从声学到语言转换的中间层，大幅提高混合模型对不同语言的兼容性、准确性以及可扩展性。三是基于动态分块 FAQ 匹配的多层级语音质检技术，解决质检难题。四是结合知识自动抽取和人工业务校对，实现非结构化知识半自动化抽取，解决知识构建成本过高难题。

5. 方言服务覆盖全面。一是场景全，覆盖方言智能导航、智能填单、对话机器人、员工智能辅助、智能呼叫等九大类几十种应用场景，结合“开放银行”平台，开展方言能力输出。二是地域全，可识别重庆主城、江綦（江津、綦江）、万州等各片区方言，支持方言、普通话单独使用和混用。三是渠道全，“方言银行”服务覆盖手机银行、微信银行、电话银行、线下网点、智能机具、I58 等多种渠道。除了在较为成熟领域布局“方言银行”应用场景外，重庆农村商业银行还对“方言银行”做出前瞻性应用规划，即支持方言的智能调查，在数据决策和人工审批之间的空白领域，如在数据决策信息存疑时，通过智能外呼等形式进行补充，辅助决策。

（二）招商信诺保险有限公司的统一视图系统——天玑视图

天玑视图是招商信诺人寿保险有限公司（以下简称招商信诺）推出的、业内首创的以客户为中心、充分利用大数据技术实现“保障 + 利益 + 操作 + 账务”的统一视图系统，为客户提供轻松打理保险业务的可靠途径，其特点如下。

1. 通过大数据技术重组所有保单的保险责任和保险利益。

2. 真正从客户视角出发，将保险的呈现从“保单”维度上升至“保障”维度，不再是单一保单的呈现，而是让客户清晰自己享有的所有保障责任及最高赔付金额。

3. 以交互视图的形式呈现，为客户提供一目了然的方便、快捷的保险服务。

4. 基于全面的大数据分析及智能保险顾问技术，在帮助客户清楚明了地掌握其拥有所有保险责任的基础上，创造性地给予用户专业性的保障充足率分析及风险缺口提示，帮助客户完善保障体系。

5. 保障视图是客户所有保障责任的展示与整合。客户可查看自己作为投保人、被保险人在招商信诺所持有的所有保单及保单涵盖的保障责任，实现了不同保单中的相同保障责任的整合，让客户清晰了解当发生某种事故时可赔付的总金额。同时，客户也可从保险需求角度解读和分析当前保险配置的匹配度。

6. 利益视图是客户所有保险利益的展示与整合。客户可通过保险利益视图查看其所有保单的红利（当前、已领）、账户价值（当前）、生存金（当前、已领、未来）、满期金（未来）的情况。

（三）上海票据交易所的智能客服系统

上海票据交易所股份有限公司（以下简称票交所）是按照国务院决策部署，由中国人民银行批准设立的全国统一的票据交易平台，2016 年 12 月 8 日开业运营。作为全国统一的票据交易平台，票交所给市场参与者提供了电话咨询服务。原有票交所电话咨询服务较为基础，只提供客服人员的转接、接听、回复等服务，接待高峰时段存在访客较长时间无法接入等问题。此外，票交所原有的客服系统的录音功能存在不稳定的情况，录音数据丢失的情况偶有发生。为进一步丰富客户服务方式，提升服务效率和智能化水平，票交所在 2020 年对原有的客服系统进行了全方位的升级改造，利用人工智能中的语音识别（ASR）、语音合成（TTS）、自然语言处理技术（NLP）和机器学习（Machine Learning）技术，建设了智能客服系统（一期），该系统具有以下优势。

1. 人机协作更高效。机器人客服以机器学习 + 语音识别能力为核心，融合语法分析、语义分析、多轮对话等自然语言处理技术，提升对话智能性，业务水平可达到人工客服 80% 的水平，能引导访客说出需求并为其解答和处理。当出现问题库中并未完善的问题时，机器人客服无法有效解决则会转接人工客服继续为访客服务。这样一来，既保证了接待的及时性，又保证了客服服务的有效性。

2. 机器人客服 24 小时接待。在使用智能客服系统之前，人工客服在满负荷状态下每天只能接待 500 余通电话，且无法在非工作时间接待。智能客服系统上线后，其每天可处理800余通电话，极大地减小了人工客服压力，24小时都可接待，极大地延长了服务时间。

3. 控制人工客服风险，降低成本。人工客服流动性高，工作压力和情绪的影响都有可能让公司需要面对重新招聘新客服并培训的漫长过程，并且客服工作监管难度大，在运营和管理成本上对于公司来说都是非常不稳定的因素。而智能客服系统后台问题库一旦训练完毕，将可高效回答访客绝大多数问题，且不存在人工客服离职和工作情绪不稳定等问题。

4. 重点问题查询统计。智能客服系统上线后，可对访客询问频率较高的问题进行分析统计，生成详细的数据报表，方便票交所客观了解市场参与者的想法和关注点。

三 2020年金融科技在推进惠民便民新型服务方面的难点与对策

（一）如何为运用智能技术困难的人群提供更有“温度”的服务

2020年，国务院办公厅印发《关于切实解决老年人运用智能技术困难的实施方案》，提出要“坚持传统服务与智能创新相结合”两条腿走路，一方面保留传统服务方式；另一方面紧贴老年人需求特点，加强技术创新，提供更多智能化“适老”产品和服务，促进智能技术有效推广应用，让老年人能用、会用、敢用、想用，提升便民金融服务的“温度”。

1. 移动金融客户端相关便民举措

银行机构积极开展手机银行App便民化改造，提供功能精简、操作逻辑简化、字体更大、支持语音服务、包含民族语言等版本的手机银行客户端。例如：增加“一键求助”功能，老年人在使用过程中，一旦遇到问题，使用一键求助可快速截图向子女咨询；开发“简约版”手机银行，将功能精简为财富、缴费两大类，提供查询、转账、存款、理财四大财富功能和水电气等缴费功能，同时支持方言、普通话语音办理业务。

2. 保留传统金融服务方式

银行机构设置单独的客户接待室，尊重人群办理业务的习惯，并配有录音录像设备记录并保存来访客户的接待处理过程。除现场接待以外，热线客服针对此类客户群体，不做自助服务指引，人工客服直接受理服务需求。如客户希望通过自助服务办理业务时，人工客服将给予服务操作指导。

3. 推动互联网智能设施“适老化”改造

银行机构极大限度简化服务流程，通过在线客服机器人、智能终端等，为客户提供需求咨询、零售服务、保险服务等各项金融服务，通过大数据和AI技术，完成一键可视化每一项金融服务，帮助老年人清晰了解情况。

4. 加强智能产品应用培训、知识普及宣传力度

银行机构针对线上服务流程的操作方式提供用户使用指南，用简单易懂的形式展示给用户；举办各类宣传活动，加大老年人群体金融知识普及宣传力度；针对智能机涉及的公司的业务场景，在一线进行有针对性的培训，通过各种渠道宣传防止下载仿冒App。

（二）如何保证提供便捷、高效的服务的同时提供信息安全

1. 全面对标合规监管要求

根据国家要求，监管部门要规范移动金融客户端应用的设计、开发、维护和发布的管理方面的安全要求。同时，监管部门要对移动应用在开展业务时的个人金融信息生命周期以及在收集、使用、存储、传输、销毁个人信息数据方面，加强个人金融信息安全管理，指导各金融机构规范处理个人金融信息，最大程度保障个人金融信息主体的合法权益。

2. 全面对标监管安全检测要求

按照《中华人民共和国网络安全法》等国家法律法规要求，金融机构要定期进行移动应用安全检测，修复已存在的红线漏洞，以响应工业和信息化部、公安部、网信办以及中国人民银行等各监管单位的要求，修复安全漏洞的同时，增强应用自身安全，保证安全性的进一步提高。

3. 加强日常安全风险监测

金融机构要加强对移动应用 App 的监控，通过添加安全监测代码，采集 App 应用安全行为（如非法破解、权限越权、隐私泄露等）、网络通道安全行为（如非法连接、异常流量等）等信息，实时对采集的数据进行深度异常分析，进一步发现移动业务的异常攻击行为；提升对仿冒 App、钓鱼网站的监测及处置能力；实现跨行业、跨部门的风险联防联控机制，加强风险信息披露和共享，加大联合惩戒力度，防止风险交叉传染，实现风险早识别、早预警、早处置，提升金融风险整体防控水平。

四 金融科技在推进惠民便民新型服务方面的发展趋势展望

（一）通过人工智能、大数据等手段继续推进和扩大大健康产业的惠民力度

大健康产业是未来惠民便民的大势所趋，通过人工智能、大数据、5G、区块链等技术，将“三农”和偏远地区尤其是深度贫困地区纳入大健康保障体系的范畴，普惠这部分人民群众。例如，通过视频问诊、远程医疗支持、可穿戴设备记录健康数据等建立惠及全民的医疗支持；通过医疗数据分析、健康档案画像等，提供价格实惠、切实可行的人身保障产品。

（二）在发展大数据建设的同时对数据安全使用的要求日益提高

1. 数据信息泄露风险

大数据生态系统中有着完善的适用于各类场景的解决方案应用，同时通过 JDBC、Thrift 或 API 接口方式可提供多种的数据访问服务，应用系统可以更加高效便利地使用大数据平台提供的数据服务。但与此同时，各个应用系

统自身对安全管控实施的路径、等级均不相同，当某个接入大数据平台的应用系统被攻破时，可能会导致大量的数据被集中访问获取。因此，大数据平台如何在最小授权的情况下提供便利的数据服务将成为日后的重要课题。

2. 隐私信息泄露风险

在对大数据进行数据采集和信息挖掘的时候，金融机构要注重用户隐私数据的安全问题，在不泄露用户隐私数据的前提下进行数据分析。在数据分析使用的各个环节中用户隐私数据不被泄露是当前大数据背景下信息安全面临的主要问题。同时，当前大数据的数据量不是固定的，而是在应用过程中动态增加的，但是，传统的数据隐私保护技术大多是针对静态数据的，所以，如何有效地应对大数据动态数据属性和表现形式的数据隐私保护也是要注重的安全问题。大数据的数据远比传统数据复杂，现有的敏感数据的隐私保护是否能够满足大数据复杂的数据信息也是应该考虑的安全问题。

（三）视频服务将成为金融科技支持惠民便民服务的重要手段

金融服务网点想要快速下沉到所有偏远乡镇和村落，提供远程视频服务是支持便民惠民的重要金融科技手段。通过村便民金融服务点智能机具、手机 App、金融机构员工携带移动展业设备进村落等多种形式，金融服务网点能够迅速扩张，从而提供高效快捷的金融服务。

如金融机构可以视频能力为核心，升级银行网点、便民金融服务点、移动银行服务三级触客体系；通过视频银行等金融科技技术，结合集中运营模式，赋能金融和民生服务延伸，完善基层乡村普惠金融基础设施，为使用智能技术困难的农村及中老年人群，提供远程音视频服务，摆脱“数字鸿沟”困境。

B.13
金融科技在小微企业信用融资应用综述

天元大数据信用管理有限公司　浙商银行股份有限公司*

摘　要：　随着大数据和人工智能技术的发展，信贷融资线上化、数据化、智能化的应用越来越成熟，也成为未来信贷发展的必然趋势。本报告回顾了信贷融资的发展历程，分析了金融机构在信贷融资不同阶段存在的问题，提出了基于大数据技术、人工智能技术、供应链金融的信贷融资解决方案，从获客、数据、风控、资金、增信、业务场景等方面出发，为金融业务提供全面客观的科技支撑。

关键词：　大数据　中小微企业　征信　供应链金融　信贷融资

一　从线下到线上的信用融资

中小微企业的信贷融资具有需求多元化、地域分散、风控难度大、信用体系建设不完善等显著特点。对金融机构来讲，传统线下模式的地域因素，限制了其服务范围，导致对新客户的发掘难度加大，且对客户的风险管控依赖人工，信息迟滞且准确性难以得到保证。而对于中小微企业来讲，传统信贷模式并不能与之完美匹配。

面对传统线下模式的弊端，部分金融机构开始探索使用自有数据建设

* 执笔人：天元大数据信用管理有限公司徐宏伟、赵兵旗、陈谟、赵国森、刘先淇；浙商银行股份有限公司富浩、周泽宇。

"线上+线下"模式。这种模式在一定程度上增强了金融机构的贷后风险控制能力，同时带来了工作效率的提升。但以银行自有数据为基础的线上模式，无法从根源上解决纯线下模式的问题。银行的自有数据维度少，数据更新频率低，无法客观有效地为企业风险管理提供支持。同时大部分的银行自有数据来自历史积累，对于"白名单用户"依然难以做到有效支持。

随着互联网和大数据、人工智能、云计算等金融科技的应用，融合外部数据和自有数据的线上场景模式开始兴起。新的信贷融资模式从获客、数据、风控、资金、增信等独立业务"节点"出发，依托金融科技搭建统一平台；利用政府数据和互联网数据，面向金融机构，针对各类用户，提供全面客观的场景化数据支撑服务。

同时，供应链金融加速发展，顺应了时代的发展要求。2020 年以来，围绕产业链供应链的政策不断强化，国家各部委密集出台了一系列稳定供应链产业链、支持中小企业发展的措施。2020 年 9 月，中国人民银行、银保监会等八部委联合发布《关于规范发展供应链金融 支持供应链产业链稳定循环和优化升级的意见》，要求银行进一步提升对产业链整体金融服务水平，为产业链提供系统化的综合解决方案；加强金融科技运用服务实体经济，发展供应链金融，构建产业链金融服务生态与构建数字中国规划相契合。

二　2020面临的挑战与对策

（一）金融机构利用政务数据完善业务面临的问题

1. 政府数据共享难，部分数据存在"不愿共享""不敢共享"难题

在推进政务数据共享的过程中，政府部门"不愿共享""不敢共享"的难题仍然存在。有些政府部门不愿意将数据拿出来共享，认为数据共享无法为自己带来好处而缺少共享的动力；有些政府部门基于风险的考虑而不敢将数据共享，担心数据泄露或者被非法使用造成不良影响而缺少共享的勇气。

2. 共享数据质量亟待提升

一方面，各个部门的数据由各自的系统产生，而各个部门的系统是单独建设的，在建设过程中缺乏统一的标准，导致获取的数据格式不统一、标准不统一，采取的技术以及数据库也各不相同，导致各部门间数据难以整合，数据使用难度大、易出错；另一方面，早期很多政务数据是由人工录入的，导致录入的数据存在很多缺失与错误，这使得在使用政务数据的过程中困难重重，要从中获取有价值信息需要耗费巨大的人力物力。

3. 共享数据存在后续维护难题

一些数据共享平台在建设完成交付之后，由于政府部门缺少相关维护的经验、技能以及人力资源，随着技术迭代更新、硬件老化、人员更替，数据共享平台的软硬件设施缺少有效的维护和更新，长此以往，系统逐渐老化而无法正常提供服务，影响了数据共享的成效。

4. 模型建设缺少样本，样本共享存在安全隐患

目前在模型建设的过程中，过往数据没有留存，留存数据质量差、数量少等，导致在建模过程中数据样本数量不足、关键数据维度缺失，无法对模型的准确性进行验证，模型建设完成后，输出结果的质量无法得到保证，对业务的发展无法起到预期的作用。由此，很多银行和企业开始寻求数据共享，以此扩充样本以及变量，以便完成建模，然而数据共享就意味着可能存在数据泄露以及用户隐私问题。

（二）供应链金融信贷融资面临的问题

1. 应收账款确权困难

应收账款是企业经营过程中所产生的赊销款，其通过信用手段来提高企业的销售规模，但容易给企业带来流动性问题，从而给企业经营带来风险，中小企业对应收账款存在较大的融通需求。但对银行来说，应收账款需要通过核心企业进行确权，工作难度较大，操作手续烦琐，需要花费大量的人力、物力来证明核心企业确权的真实性和有效性。即使完成确权，银行还必须在中登网等第三方权威中介机构登记，还需要防范债权人多头融资的风

险，成本高且存在较大的操作风险和道德风险。

2. 质物管理困难

质物管理是供应链金融中的重要一环，是金融企业进行贸易审核与融资风控的重要抓手，也是融资企业违约后减少损失的保证。银行在从事仓单存货融资时，由于不具备仓储的条件，通常会委托第三方仓储企业对质物进行保管，共同参与质押融资业务的贷中、贷后管理，业务流程复杂且存在操作风险；银行和仓储企业对货物的鉴别能力有限，合理确定质物价值存在困难，容易产生坏账风险。

3. 可融资主体范围窄

传统供应链金融主要围绕核心企业开展供应链金融业务，需要依赖核心企业的控货和销售能力，同时其他环节也存有较多不透明的信息。当前银行围绕核心企业开展供应链金融业务，出于风控考虑，提供的融资服务往往局限在其上游一级供应商或者其下游一级经销商，导致二、三级供应商和经销商存在的巨大融资需求无法得到满足。

4. 融资工具流转较难

传统供应链金融在融资、结算、清算等多个环节自动化水平不高，交易过程中，采用商业承兑汇票作为融资工具，使用场景受限且转让难度较大，较难满足企业多样化的融资需求。

金融科技快速发展提供了解决供应链金融难题的路径，实现供应链金融的跨越式创新。应用金融科技将金融服务深度融入产业链、供应链中，与产业链、供应链数字化建设形成协同，能够充分整合和重塑商流、物流、资金流、信息流中的价值网络，重新定义创新型金融工具，消除信息不对称，降低了欺诈、虚假交易及重复融资的风险，打通数据信任的“最后一公里”。

三　典型案例

（一）天元征信基于“融合数据”打造的信贷融资平台

当前互联网金融飞速发展、同业竞争不断加剧，天元大数据信用管理有限公司（简称天元征信）为助力金融机构向辖内中小微企业提供更好的金融服务，拓宽获客渠道，加快转型发展，提供了线上金融解决方案，以企业经营信贷产品为切入点，以企业纳税等数据为核心，以“一贷通”平台为渠道，联合济南农村商业银行打造线上明星产品——掌上“税贷通”。

在不改变产品性质的基础上，天元征信通过对公开数据、组织数据、内部数据的加工处理并结合新型金融科技手段，将传统线下实名、线下资料收集、线下授信过程线上化，使得用户在面签之前无须与客户经理见面即可完成从申请到授信的过程；最大限度地优化用户体验，提高企业贷款申请效率，减少客户经理的工作成本，避免授信过程中的人工干预，提高“税贷通”的产品覆盖率。

“税贷通”旨在实现审贷流程的高效便捷，降低公司法人（或控制人）的前期参与度，先出预授信额度，后进行资料采集机制，可随时、随地、分次进行操作，打破传统审贷流程的时间及地域限制。全程只需用户面签一次。“税贷通”减少客户及业务人员收集、整理、审核、互查资料的工作，转由线上直接收集并校验。同时，其也保障了流程的客观与安全。审贷流程采用法人直接申请或法人授权经办人申请的模式，可有效保障授权行为的完整性；授信线上化，授信涉及数据直接接入的方式，减少人工的主观参与，使得授信结果更加客观有效。产品流程如图 1 所示。

在数据安全与数据共享方面，为保障平台信息安全，提升整体信息传输与信息安全保障能力，天元征信以信息安全等级保护管理办法以及其他信息安全相关管理规定为基础，从数据的物理层安全、应用环境安全、政务数据授权使用、个人数据安全使用、流程管理等多个方面着手，建立健全平台安保能力，打造从物理层面到应用层面的全面的安全防护体系。

（二）浙商银行基于“区块链 + 物联网”打造的供应链金融服务系统

浙商银行股份有限公司（以下简称浙商银行）深化“区块链 + 物联网”技术基础研究和应用，结合供应链金融服务场景，将区块链和物联网技术结

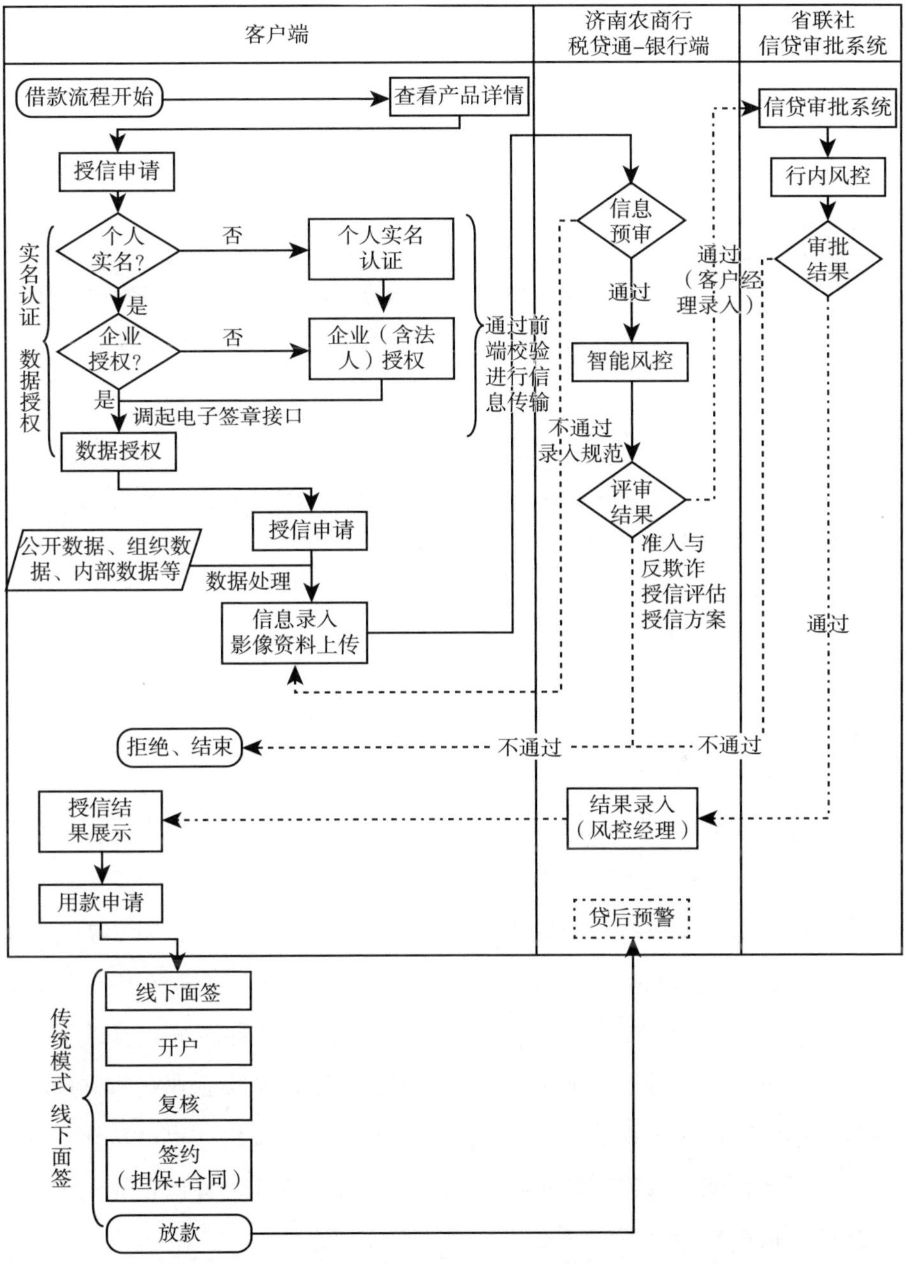

图 1　济南农村商业银行“税贷通”产品流程

合，使用物联网传感器从生产源头到供应商、物流、销售等供应链的每个环节采集产品，并将其不可篡改地记录在区块链上，把传统的支付、融资等银行金融服务与企业上下游、商品产销全链条结合起来，打造“区块链+物联网”供应链金融服务系统（见图2）。

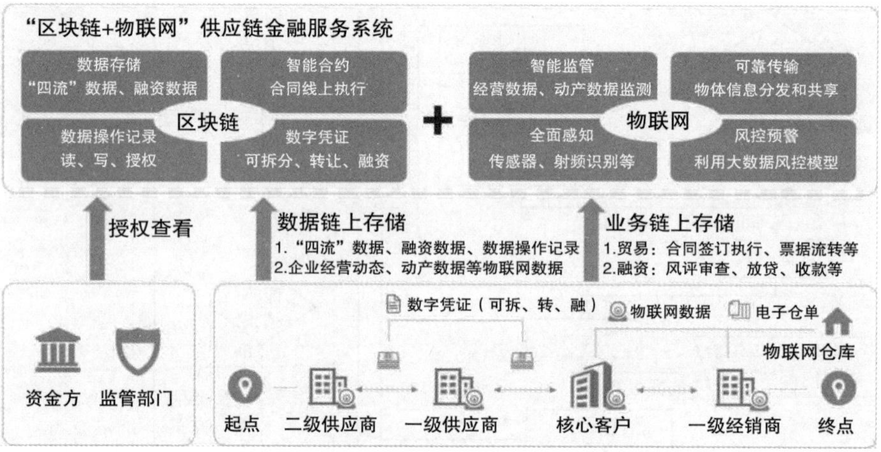

图2 “区块链+物联网”供应链金融服务系统

1. 基于区块链的应收款链平台

浙商银行于2017年8月推出了业内首个基于区块链技术的应收款链平台，充分利用区块链技术安全透明、不可篡改、可追溯等特性对供应链中常见的应收账款进行创新，改造成为安全、高效、线上化的“区块链应收款”。对核心企业来说，其签发的区块链应收款可在供应链商圈内流转，实现圈内“无资金”交易，减少整个产业链条的外部资金需求，有助于为其构建稳定健康的上下游供应链关系与生态圈；上下游中小企业在收到由核心企业签发的区块链应收款后，可以向上游供应商进行支付，也可转让给银行进行融资变现，能够有效缓解企业融资难、融资贵问题，降低企业负债。

2. 场景化产品和服务方案

除了通过区块链技术解决供应链业务中普遍存在的应收应付账款问题外，浙商银行还围绕企业全流程的生产经营活动，基于应收款链平台设计定制化的产品和服务方案，满足客户在采购、仓储、销售、分期还款、存量资产盘活等不同应用场景的个性化需求。

（1）订单通：与核心企业合作为下游经销商提供订货融资服务，下游经销商在订单通平台上缴存一定比例的保证金，并基于订单在平台上签发区块链应收款，签发的区块链应收款支付给核心企业以锁定未来的货权，后续通过分批打款提货方式，缓解一次性付款压力；核心企业可将收到的区块链应收款对外支付或融资变现。

（2）仓单通：为存货人以及经销商提供基于货权的质押与融资服务，以仓储企业作为核心企业，存货人存货入库后，在仓单通平台上基于入库货物签发区块链仓单，并基于区块链仓单办理流通转让或质押融资等业务，也可以向仓储企业提取仓储货物。

（3）分销通：针对相关行业中核心企业与下游经销商的小额、高频结算特点的场景，为核心企业搭建产业链平台，连接上下游，帮助其扩大销售，为其供应链上下游企业提供定制化的结算、融资、资金管理等一揽子金融服务。

（4）分期通模式：分期通应用场景高度契合汽车企业、大型装备制造企业、租赁公司等产业链客户，核心企业与浙商银行合作，下游企业或终端消费者可根据实际分期需要，签发分期通应收款向核心企业支付，并进行分期付款，缓解其一次性付款压力；核心企业在收到分期通应收款后可即确认销售回款，实现扩大销售的目的。

（5）银租联动模式：为解决实体企业设备采购和存量资产盘活需求，浙商银行与其子公司浙江浙银金融租赁股份有限公司提供厂商产业链的租赁联动服务，通过租赁模式为企业设备销售和存量资产盘活提供综合金融服务。

（6）存货通模式：为盘活存货人自有存货，由第三方风险监管机构通过应收款链平台签发、承兑区块链存货通应收款，向存货人偿付货款转让对价，买入存货人货物且在应用物联网技术实时监管货物的情况下，由银行为区块链存货通应收款提供保兑等增信和融资服务，可盘活存货涵盖原材料、在产品和产成品。

（7）区块链“H＋M”专项授信模式：基于核心企业与供应链上游民营企业之间真实贸易形成的应收账款，简化担保要求，为民营企业融资提供更多便利，从而通过以上创新举措为核心企业、中小民营企业解决融资难、融资贵、融资慢等问题提供更优解决方案。

四　发展展望

大数据、人工智能、区块链、物联网等金融技术在信贷融资、供应链金融等领域的应用，逐步解决了实体企业和金融机构信息不对称难题，为金融机构投资、贷款提供了大量可靠的基础信息，极大地降低了金融机构服务实体经济的风险。金融征信能力也得到了进一步的完善。大数据征信对原本的管理模式、思维模式和业务模式都产生了深远的影响，使金融征信更能顺应时代的发展方向。同时，大数据征信能力的形成也标志着金融信用体系的逐步完善。在未来，以新兴技术为基础的金融信用体系将参与社会建设的方方面面，成为金融发展的重要推动力。

B.14

金融科技助推支付清算行业高质量发展

网联清算有限公司　中国银联股份有限公司*

摘　要：2020年是中国人民银行实施《金融科技（FinTech）发展规划（2019～2021年）》承上启下的关键之年，面对新冠肺炎疫情，金融科技在支付清算领域的应用不断深化，成为满足市场需求、践行“支付为民”，推动行业高质量发展的“新引擎”。本报告从业务规模、疫情防控、普惠体系、产业结构、助力监管和重点挑战六个维度整体阐述了当前支付清算行业的金融科技应用发展概况，展示了行业具有代表性的五个金融科技应用典型案例，并从安全可控、技术落地、赋能乡村振兴和数据融合应用四大方面对支付清算在金融科技未来应用方面进行展望。

关键词：支付清算　金融科技　非接触支付　预警模型

一　支付清算行业的金融科技应用发展概况

随着新冠肺炎疫情的突袭而至，全球经济发展受阻，我国支付清算行业面临巨大考验。作为行业突围解困的第一利器，金融科技继续支撑支付市场主体服务，助力行业逆势而上，开启新一轮创新变革，以高质量发展态势稳步前进。

---

* 执笔人：网联清算有限公司贺嘉杰、李耘平、王素雅；中国银联股份有限公司蒋慧科。

（一）金融科技助力支付业务规模稳步增长

2020 年，我国支付体系运行平稳，支付业务量稳步增长。全国银行共办理非现金支付业务 3547.21 亿笔，金额 4013.01 万亿元，同比分别增长 7.16% 和 6.18%，其中，银行共处理电子支付业务 2352.25 亿笔，金额 2711.81 万亿元；非银行支付机构处理网络支付业务 8272.97 亿笔，金额 294.56 万亿元，同比分别增长 14.90% 和 17.88%。同年，我国各支付系统[①]共处理支付业务 7320.63 亿笔，金额 8195.29 万亿元，同比分别增长 28.77% 和 18.73%。移动支付、非接触支付的交易规模呈快速增长趋势，有效地满足了新冠肺炎疫情期间人民群众非现场支付消费的刚性需求。

（二）金融科技使“万物皆可支付”成为可能

受新冠肺炎疫情影响，我国大量消费由线下向线上迁移，线上支付业务随之增长。2020 年，线下收单交易规模较 2019 年下降 5%。“无接触支付”“线上交易”已成为商户不可或缺的经营手段；大型零售商超采用的商户主扫比例稳步上升；降低线下接触机会的无人零售、自助收银备受青睐；移动支付广受好评，需求倍增；远程视频银行凭借比传统线下物理网点运营成本低约 80% 的优势，获得迅猛发展；利用“AI + 测温”技术破局刷脸支付的研究也日臻成熟。与此同时，在万物互联的智慧场景下，物联网支付更加符合国家针对疫情防控提出的“最大限度地减少线下接触频率”的要求，“万物皆可支付”的支付形态有望得到进一步普及应用。

（三）金融科技助力搭建普惠支付服务体系

随着农村地区移动信号覆盖度进一步提升，智能手机广泛普及，移动支

① 包含大额实时支付系统、小额批量支付系统、网上支付跨行清算系统、同城清算系统、境内外币支付系统、银行业金融机构行内支付系统、银行卡跨行支付系统、城市商业银行汇票处理系统和支付清算系统、农信银支付清算系统、人民币跨境支付系统、网联清算系统。

付较好地解决了偏远欠发达地区金融支付服务难以触达的问题，使农村地区居民也能够享受便捷的支付服务，满足农民消费和金融服务需求。依托远程音视频、生物识别、云计算等金融科技手段，“7 ×12 小时”“任意地点办理业务”的线上虚拟网点服务模式，有助于不同人群远程办理支付业务，享受无差别柜台服务，让便民支付深入人心。

（四）金融科技加快支付产业结构升级

近年来，基于区块链的支付清算、结算系统、智能反洗钱系统等金融科技创新应用，大幅提升了支付清算业务效率和市场服务能力。与此同时，借助人工智能、支付标记化、开放 API、云计算、大数据等技术应用，我国支付清算领域已初步形成以中国人民银行支付系统为核心，以网联、银联等清算机构为纽带，连接商业银行、支付机构，融入商户及新兴市场参与方的移动支付生态体系。同时，伴随着数字货币加快试点应用，我国支付清算新业态正在开启新一轮创新变革。

（五）金融科技支撑支付行业高效监管

利用监管科技，支付行业在职能、行为、过程等方面正在推动全面监管。清算机构通过大数据建模、人工智能等工具，对支付交易数据进行加工、处理和分析，对交易资金流向进行有效监控，实现支付清算的透明化管理，助力违规账户、商户识别，保障客户资金安全，并推动商业银行、支付机构等支付行业全链路资源共享，实现支付市场健康发展。

（六）金融科技发展对支付行业带来影响与挑战

数字经济和金融科技创新的迅猛发展，为支付行业带来发展机遇的同时，也蕴藏了新的风险与挑战。一是支付系统网络安全形势严峻，数以亿计的支付全链路联网设备，都可能成为攻击的切入点，网络安全管理的压力显著提升。二是支付业务数据利用与信息保护难度加大，电信网络欺诈的情况屡有发生；部分机构将客户信息作为牟利工具，支付数据与信息保护面临很大挑战。三是金融科技在支付行业应用的复杂性及风险进一步凸显，商业银行与金融科技公司开展合作，导致支付脱媒；同时大多数支付机构赢利能力不强，机构间发展不平衡、不充分，全行业面临能否可持续发展的问题。四是支付清算行业监管难度提升，网络黑产团伙利用新型支付工具开展网络犯罪活动，为跨境赌博、电信网络诈骗等犯罪活动提供资金结算通道，使消费者资金安全和信息隐私安全受到严重威胁；支付、理财、信贷等业态跨界混业经营，形成了数据风险、信贷风险和支付风险交织的新型金融风险。这些问题和风险需要监管机构、清算机构、商业银行、支付机构等支付清算行业各个主体提高认识，加强协作统筹，创新机制，运用科技手段加以解决，以促进行业守正创新、安全发展。

二　金融科技在支付清算行业的典型应用

（一）网联清算有限公司的基于支付大数据的金融风险智能监测预警系统

当前，新型金融犯罪增多，线上化趋势明显，给打击非法集资、网络博彩等犯罪活动带来了更大的困难。网联清算有限公司基于机器学习和知识图谱的模型构建方法，研发风险预警模型，服务于监管机构对于新型金融风险进行预警的需求。同时在传统模型基础上，该公司基于知识图谱构建资金交易图谱模型，探索金融风险智能化监测，为监管部门提供穿透式非现场监管服务和风险预警等。

该公司基于支付大数据的金融风险智能监测预警系统主要内容包括利用大数据、机器学习、知识图谱等技术，建立非法集资、收单二清、网络博彩、信用卡套现、信用卡违规代还等多个风险场景模型，可定期输出高风险企业商户或账户，相关监测结果可通过可视化平台进行展示、查询。

（1）非法集资风险预警模型。非法集资风险预警模型包含四种主要业务场景：单位涉嫌非法集资、单位涉嫌非法集资利息发放、个人涉嫌非法集资、个人涉嫌非法集资利息发放。其通过提炼基于网络支付渠道的非法集资行为的主要特征，为后续对非法集资相关涉众金融风险的研究提供支持。目前，该模型研究成果已运用于部分地方金融局的监管实践中。

（2）网络博彩及收单二清模型建设。基于风险高发类型，该公司项目组选择网络博彩及收单二清两个场景，通过将规则模型与知识图谱技术相结合，建立了覆盖快捷、付款、网关等网联主要业务类型的监测模型。

针对收单二清场景，选取二清机构用来向下游商户结算资金的账户作为切入点，找到可疑二清账户后再通过账户追踪资金来源。

针对博彩场景，选取赌资过账的中间账户作为切入点，找到可疑中间账户后，再关联至可疑商户，并追踪其资金去向。在建模方法上，该公司项目组结合专家规则、量化统计、知识图谱社群发现算法及社工调查等方式，实现对网络博彩团伙的识别。

（二）中国银联股份有限公司的基于 Token2.0 标准的账户信息保护项目

中国银联股份有限公司的基于 Token2.0 标准的账户信息保护项目致力于帮助用户从手机银行中实现将个人银行卡快捷安全地授权绑定到商户 App 上，并在手机银行上实现对绑卡授权的集中统一管理。

（1）推送绑卡：用户在账户侧 App 中调用场景侧 App，通过推送的方式，将账户侧 App 中已绑定的银行卡快捷绑定至场景侧 App 中使用，具体流程如图 1 所示。

（2）拉取绑卡：用户在场景侧 App 中调用账户侧 App，通过拉取的方式，获取用户在账户侧 App 中已绑定的银行卡，绑定至场景侧 App 中使用，具体流程如图 2 所示。

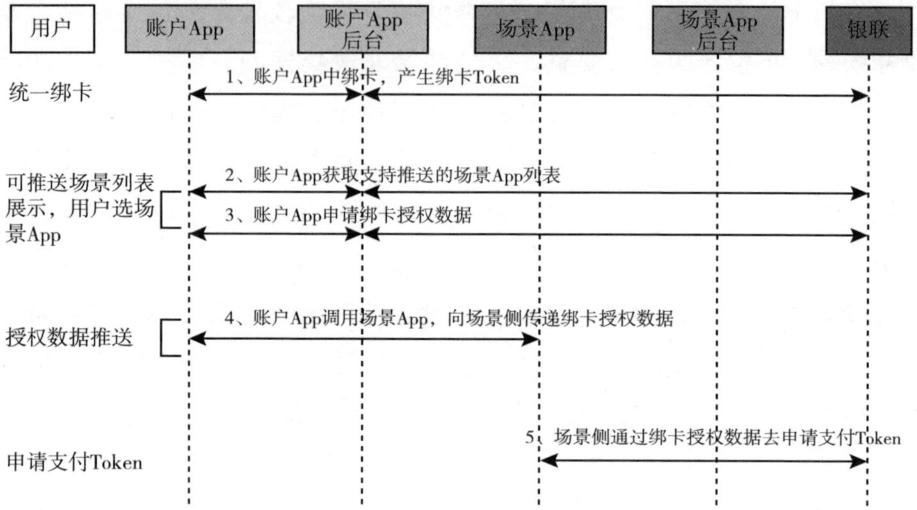

图 1　推送绑卡流程

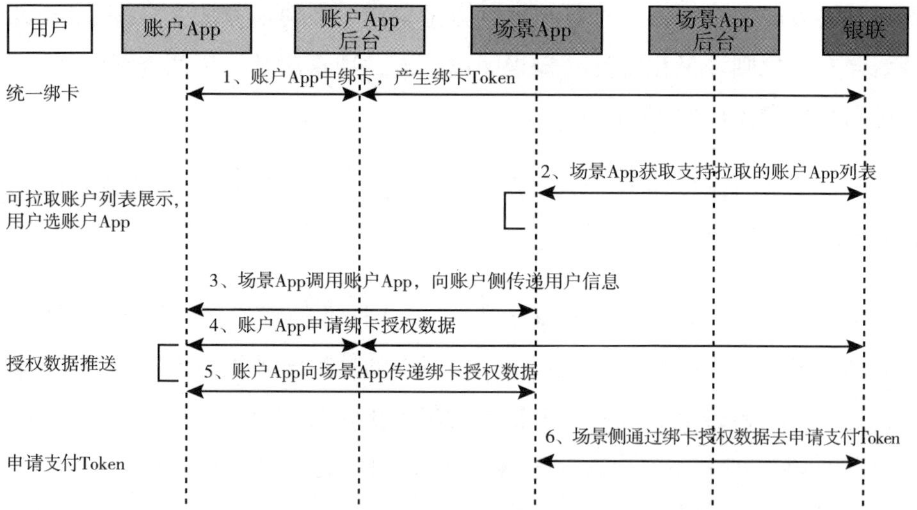

图 2　拉取绑卡流程

（3）Token 管理：用户可在账户侧 App 集中管理银行卡在所有支持快捷绑卡业务的场景侧 App 中的绑定授权和交易控制参数；也可在场景侧 App

查看所有通过快捷绑卡业务绑定在该场景侧 App 中的银行卡信息，并管理其绑定授权情况，具体流程如图 3 所示。

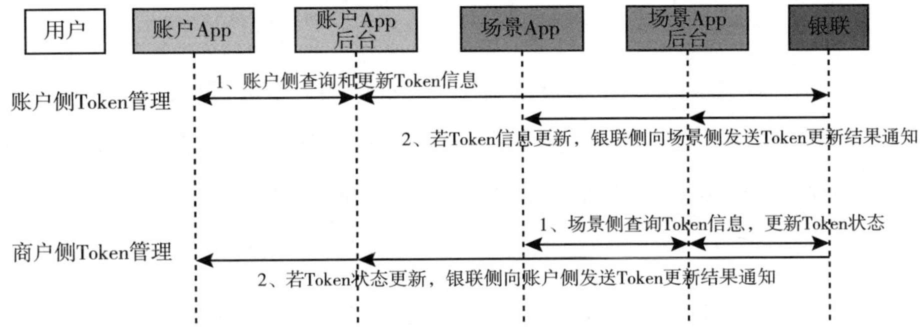

图 3　Token 管理流程

（三）中国农业银行的农银快 e 付

农银快 e 付是中国农业银行依托账户管理体系和支付结算体系，基于多维安全认证介质和认证方式，为客户提供 App 支付、条码支付、页面支付、权益支付、支付 SDK 等多种支付服务的网络支付品牌。农银快 e 付具备四大特点：一是支持借记卡、贷记卡、对公结算户等多种账户类型；二是通过多种安全认证技术，满足不同金额和支付场景的安全认证要求；三是支持网银、掌银、线下终端、SDK 等多种渠道支付；四是可满足客户线上线下转账支付、生活缴费、供应链支付、无卡取现等多场景支付需求。

截至 2020 年末，农银快 e 付签约客户数达 2.62 亿户，月活跃客户数达 964 万户，有效满足了不同客户群体的差异化金融服务需求。

（四）招商银行的基于标记化技术的智能便民金融服务项目

招商银行信用卡中心的智能便民金融服务项目是指通过布局客户申卡、开卡、绑卡、用卡等全生命周期环节，通过生物识别、大数据分析等金融科技手段，依托人脸识别技术，提供在线开卡服务，解决数百万客户因新冠肺炎疫情或卡片不在身边而无法开卡的问题，丰富商业银行线上服务渠道。其还依托 AI 技术，实现客户开卡完成后智能化推荐绑定功能。

开卡当天绑定率提升 25%，新户整体绑定率提升 2%，预估带来上百亿元交易规模的提升，降低营销促动服务成本，提升金融服务质量与效率。该项目依托“一键绑卡、一键继承、一键锁卡”三大核心功能实现无卡快速绑卡、换卡无须重绑、丢卡防止盗刷，便利上亿个持卡客户，提升 10% 的绑定率，挽回近百亿元交易损失，不仅使金融科技创新成果更好地惠及百姓民生，且标准化 API 接口能够赋能输出至其他同异业机构，助力全行业获客。

（五）平安付的“壹钱包国际”跨境支付解决方案

2020 年，受强监管及新冠肺炎疫情双重影响，跨境行业对持牌合规服务及具备行业竞争优势的综合金融服务需求尤为突出，平安付推出“壹钱包国际”跨境支付解决方案，助力商家安全、合规、稳定经营。该方案基于壹钱包合规及精细化的产品能力，为跨境商家提供授信贷款、收款提现、增值税、外汇管理等覆盖其经营流程的一站式服务，满足了商家资金高效支付结算、灵活汇兑等需求，并重点针对跨境商家经营资金需求痛点，对接提供融资贷款等综合金融服务，切实赋能跨境商家经营。

三　支付清算行业的金融科技发展趋势

展望未来，金融科技作为支付清算行业发展的重要基础和关键支撑，科技应用将使得支付行业全链条更加安全可控，支付业务数据在合规利用和信息保护方面将显著提速，先进技术将进一步提升支付便民服务水平，有效助力乡村振兴。

（一）金融科技助力支付清算更加安全可控

在当前不确定性的国际宏观环境中，金融科技未来首要任务是支撑针对支付清算相关系统的物理设施运行和网络安全可控。一方面，在“信创”

发展战略下，包括支付清算行业在内的中国金融业正在逐步推进去 IOE 进程，全面推进技术国产化，构建从 IT 底层基础软硬件到上层应用软件的全栈安全、可控的金融技术体系。另一方面，支付网络安全技术将进一步实现融合应用，实现对风险的“可见”“可知”“可控”。以刷脸支付场景为例，支付行业需要进一步通过借助密码识别、隐私计算、数据标签、模式识别等技术，利用专用口令、“无感”活体检测等实现交易验证，突破 1∶N 人脸辨识支付应用性能瓶颈，由持牌金融机构构建以人脸特征为路由标识的转接清算模式，实现支付工具安全与便捷的统一。

（二）金融科技先进技术加快应用落地

随着新技术的快速迭代和支付数据深化利用，人工智能算法模型的鲁棒性将被大幅提升，算法的可解释性和可验证性也将被进一步提升。云计算在支付行业的实施将更加规范，支付团体云将在统一监管下扩大应用，私有云对业务连续性和安全性的保障日益加强。生物特征、数字证书将被广泛应用于提升网上银行、移动支付的便捷性和安全性，并能有效降低使用成本。条码支付互联互通将实现统一编码、统一报文接口，条码支付市场将更加规范、安全、高效。手机银行、移动支付 App 等渠道将进一步加快与卫生、人社、民政等部门相关系统融合对接，支付在便民金融服务领域将发挥更重要的作用。

（三）支付应用金融科技赋能乡村振兴

金融科技作为金融服务乡村振兴的重要基石，以技术为基础的支付基础设施、银行卡助农取款服务、移动支付组成的农村支付服务体系将不断完善，城乡资金流动将更加高效、便捷，金融支持产业扶贫效果将更加凸显。手机的普及和农村移动电话网络覆盖的不断提升，将解决城乡移动支付“数字鸿沟”的“最后一公里”问题；银行卡助农取款服务点将更加智能化、轻资产化；政府部门间“数据孤岛”问题被突破后，公共缴费功能将进一步方便农村群众；支付服务将从服务农民生活向服务农业生产、农村生态延伸，支付在金融、信用、生产生活数据方面的“交汇口”功能将得到进一步发挥；综合性支付解决方案将支持国家数字乡村建设等重点政府项目，确保落后农村地区基础支付服务不缺位。

（四）支付领域数据合规融合应用提速

支付领域的数据分析服务业务将呈现快速发展趋势。监管层面，监管机构正在推动构建支付业务数据合规应用及金融数据综合应用试点工作，以数据“可用不可见”为原则，未来将逐步提升数据的高效治理、安全共享能力，实现跨层级、跨机构、跨行业数据融合应用，充分激活数据要素潜力，提升支付数据助监管、惠民生、利社会的价值和能力。行业应用层面，商业银行、清算机构、支付机构均在开展支付数据的多维度应用探索，支付市场主体的数据全生命周期管理不断健全，综合型数据中台建设日益加强，风险评价模型更加智能有效，多方安全计算、联盟链、联邦学习等技术使得跨主体间数据合规应用、安全共享指日可待。大数据风控合作在支付行业不断深化，融合数据使得风险特征更加丰富，评价模型更加有效，基于支付大数据的反洗钱、反跨境赌博等数字化、智能化金融风险防控水平将进一步提升。

参考文献

［1］中国人民银行：《金融科技（FinTech）发展规划（2019～2021年）》（银发〔2019〕209号）。

［2］李伟主编《中国区块链发展报告（2017）》，社会科学文献出版社，2017。

［3］杨涛、程炼主编《中国支付清算发展报告（2020）》，社会科学文献出版社，2020。

［4］孙国峰主编《监管科技研究与实践》，中国金融出版社，2019。

［5］徐忠、邹传伟：《金融科技前沿与趋势》，中信出版集团，2021。

风险与监管篇

Risk and Regulation

B.15

金融业务风险防范

同盾科技有限公司　中国电子信息产业集团

上海票据交易所股份有限公司*

摘　要：数字化、智能化金融时代，金融业务场景也发生了根本性的转变，金融机构作为资金流动的载体和媒介容易被不法分子利用并受到极大威胁。黑灰产所衍生出的账户攻击、新型跨境赌博、电信诈骗违法犯罪手法更具隐匿性，黑产危害波及范围更广、传播速度更快。金融机构在进行识别、防范并斩断其资金链的治理工作时，需要同时兼具针对性和有效性，亟须构建高效的金融业务风险防范体系，从风险感知、风险决策、风险处置到风险运营形成金融业务安全闭环。本报告重点分析了金融科技在金融业务风险防范方面的背景及风险趋势，归纳总结了现阶段工作的难点与痛点，并针对目标范

* 执笔人：同盾科技有限公司董纪伟；中国电子信息产业集团李从宇、赵晶、李旭亮、王壮；上海票据交易所股份有限公司檀婧晶。

围及场景分析做了重点阐述，提出运用大数据、人工智能、云计算、机器学习等多种技术组合来防控金融业务风险，并结合具体案例分析如何进行风险防范体系建设。最后，对于金融业务风险防范的后续发展给出相应的规划与建议。

关键词： 金融科技 风险防范 智能风控 大数据

一 金融业务风险防范的背景及风险趋势

（一）政策与监管背景

在党的十九大报告中，防范化解重大风险被摆在三大攻坚战的首位。中央经济工作会议强调，打好防范化解重大风险攻坚战，重点是防控金融风险。维护金融安全关系到我国经济社会发展全局。金融作为现代发展的物质基石，是时代进步的关键所在。金融业务风险防范是国家安全体系的重点内容，也是社会主义市场经济平稳发展的重要基础。

随着移动支付以及互联网金融产品的日趋多元化，越来越多的消费者加入进来，提高安全防范意识，增强权益保护也逐渐成为金融业务安全防范的重要目标。自 2016 年以来金融监管单位在金融风险管控方面不断深入，深刻地改变着我国金融业态和市场形势。图 1 为近些年金融监管单位相关的重要指引及政策。

（二）金融业务风险背景及行业趋势

近年来，互联网金融与大数据的浪潮愈加高涨，新兴的金融创新模式日益丰富。随着新型金融模式的发展，业务场景也发生了根本性的转变，新变化所产生的数据倍增，欺诈风险数量也随之大幅度增加。业务风险防范形势日趋严峻，风险场景呈现多重演变，风险呈现团伙化、产业化、专业化、

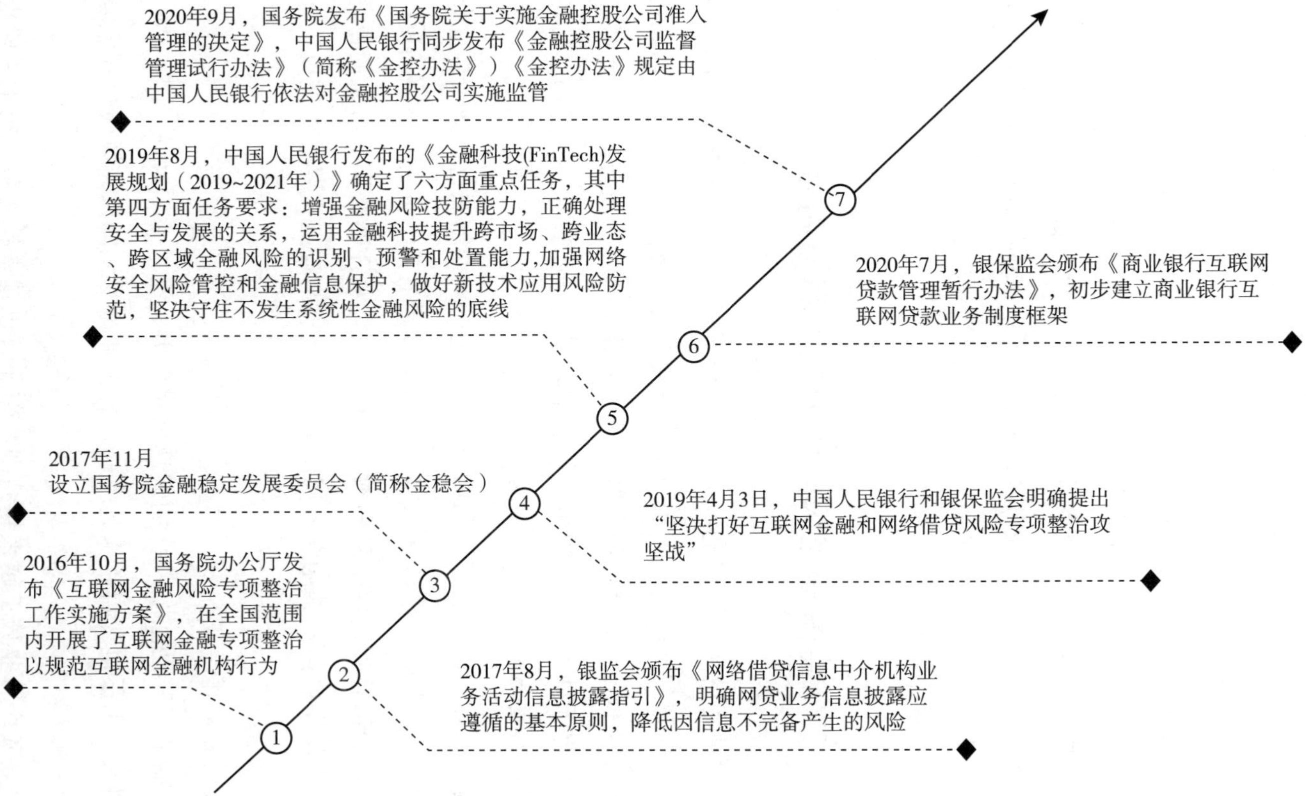

图1　近年来金融监管单位相关的重要指引及政策

资料来源：作者整理。

智能化、批量化的趋势，拖库撞库、涉赌涉诈、资金异动、非法洗钱、木马钓鱼、支付暗雷等欺诈模式逐步成为风险主流，给金融科技监管及业务风险防范带来了新的挑战。

2021 年，金融行业进入新的发展阶段，业务风险防范也成为新的工作重心。随着监管政策对金融业务风险防控能力的要求越发严格，金融行业严监管也逐步走向常态化。金融监管政策文件密集出台，随之而来的还有违规处罚力度越来越大。提升金融业务风险防范水平、加强风控能力成为业务关键环节之一。搭建金融业务安全防范体系，将智能风控转化为内在驱动力，成为金融科技创新中的新的探索方向。

二　金融业务风险防范的难点与痛点

未来金融业务的经营发展进入全新的移动互联网化的经营模式，越来越多的业务场景转移到互联网上，用户从线下向线上迁移，业务从线下的面对面交互转变为线上交互。金融业务服务不仅突破了时空的限制，还融于各类场景之中，变得无处不在，客户可以便捷地享受金融相关服务。然而，传统金融机构或者新型金融机构在做业务模式创新及金融科技升级的同时，受利益诱惑，在移动互联网上也存在利用非法手段进行欺诈的黑色产业及专业化的犯罪组织，其运用各种手段窃取客户的卡片信息、账户信息、网络信息、设备信息、社交信息和短信信息等数据，进行有针对性的欺诈攻击，使得金融机构和客户防不胜防。金融业务风险防范的难点与痛点主要集中在以下几个方面。

1. 金融业务欺诈手段升级

传统金融业务移动互联网化的快速演进，开放化、移动化成为大方向，使得互联网欺诈手段也变得越来越多样，金融业务受到的欺诈风险也在急剧增加。

当前，黑灰产行业分工越来越精细、作业链也越来越完善，技术手段也越来越先进。一方面，黑产作恶方式从早期的简单、高频、批量操作到在脚本中加入随机时间间隔，避免批量操作过程中呈现明显的规律，从而伪装成正常用户，以绕过平台的简单频度及用户欺诈检测。另一方面，如今黑产利用AI技术，通过机器学习模拟真实用户的行为轨迹模式，能够在行为层面与真实用户操作习惯保持基本一致，以绕过金融机构风控平台的规则策略。

不法分子利用网络互动性强、支付快捷、流量大及虚拟化等特点，已具有产业化、精准化、移动化、技术化的趋势，形成了有组织、专业化的升级版“黑色产业链”。目前金融业务风险侦测及防范体系多以名单匹配及专家经验的强特征规则为主，模型应用及布控能力欠佳，数据维度不足，缺少量化评估体系，大量历史数据没有明确标签，区分度低，欺诈行为难以辨别研判。

2. 数据隐私保护和风险防范的矛盾

近年来用户个人隐私数据泄露以及被滥用造成不良影响的事件频发，国家陆续出台的相关数据安全法规把用户数据隐私保护的重视程度提升到了前所未有的级别，《通用数据保护条例》等也相继出台并被细化落实执行。然而站在金融业务风险防范的视角，金融机构则需要对用户相关维度数据进行收集和分析从而识别异常。其在对用户信息数据进行保护的同时，有可能也保护了黑产欺诈分子。如何权衡并合法合理地获取、使用用户数据，将面临长期挑战。

3. 数据体系紊乱及单点缺陷

目前很多金融企业的数据应用场景较单一，数据没有统一接入规范，数据信息难以补全。数据使用多以业务发生时积累的数据为主，关键信息关联缺失，数据维度不足，长尾客户信息不对称。另外，数据口径及标准不一致，数据质量没有得到有效提升，数据梳理成本高、效率低，数据复用效能不高，在风控、营销等典型的场景中无法与人工智能、云计算做到有效结合，对于风险防控的作用有限。

按照金融科技产业“十四五”发展规划的要求，金融企业开始进行数字化转型，业务变化越来越快，但底层的数据开发跟不上节奏，数据安全存在较大隐患。各业务线的风险防范建设，不仅仅是不同子公司、事业部的数据没有打通，还存在同一个部门内不同业务系统的数据没有打通的情况，数据分析门槛高，只能由专业人士操作，懂业务的人参与程度很低。

4. 时效不足及缺少有效运营

实时性要求难以满足，欺诈风险向线上化、并发化、多维化、瞬时化、脉冲化转变，对实时性的要求越来越高，传统的数据分析及风险防御多以事后或者准实时为主，存在一定的时滞性，难以做到对新型欺诈的实时分析与及时阻断，更难形成一套适配于金融业务的可量化、自适应的风险防御体系。

对于金融企业来说，业务风险运营管理也存在很多难点。目前大多数金融公司几乎没有独立的风控团队，或由产品、运营、运维、研发等部门人员兼职负责，在风险核查及巡检环节大都为手工操作，效率较低。若想有效地与专业黑色产业链抗衡，对风控团队及成员的能力及业务要求非常高，风控团队及成员要同时具备技术功底、数据积累、数据分析、业务理解及逻辑设计优化、黑产研究等能力，且这是一个长期运营的过程。

三　防范目标及场景分析

（一）防范目标

基于风险防控智能化的理念，金融机构要建立集中化风险管理思维，建立一站式技术能力、统一数据管理、快速配置开发业务的智能风控中台体系，从而做好风险经营，实现欺诈风险统一防控的目标。金融机构要根据金融场景业务特点，完成事前检测、事中实时侦测和事后风险缓释管控的全方位一体化建设，运用大数据、分析挖掘、人工智能、机器学习、联邦学习等前沿技术，对各类金融交易及操作行为进行风险布控；量化识别风险浓度，对风险进行评估定级（欺诈、高风险、中风险、低风险），并根据风险预警信息，对风险相关事件进行统一的跟踪管理；动态管控风险，将智能化风控融入业务流程中，实现可疑风险的自动化阻断与实时处置，提升金融业务风险防控的及时性。

金融机构要建设与金融业务防范相关的智能风控平台，提升终端安全的风险识别能力，梳理业务风险泄漏点，基于名单体系、强特征规则集、风险识别模型以及团伙挖掘相关的知识图谱，结合风险预警及处置流程，进行统一化的平台建设，并借助于平台进行组织建设和流程支撑，形成跨行业、跨部门、跨场景的风险联防联控机制，提升金融风险防范的整体水平。这样既可以满足金融监管部门对建立完善风险监控体系的相关要求，同时又能通过平台挖掘出消费者的变化趋势、客户偏好、风险趋势、资金变化趋势、账户消费习惯等多种有益于业务拓展的深层次、有价值的数据信息，为后续业务的优化调整提供更为准确的战略性决策。

（二）场景分析

金融业务风险防范，其本质是对金融业务场景安全的管理，场景涵盖交易、支付、营销、内容等各业务环节，一般指为了保护业务流程或系统免受安全威胁所采取的一系列管控措施。安全威胁包括但不限于撞库攻击、电信诈骗、木马、钓鱼、病毒攻击、黑客勒索、作弊套利、网络支付赌博等方式。金融业务风险防范着重于对攻防能力的建设，对于利用互联网产品、活动的业务策略漏洞，基础平台技术漏洞以及企业管理薄弱环节开展的恶意行为和违法犯罪活动进行有效防范与及时控制。

以图 2 为例，金融业务风险涉及的具体场景包括但不限于操作风险、账户安全、流量反作弊、营销保护、交易欺诈、合规安全、申请欺诈、反木马钓鱼、反赌反诈、收单风控等。建立一套以业务攻击情报为驱动、以业务数据资产为原料、以网络安全技术为基础、以人工智能算法为核心的金融业务风险防范体系势在必行。

四　解决方案及典型案例

（一）金融业务风险防范解决方案

当前，金融科技促使金融企业不断创新数据驱动的金融应用模式，推动

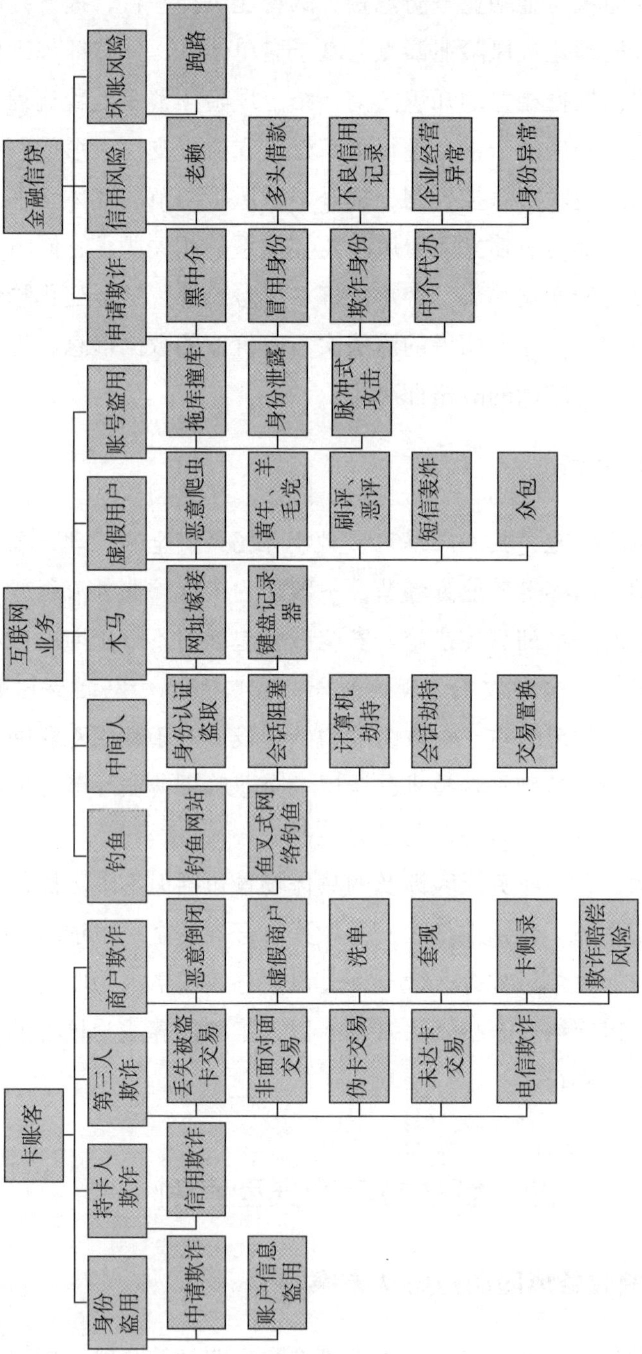

图2 金融业务风险场景分析

金融科技从外围支撑向核心引领转变。金融机构结合《中华人民共和国数据安全法》的相关政策指引，逐步建立跨部门、跨领域的数据共享与融合应用机制，打破数据壁垒，运用海量多维数据实现信息整合、特征关联和业务洞察，释放数据潜能，提升服务效率。在这一过程中，金融机构需要深化数据的融合应用，业务加速向线上布局，金融业务风险方法体系要匹配业务模式的变化，包括运营方式、管理方式、防范方式的变化。

为此，金融业务风险防范体系建设需引入生物识别、智能验证、人工智能、知识图谱等多项技术，打通数据体系，以工具、技术、模型为底层支撑，辅以分析咨询，建立金融企业全渠道防控策略的统筹管理。规范金融业务风险场景分类和定义，准确识别金融业务的各类风险影响，整合风险识别、欺诈评估、交易防控，提升欺诈风险联防联控管控的水平。金融机构要完善金融业务风险防范全流程体系建设，形成事前、事中、事后端到端的智能风控闭环（见图3）。

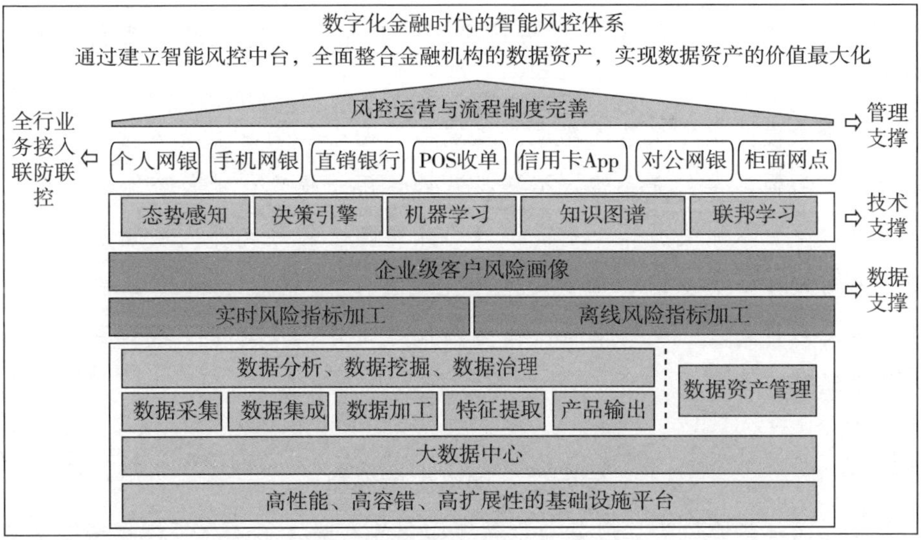

图3　金融业务风险相关的智能风控体系示例

（二）金融业务风险防范典型案例

案例一：木马电信诈骗

2019 年 7 月，某银行客服接到王女士报案，王女士称自己的账户被盗，其银行卡被盗刷 13.5 万元。王女士随后向公安部门报案，因涉嫌金额数目较大，公安部门对此立案侦查。

通过对此次应急提取到的样本进行分析，公安部门发现此银行被盗刷客户遭到了一个假冒“公检法”的黑产团伙的电信诈骗。该团伙通过诱骗客户安装木马 App，诱骗用户输入银行卡号、密码等，同时截取交易短信，实现完整的盗刷（见图 4）。

该木马并非针对某一银行，而是对多个银行的目标用户进行电信诈骗。窃取的账号、密码和短信等信息均位于英国的服务器上。通过进一步研究发现，该黑产团伙的服务器接口没做身份校验，窃取的用户隐私信息可被任意浏览和下载，极易造成二次扩散，进而对用户造成更大的损失。

解决方案：银行从系统建设与系统运营两个层面建立全方位防控：在系统建设层面，接入资金转入类交易，如信用卡提现、他行资金转入和第三方支付平台入账交易等，手机银行端开通晚上转账交易人脸识别认证功能，并对接核心交易流水查询功能；在系统运营层面，通过日常运营监控、紧急事件处理、规则策略及模型调优等工作，及时堵住欺诈漏洞，应用效果显著。

案例二：网络支付涉赌

最近网络赌博风险呈现复杂化和规模化的态势，不法分子依托赌博网站和非法网络支付平台，提供电子化的线上赌博支付服务。央行发布的《关于进一步加强支付结算管理防范电信网络新型违法犯罪有关事项的通知》明确要求收单机构不得直接或变相为互联网赌博、色情平台等非法交易提供

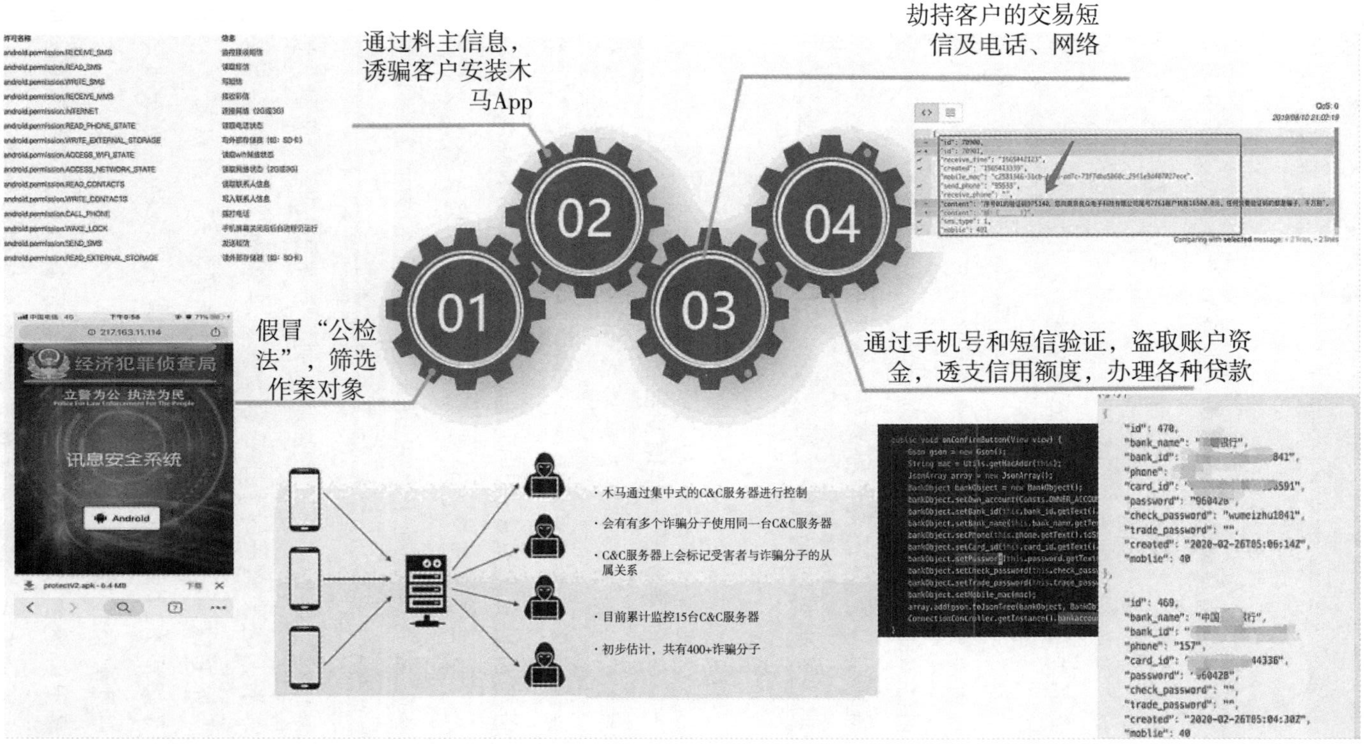

图4 假冒“公检法”的黑产团伙的电信诈骗过程

支付结算服务。作为清算组织，赌博等非法交易是一条红线，清算组织需要加强对自身业务涉赌情况的分析和处置，加强对涉赌机构的约束和管理。

而这一业务存在明显痛点：一是缺乏对商户涉赌风险进行识别的技术和经验，二是每次都是按月进行人工分析排查，周期长、耗时耗力；向上提报的风险商户名单量太多，质量不高。

因此，需要进行如下几个方面的开发工作。

（1）为加强人工智能技术在风控领域的应用，引入机器学习平台及对应模型，与行内现有的风控系统、大数据平台进行对接并落地具体的业务场景，实现在网络赌博监控方面的部署应用。

（2）实现涉赌业务分析、指标开发、模型开发落地。

（3）实现涉赌模型的配置和运行，并按周期分析案例结果。

解决方案如图 5 所示。

案例三：票据交易操作风险案例

2016 年前后，当时普遍使用的纸质商业汇票存在易伪造、票款结算不同步等固有缺陷，导致票据案件频发。另外，票据市场参与者本身存在内控不健全，票据市场制度体系建设明显滞后于市场发展，不规范的中介深度参与市场等问题，使票据市场风险持续累积。为防范票据风险，深化票据市场改革，在国务院的决策部署下，中国人民银行牵头成立上海票据交易所（以下简称票交所），并于 2016 年 12 月 8 日正式开业。

票交所通过建立票据市场风险监测机制、严格市场准入机制、提升票据业务电子化水平、建设统一的电子平台交易、实现对票据业务全生命周期管理、推动业务标准的统一、实行票款对付的结算方式、组织制定《票据交易主协议》等切实有效的风控措施，逐步构建了风险防控的八道防线，提高了市场透明度和交易效率。

此外，票交所还充分结合票据市场发展的最新趋势，不断丰富票据市场风险防控的手段和工具。一是通过对票据全生命周期的管理，采集掌握每张

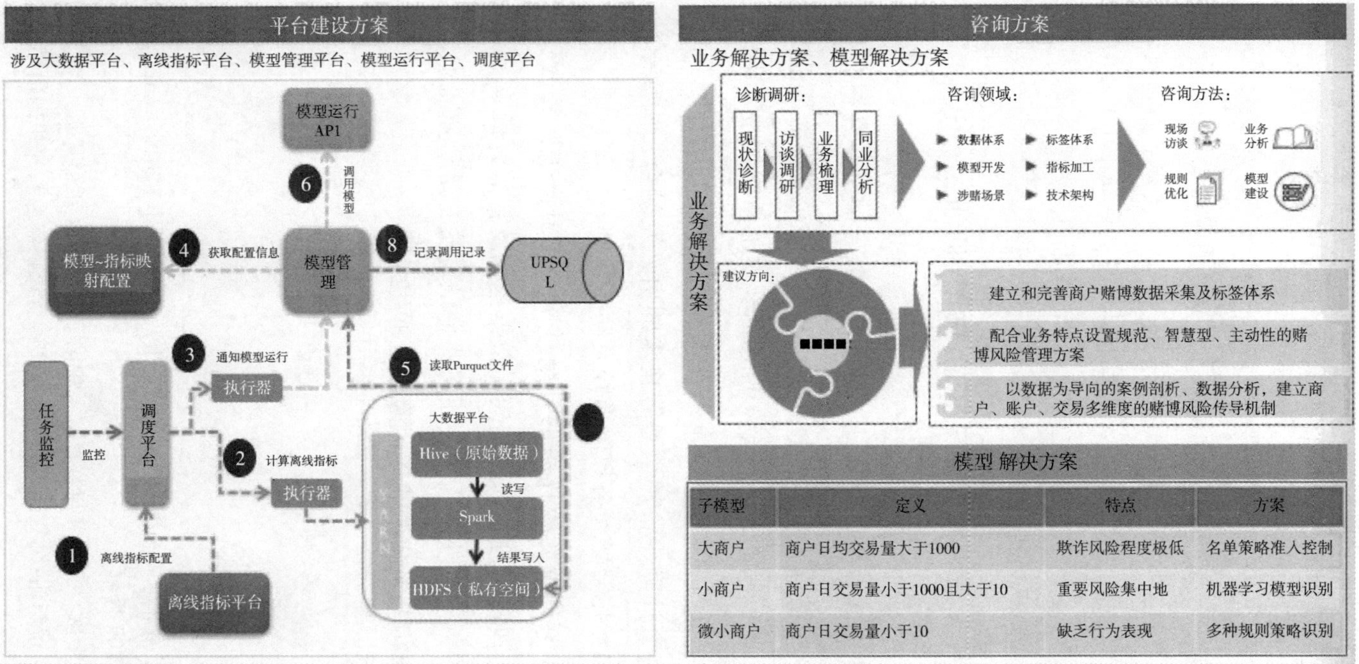

图 5　网络支付涉赌的解决方案

票据在各阶段流转的核心信息，实现了对票据市场全量信息的集中管理，利用这些信息，票交所建立了监测和分析机制对交易行为和交易风险进行统计和监测。二是在事后监测和分析的基础上，为进一步提高对交易行为与交易风险的统计监测，票交所研究建设了基于大数据的智能化票据交易风险监测预警平台。该平台集风险监测和统计分析功能于一体，实现了事前风险预警与实时交易监测，充分发挥了票交所作为票据市场“风险防控中心”的功能作用。

五 金融业务风险防范的规划与建议

随着数字化金融业务以及移动互联网的高速发展，金融企业也更加重视数字化转型及风险治理。金融科技将逐步演变为防范化解金融业务风险的新利器。在金融科技创新的同时，金融机构需要更加重视用技术手段来解决风控、监管等领域的突出问题；注重数据安全和数据隐私保护，通过对大数据、人工智能、云计算、联邦学习等技术的引入及融合，构建事前、事中、事后于一体的多元化金融业务风险监控及防范机制。

未来，全面监测及防控体系的升级进阶，需要涵盖监管政策、信息安全、欺诈防控、风险管理、风控建模、数据挖掘及智能分析等多个方面，不仅是引入专业的第三方外部厂商，还需要金融科技立足行业需求，扎根技术创新，与金融机构共筑金融业务风险防范的生命线。

参考文献

[1] 中国人民银行：《金融科技（FinTech）发展规划（2019～2021年）》（银发〔2019〕209号）。

[2] 李伟：《金融科技发展与监管》，《中国金融》2017年第8期。

[3] 杨景香、董纪伟：《智能风控中台重塑银行风控体系》，《中国信用卡》2021年第4期。

B.16
网络安全风险管控

上海证券交易所　深圳证券交易所　中国电子信息产业集团*

摘　要：“十三五”期间，金融业网络安全防护显著提升，但在金融信息环境的风险防控上对于体系化、整体性的考量尚有欠缺。本报告通过对“十四五”规划有关网络安全的展望，明确金融科技在数字化转型中需重点进行网络安全保障体系和能力建设，保护关键信息基础设施网络安全，并结合金融科技应用实际，深入分析了金融业面临的安全挑战，重点围绕实战化，通过体系化的规划、建设和运营来提升安全能力。对此，本报告提出了一个具有灵活演进、具备内生安全且适用于金融科技快速迭代的新一代金融网信安全框架，利用细分场景的优化设计保障架构特征，并通过建立标准化体系，形成产业生态，提高架构的灵活性和可扩展性，最终达到提升安全服务、安全运营的目的。

关键词：数字化　“三化六防”　供应链生态　演进式架构　架构设计

一　网络安全的回顾和展望

（一）网络安全政策回顾

“十三五”规划高度重视网络安全，规划中“安全”一词出现 157

---

* 执笔人：上海证券交易所张涛；深圳证券交易所李蕾；中国电子信息产业集团刘宇馨、尚飞。

次，将安全提升到一个新的国家战略高度。“十三五”期间国家通过完善信息化法律框架，统筹信息化立法需求，推进并完成了网络安全、密码、个人信息保护、电子商务、电子政务、关键信息基础设施等重点领域相关立法工作；强化了网络安全顶层设计和目标要求，建立和完善了网络安全管理制度和标准体系，发布了《中华人民共和国网络安全法》《中华人民共和国密码法》《关键信息基础设施安全保护条例》《中华人民共和国数据安全法》。中国人民银行发布实施了云计算、个人金融信息保护、区块链安全、金融 App、应用程序编程接口等多项金融科技规范，奠定了良好的工作基础。各地通过创建网络安全学院，校企合作等多种方式加大了实战化人才的培养力度并初见成效，初步构建了关键信息基础设施安全保障体系。国家通过颁布《网络安全审查办法》，推行网络安全审查制度，从源头上实现了有效的风险识别和控制。网络安全保障能力建设从“静态、基于已知威胁的保护”转向“动态、基于潜在风险的防护”，全天候、全方位网络安全态势感知的认识和应用正不断在金融行业内得到应用和推广，如各大银行都建立或正在建立自己的态势感知系统，各金融领域也在牵头建设行业的态势感知系统，提升了行业的风险感知、安全监测和应急处置能力。

（二）十四五规划有关网络安全的发展展望

“十四五”规划提出“加快数字化发展、建设数字中国”“统筹发展和安全建设更高水平的平安中国的战略目标”，对网络安全体系、能力与基础设施建设，关键信息基础设施网络安全保护，重要行业网络安全防护，网络安全产业发展和国际合作等方面进一步提出了明确的要求，这符合我国数字经济的快速发展的客观规律。数字化转型必然会带来新的网络安全风险，尤其在数据成为新的市场要素之后，伴生的数据安全需求也与日俱增。

数字时代，网络安全不再是信息系统的附属品，必须发挥基础性、支撑性、保障性的作用。而建立健全关键信息基础设施的保护体系与维护政治安全也息息相关。我们需要将关键信息基础设施的保护纳入总体国家安全观的大局中，按照系统思维来谋划发展，需要协同联动相应的法律法规体系、标准规范体系、保护技术体系、责任体系等，发挥顶层引领的作用，整体推进。同时，“十四五”规划也明确提出开展网络安全基础设施建设，强化跨领域网络安全信息共享和工作协同，提升威胁发现、监测预警、应急指挥、攻击溯源能力。

二　金融业面临的安全挑战

（一）数字化转型、科技创新和监管的刚性需求

数字化转型作为国家战略，加快了金融行业的数字化改造进程和数字化应用的深度拓展速度，随着数字经济、数字社会、数字政府的建设加快，金融和各行各业的数据共享、交互成为高频应用，数据已经无处不在，如何对这些数据进行全生命周期的安全保护，是金融行业的核心问题，而隐私保护技术、安全多方计算、机密学习、差分隐私、同态加密、联邦学习等新技术都带来了新的解决思路，但同时这些新技术在金融行业的应用还面临在性能、业务和运营方面的适配以及新技术自身安全问题。金融监管模式也从依靠窗口指导、经验式、手工式、分散式的传统监管手段过渡到采用自然语言处理、知识图谱、深度学习、人工智能、大数据手段加强数字化监管能力，强化监管渗透的深度和广度，这些新技术自身的安全风险控制都是需要面对的新的安全挑战，并需要持续的安全运营经验的积累，从而降低使用风险。

（二）适应国际新形势、构建可持续发展安全生态

金融行业作为关键基础设施面临来自境外国家层面的 APT 攻击风险会越来越大，而国内受到经济利益驱使，来自黑产的攻击呈高发态势，网络安全的对抗在广度和深度上都不断加强。随着攻防演练活动强度的增大以及覆

盖范围的不断扩大，更多的金融企业也意识到以单一对抗手段来缓解各个攻击面的威胁并不现实，如何通过架构优化提升威胁检测和响应能力，如何实现同行业的情报共享、联防联动，共同打造金融行业的安全生态圈，是各家的共性问题，也需要监管机构的主导、推动。要提升我国的网络安全保障能力，只能依靠强大的科技实力和良好的产业生态。随着安全自主可控工作不断深入推进，“十四五”期间的金融行业也必然面临安全基础设施的重构和技术突破。

（三）新冠肺炎疫情带来办公和业务模式的改变

面对新冠肺炎疫情的突袭而至，非接触式金融服务需求旺盛，大家更青睐于远程会议、远程办公等线上金融服务，传统机构都运用金融科技实现“降本增效”，在提高效能的同时安全边界被不断削弱，金融业务从隔离向广泛、深度互联发展，安全监管边界逐渐重叠与模糊，业务风险更加隐蔽，传统线下的业务将更多从“面对面”转变为“屏对屏”“线连线”的线上形式。这些新的业务形态高度依赖于互联网和移动应用，依赖金融机构的数据共享，打破了原有金融行业强隔离的特点，对安全防护能力提出了更大挑战，部分防护不足的企业引发的木桶效应更加明显，甚至暗藏跨行业性传导风险。这也催化了当前零信任应用的快速推进。

（四）技术产品和服务同质化

随着科技和金融业务的深度融合，金融行业内同质化现象越来越明显，核心应用和产品掌握在少数厂商手中，头部科技企业的通吃，形成事实上部分领域的技术垄断，也带来潜在的同质化问题，容易被黑客通过供应链攻击而影响整个行业的安全运行。金融行业对关键核心技术的依赖程度越来越高，一旦供应链某个环节出现安全隐患，将对我国金融安全造成重大影响。2020 年底，美国爆发 Solar Winds 供应链攻击事件，包括美国有关政府机构及微软、思科等大型公司在内的大量机构受到影响。对金融机构来说，如果核心技术产品过分依赖单一供应商而又缺少安全管控，就相当于自身发展的“命门”掌握在别人手上。这也是金融科技安全监管面临的新挑战。

（五）攻防演练与实战化存在客观差距

近年来，各国都通过组织国家级的网络攻防演习行动来检验安全的综合防护能力，如美国组织的“网络风暴”演习、北约组织的“锁定盾牌”演习、G20 黑客马拉松竞赛等，我国自 2016 年组织开展实战化安全演练，促进了金融行业安全防御能力有效提升，但总体上不同金融机构发展速度各异，安全防护水平参差不齐，头部企业和中小金融的差距较大，木桶效应明显，各家普遍存在安全保障人员缺少实操经验，对于突发事件的快速响应能力较低，应急预案的实战性、可操作性有所欠缺，跨行业领域的应急协调和信息共享机制缺乏等情况，离对抗有组织的高级持续威胁还有较大差距。

（六）体系化的规划、建设和运营能力欠缺

随着金融科技在金融行业的广泛应用，IT 架构更加复杂，各种技术栈带来的风险敞口加大，而黑客攻击逐渐向组织化、专业化和商业化转变，高级持续性威胁攻击层出不穷，攻防的不对称趋势持续扩大，传统的基于边界防御、规则检测等静态防护策略逐渐失效。金融行业亟须转变思路，以“动态防御、主动防御、纵深防御、精准防护、整体防护、联防联控”为新举措构建新型防御体系。合理的安全架构是体系化防护的关键，是整个防御的骨架。金融行业需要通过构建自适应的防御架构来适应金融业务的快速发展，并通过多种技术手段进行安全有效性的验证，持续迭代更新。

总体来说，通过“十三五”的建设，金融行业安全防护能力上都已经有了显著提升，但还有很多新的共性问题、痛点问题需要持续关注和解决。“十四五”期间，我们需要以体系化的角度统筹安全能力建设，夯实安全基础和核心能力，通过常态化攻防演练弥补实战化的差距，从传统外挂式的安全往原生、内生安全过渡，提升网络安全运营体系化、标准化、自动化能力，将新兴的信息技术纳入早期的建设规划中，构建可持续优化、迭代的安

全架构，避免后续架构调整给业务带来的影响；加强最佳实践在金融行业的应用推广，减少行业整体风险。

三 围绕新一代金融网信安全框架建立安全新生态

（一）架构安全需要整体考量

信息系统架构反映了信息化后的业务系统的不同组成部分间的构成关系以及业务如何在信息系统上运转。为保障信息系统能够满足业务的信息化需求，我们在开发软件前需要进行系统分析和架构设计。通常在设计阶段，我们需要结合业务现状、业务需求、设计目标等信息抽象出关键的架构特征，使用领域语言对业务进行建模，将模型通过技术语言表达并显化架构特征，只有这样才能最大可能地保障最终开发出来的信息系统能够有效支撑业务的运行。

新科技的应用改变了原有的信息化边界，在传统的边界防护思想驱动下建立的安全体系在多云、跨云的应用场景下面对新型网络空间威胁就存在感知难、防护难、协同难等问题。在这样的背景下，我们将安全作为架构特征融入信息化环境中第一要对业务进行建模，梳理当前的系统架构；第二要分析业务流程的改动需求，明确系统架构需要调整的具体细节；第三要对改变后的业务流程进行威胁建模，并梳理已经实施的安全控制点及相应的安全能力；第四要从数字化的业务流程出发，结合威胁模型，重新评估所需要的安全能力及已经具备的安全能力；第五要对整个架构和安全能力的需求进行综合考量，对安全控制点进行合理设计、分配。以上流程看似简单，但是有几个核心思想需要贯彻整个设计过程：第一，合理的安全能力布局需要做到对整个信息化环境的全覆盖，从硬件芯片到上层应用方方面面都要考虑到，能力覆盖的缺失就是未来系统建成后对攻击者敞开的大门；第二，安全能力应该是协同合作的，而非独立部署、各自为战，协同合作可以提升对威胁感知的能力以及提供更灵活的应对方式，有效降低防守成本；第三，与业务紧密结合，内生于业务系统，能够洞察信息化环境中的任何蛛丝马迹，这样才能保障安全的上层能力，如安全的大数据分析和态势感知能够准确把握信息系统真实状态，深入分析任何异常行为，精准识别潜在威胁。

（二）业务驱动的安全架构演进需要体系化支撑

架构最终的实现一定是基于具体应用场景的信息系统，那么在架构的设计和实现过程中就必须充分结合应用场景进行综合考量，在架构向实现转化的过程中，需要划分出具体的子系统、组件、模块，并转化为开发人员的具体任务。对以快速迭代、跨界、混业等为特点的金融科技领域来讲，如何基于现有的架构实现业务需求驱动的架构变更，保持业务稳定与安全的架构特征，就需要最终组成架构的子系统、组件、模块等架构原子结构最大限度地符合应用场景的各种要求。

而面对快速迭代的金融科技，随时可能出现通过新技术改变原有业务模式的情况。这种情况下架构的演进就非常考验现有架构的原子结构是否可以实现灵活拆分、重组甚至快速重构。通过少量、快速的适配工作实现对架构原子结构的调整来完成架构的演进，前提肯定要先能满足业务变化的需求并保持架构特征的稳定。所以，如果能够在系统建设初期就对架构原子结构的设计实现提出要求，充分考虑业务场景的特点，对业务原子特征进行细粒度实现的话，那么在支撑架构的演进过程中就可以以相对较小的工作量快速完成适配，也较为容易保持架构特征，也就从架构的层面对业务的连续性、稳定性多了一重保障。

（三）安全架构对威胁的敏感性和对风险的抵抗能力依赖架构原子标准化

架构的原子结构对保持架构在演进过程中架构特征的稳定至关重要，而金融领域自身业务的复杂性导致金融信息化系统的构成也呈现复杂性，具体表现有以下几点：网络环境异构明显、基础设施多为国际通用架构标准、国内外供应商混杂。

网络环境异构明显是指金融业出于网络安全需求，通常将业务网络进行划分，核心业务网络通常采用专网的形式与互联网实现物理隔离。这样的好处是来自互联网的威胁很难直接接触核心业务，有效地保障了核心业务的连续性和稳定性。但同样劣势也非常明显，在进入互联网金融阶段后，大量的业务需要云计算、大数据、人工智能才能运行，而隔离的网络与这些技术的底层实现原理相悖，一定程度上成为新技术创新的阻力。目前产业发展的主流思想是期望通过密码学方法实现多方计算、联邦学习等能够避免业务数据互通且实现多源异构数据的分布式计算得到可用的结果，但在实际应用上，这一方面与信息化本身所强调的数字化、可交换、可共享相矛盾而导致推广受限；另一方面也因为新技术的算法黑箱和缺少监督能力而导致新的安全盲区。

当前国内金融业信息系统基础设施几乎全部都遵循国际通用标准，一方面因为国际通用标准经过多年验证被证实具有充分的稳定性、可靠性；另一方面发达国家在20世纪50年代即开始在金融领域应用信息技术来降低业务成本，相应的架构设计、解决方案在国际金融行业中经过了充分验证。但随着信息技术、互联网技术的发展，我国在金融科技领域已经处于国际领先地位，国际上对传统金融提供的信息化解决方案已经相对落后。在网络威胁形势严峻的今天，在国际上流行了几十年的通用架构在攻击者眼里已经没有任何秘密，甚至出于国家对抗的目的极有可能存在不为人知的后门。一旦基础设施被零日漏洞攻破，在其上运行的任何业务应用、数据将任人鱼肉。这也是为什么我们国家十分重视网络安全，习近平主席也在多个重大会议上强调“没有网络安全，就没有国家安全”。

国际通用的标准架构在我国金融业显现出的种种特点，让我们深刻体会到要通过架构实现某领域复杂系统的内生安全，单纯只有一个优秀的架构是远远不够的。如何保障产业内错综复杂的供应链能够完善支撑架构并将其落地才是最终目的。架构的约束体现在对架构原子（通常最小单位是可独立部署的组件）的关系表达上，只要在系统实施过程中使用的架构原子能够符合架构的约束，就能够保障架构目标的实现。

（四）最终方案的实施效果需要产业生态

有了能够支撑内生安全架构原子组件的标准体系后，金融科技供应商可以在研发、生产子系统、组件时按照标准执行，设置符合标准要求的日志采集、数据监测、互联接口等，达到每个架构原子自身都能提供内生安全所需要的能力、数据、接口。这样在具体项目中多个供应商提供的符合标准的组件各自进行部署、配置后，不仅能够顺畅地支撑业务，还能直接对接安全大数据分析、态势感知、统一运维等上层应用。标准体系的建立能够打造符合内生安全定义的金融科技产业生态，推动金融业网络安全常态化运营，彻底改变外挂式安全、亡羊补牢式修复的网络安全局面。

至此，我们通过架构设计、场景优化、标准约束、生态建设得到了一个具有灵活演进、具备内生安全且适用于金融科技快速迭代的新一代金融网信安全框架。

四　典型案例

中国工商银行联合华为公司积极推进 IPv6 网络安全部署创新实践。

近年来，中央和国家部委大力推进互联网协议第六版（IPv6）规模部署和演进变革。在金融行业推进部署过程中，其特别提出要坚持发展与安全并举，实现网络、应用与安全的协同。

中国工商银行遵循以“端到端 IPv4/IPv6 双栈改造，同时提供 IPv4/IPv6 服务”的原则，积极组织推进 IPv6 规模部署。一方面，在互联网接入区，中国工商银行和华为公司联合创新，通过部署华为 NE 系列高端路由器，启用双栈功能作为 IPv4/IPv6 用户接入，与多家运营商互联。另一方面，来自外部互联网针对数据中心的 DDOS 等攻击严重威胁金融行业数据中心的业务连续性。中国工商银行采用华为 USG 防火墙系列产品提供访问控制，防止非法访问，并旁挂部署 Anti-DDOS 设备对流量进行检测和清洗，有效防御异常流量攻击，通过管理中心集中配置防护策略，自动启动防护。同时，中国工商银行自研建设信息安全运营中心（SOC）平台，实现全网智能化的安全态势感知，进一步提升中国工商银行主动、立体的安全防御能力，切实保护银行信息系统以及客户信息和资金安全。

当前，中国工商银行已全面完成了 IPv6 技术改造，打造安全可控的互联网接入区，实现所有面向公众服务的互联网应用的 IPv6 部署。后续其将围绕网络路由协议、网络安全、智能化管理等各方面进一步深度创新，不断推动信息化转型升级。

五　金融业网络安全发展建议

合理的架构设计有利于实现低成本演进，创建内生安全的信息系统架构；针对金融业细分场景的优化设计有助于在架构实现过程中保障架构的落地；标准化体系能够保障不同供应商参与的信息系统符合业务稳定和网络安全的要求；标准体系能够带动产业生态补齐在安全服务、安全运营方面的短板，彻底改变金融业网络安全发展局面，提供具备业务稳定性、低成本演进能力、高威胁敏感度和快速风险处置能力的新一代金融网信安全框架。

这样一套理想的金融网信安全框架最终能够真正融入金融产业生态并长期跟随业务需求演进，也需要金融业自身提供一定的支持。首先，金融科技引领金融发展的阶段，要真正理解新一代金融网信安全框架并能够在信息系统建设过程中落实就需要真正懂安全、懂架构同时还要懂金融业务的高级人才队伍，才能够贯彻落实内生安全的指导思想，才能让安全能力在最合适的环节以最合适的形式融入业务系统中，才能保障建成的复杂信息系统的安全能力是高效的协同联动。其次，加大安全左移的投入，对使用国际通用的标准架构基础设施，在适当的时机，用符合新一代金融网信安全框架的基础设施进行替换，彻底避免“留后门、卡脖子”的可能。最后，建立健全安全人员培养机制，贯彻落实“三化六防”思想，在日常运营过程中通过检测服务和实战化演习时刻检查业务系统是否存在偏离安全框架设计目标的潜在风险，并通过短、频、快的架构原子修正，保证在使用系统时符合安全框架要求。

参考文献

[1]《中华人民共和国国民经济和社会发展第十四个五年规划和2035年远景目标纲要》，https：//www. gov. cn。
[2]《2020年中国互联网网络安全报告》，https：//www. huaweicloud. com。
[3] 2020北京国际金融安全论坛，https：//finance. china. com. cn。
[4] 张仪方：《紫队视角看2020年络网络攻防实战演习》，《交易技术前沿》2020年第5期（总第42期）。
[5] 唐明环、许一骏、徐秀：《金融行业商用密码应用初探》，移动支付网，2020年5月19日，https：//www. mpaypass. com. cn/news/202005/19092830. html。
[6] 中国信息通信研究院：《中国金融科技生态白皮书（2020年）》。
[7] 中国银行保险报组织编写《金融行业网络安全白皮书（2020年）》。

B.17
新技术应用中的风险防范

国家金融科技测评中心（银行卡检测中心），中国电子信息产业集团 *

摘　要：　当前大数据、人工智能、云计算等新技术创新了金融服务方式，促进了金融科技发展。新技术创新业务，但也在应用中引入了新风险，在新技术尚未成熟时便急于推广、技术选型错位、缺乏威胁建模等使得新技术在应用时面临不确定风险。因此，要正确把握新技术与安全的关系，科学研判新技术与业务的适用性，健全新技术标准化体系，强化新技术应用保障与风险处置机制，促进新技术健康、有序发展。

关键词：　分布式数据库　安全风险　金融科技

金融科技是技术驱动的金融创新，核心是运用现代科技成果改造或创新金融产品、经营模式和业务流程等。2020 年新冠肺炎疫情的突袭而至极大地冲击了国内外经济，但也促进了金融机构加快数字化转型，将更多新技术引入金融领域，远程服务、数字交互和远程办公成为新常态。大数据、人工智能、云计算、隐私计算、机器人流程自动化（RPA）等新技术蓬勃发展，为金融科技创新与促进经济发展提供了新手段和途径。

---

* 执笔人：国家金融科技测评中心（银行卡检测中心）渠韶光、杨波、邱晓慧；中国电子信息产业集团刘宇馨。

一　新技术在金融行业的应用现状

随着金融机构加速数字化转型，新技术在金融行业发挥日益重要的效能。大数据、人工智能、云计算等技术广泛应用于金融行业，过去一年随着技术与业务发展，金融与新技术碰撞出新的火花。

（一）大数据在金融行业的应用发展

随着新技术在金融领域的广泛应用，数据的价值日益凸显，数据安全与隐私保护也成为亟待解决的问题。金融数据蕴含丰富的应用价值和商业价值，合理合规且有效地管理与使用数据是金融机构面临的挑战。大数据在金融行业主要用于用户画像、精准营销等方面。

用户画像为金融机构通过消费能力、信用记录、兴趣爱好等数据来分析和描绘用户属性。在用户画像基础上，金融机构可有针对性地开展精准营销、个性化推荐等。若数据中混杂虚假信息将导致错误的决策判断，进而引发金融风险。随着数据安全与个人信息保护力度的加强，“数据孤岛”现象日益严重，跨领域或跨机构数据的有效融合成为亟待解决的问题。

（二）人工智能在金融行业的应用发展

数据生态的完善、计算能力的提升和算法技术的进步为人工智能与金融的基础研究、应用落地和大规模生产奠定了基础。人工智能在金融行业的应用主要在智能风控、智能客服、智能投顾、智能支付以及智能保险等方面。

智能风控通过广泛收集的大量用户数据利用人工智能技术对贷前、贷中和贷后全流程进行风险防控，根据人工智能算法输出结果对风险状况进行判断。在这一过程中，人工智能算法的黑盒性以及可解释性弱的问题可能会引发用户误解和算法误判等新的风险。

（三）云计算在金融行业的应用发展

云计算发展迅速，不断推进金融基础设施和基础能力转型发展，金融机构纷纷打造金融云，将相关业务迁移至云端。同时云是大数据、人工智能等技术的载体，承载金融产品与服务的创新与发展。

安全是金融机构将业务部署于云上的关键前提，也是影响金融机构应用云的重要因素。当前，大部分金融机构仅将部分非核心业务迁移到云端，一般以分布式系统作为切入点，将互联网渠道业务、财富管理、信用卡管理等迁移至云端，逐步试点，逐级推进。由于云计算技术涉及云上、网络等多个环节，其面临的安全挑战较多。

（四）分布式数据库在金融行业的应用发展

随着金融科技的发展，高可用、高性能、容错高和可扩展的分布式数据库满足了各金融机构的需求。分布式数据库存储各金融机构的核心数据，其安全性是稳定业务、保护数据的基础。近年来，分布式数据库的国产化进程被不断推进，可有效促进国内金融机构摆脱对国外数据库的依赖，促进金融行业健康有序发展。

金融机构逐渐将相关业务转移到国产分布式数据库中，来保障业务的安全与稳定。2020 年中国工商银行将其对公（法人）理财系统从大型主机迁移到国内自主研发的分布式数据库 OceanBase 中；中信银行和中兴通讯联合研发了 GoldenDB 分布式数据库，并上线中信银行信用卡新核心业务。金融业务逐步进行分布式数据库架构改造，国产化进程不断加速。

二　新技术在金融行业应用面临的风险

（一）新技术应用引入新安全风险

随着人工智能、大数据等新技术的发展，其在金融行业的应用也越来越广泛，为金融科技创新、改善用户体验提供了新手段和新途径。但在新技术转化与应用场景落地过程中，新技术的不确定性、黑盒性和应用的广泛性，给金融领域带来了新的安全风险。

人工智能等新技术在金融行业不断被推广应用，但大部分新技术的基础设施存在一定安全风险。目前人工智能算法多以开源框架、开源库、开源代码为基准进行构建，而开源项目极可能会因开发者恶意破坏或代码不完善而使得基于此构建的人工智能算法面临后门嵌入、数据投毒等风险。2020 年 9 月，安全厂商披露市面上常用的人工智能开源框架 tensorflow 存在 24 个安全风险漏洞。此外，人工智能目标函数是算法训练的目的，也是发挥智能作用的核心，但目标函数多由技术人员设计与开发，人员的过往经验和主观因素对其有较大的影响。若目标函数设计人员存在性别、肤色等歧视，则其设计与训练出的人工智能算法也极可能存在歧视与不公平，造成一定的伦理问题。以深度学习为代表的人工智能算法多由黑盒的层层神经网络单元构成，黑盒化严重，可解释性差，使其在金融应用方面面临业务挑战。

随着金融行业数字化转型的推进，数据成为越来越重要的资产，各金融机构皆对自有数据进行了充分的挖掘与应用。近年来数据安全与隐私成为监管重点，《中华人民共和国网络安全法》《中华人民共和国个人信息保护法》《中华人民共和国数据安全法》等法律法规和《金融业数据能力建设指引》《金融数据安全 数据安全分级指南》等行业监管标准相继出台。面对日益严格的监管和同质化竞争，传统金融机构向数据融合、线上金融、数字金融转型。对数据的需求日益迫切，金融机构间的数据协作频频出现数据使用不正当、侵犯客户隐私、业务合规性存疑等问题，使得用户个人隐私和数据安全面临新的安全风险。

人工智能伦理、算法可解释性和数据隐私等新风险给传统金融安全防护带来较大冲击，使得金融安全面临新挑战。

（二）新技术尚未成熟便急于推广

新技术首先由学术研究引入，经过少量实验验证技术的稳定性，而技术实际应用的风险未可知，尚未建立与新技术相适应的安全防御措施和服务体系。在新技术尚未成熟的阶段，相关机构就开始拔苗助长、急于推广，给金融应用造成新的风险。

区块链以不可篡改、去中心化的优势在存证、身份认证等方面发挥重要作用。但目前区块链技术在性能、安全等方面仍存在一定局限性，尚未成熟。在共识机制方面，共识算法的安全保障能力需更严格的证明和时间的考验，而非对称加密算法存在被破解的可能；在攻击方面，算力攻击和最长链原则使得区块链的可信性存在被攻击的可能。在区块链技术面临安全挑战，成熟度较低的情况下，部分机构将其用于代币发行，变相从事非法融资等活动，给金融行业带来了较大的风险隐患，影响金融业稳定。

当前部分新技术尚处于理论研究与试验证明阶段，缺乏相应风险防控与补偿机制，但部分金融机构贪图新技术带来的便捷与智能，将新技术应用于实际金融业务中，给金融业务带了不可预知的风险。

（三）技术选型错位引入不确定风险

人工智能、大数据、区块链等新技术不断被推广与发展，新技术衍生出不同形态、纷繁复杂的具现技术形态。金融机构若对新技术缺乏深入了解与研究即在业务中大量应用新技术，不仅会浪费大量资源，还会因技术选型错误而引入不确定的安全风险。

技术与业务场景不匹配，选型出现错位甚至张冠李戴，不仅不能发挥技术固有优势，还会因技术应用不当而产生新的业务风险。随着人工智能技术的发展，深度学习成为各个业务场景应用的热点。但部分场景数据量较少，且数据间关系清晰，传统的机器学习方法即可达到较好效果，若强行适配深度学习算法，不仅需要收集大量数据，扩大数据资源，还需高性能硬件设备支持，而新技术的应用效果可能较差甚至会引入新的风险。

（四）应用过程缺乏威胁建模

在大范围的云计算、大数据、人工智能、物联网、区块链等新技术的应用背景下，大量的业务流程、业务架构和网络环境都从传统金融的相对隔离的网络环境开始不同程度地与互联网联通。大数据和云计算的大规模使用又推动了对数据灾备、恢复的强烈需求，多地多中心的数据中心建设模式也进一步加速金融业务从上云开始向多云、跨云方向发展，借此实现更安全的数据灾备同时提高业务服务质量。在金融业务借助金融科技飞速发展的同时，反观金融领域对风险的关注更多聚焦在新技术对业务流程改动带来的潜在业务风险上，与当下国际网络空间威胁发展趋势严重不匹配。而当安全能力与业务架构的发展存在需求缺失的时候，按照传统金融架构所部署的网络安全就存在难以发现新型威胁或被攻击者绕过的可能。

为了实现网络安全能力能够与新技术带来的业务架构变化相适应，就需要在新技术应用过程中对因信息系统架构的演进、业务的变化而导致的风险应对需求的变化进行充分评估，并结合业务特点对研发实现路径进行规划、设计和建设，以尽可能保障实施效果与设计目标相符。只有在规划设计阶段对新技术带来的潜在风险进行全面、充分的评估；在建设实施过程中按照规划设计落实了所需的安全能力，才能切实保障在系统投入使用后面对业务风险和网络空间威胁时仍然能够保障业务的平稳、持续运行。金融机构通过对技术架构进行威胁建模能够给系统的规划设计提供直观的风险度量，并使得设计者能够在系统设计阶段有针对性地将风险应对措施引入系统合适的位置上。相对于未来系统投入使用后亡羊补牢式的风险处置和漏洞修复，内生的安全机制不但避免了大部分可以预见的风险，还能在未知威胁入侵时提供更为充足的分析依据，支撑上层安全能力更快地识别威胁并有针对性地进行处置。

应用威胁建模的另一个好处是其系统化的风险分析方法，能够帮助系统设计和运维人员识别之前不能发现的一些潜在风险。例如，在没有应用威胁建模的金融信息系统中可能大多数的系统所有者会认为只要有反病毒、防火墙和入侵检测系统就安全了，但是如果看过 ATT&CK 的攻击矩阵就能知道反病毒、防火墙、入侵检测技术在安全界被称为“老三样”，即指它们基本已经无法面对当今网络空间的新型威胁。反病毒依赖的是对病毒、恶意程序的载体特征识别，而新型的威胁在武器化的第一步就是要使用市面上所有的反病毒引擎查杀，确保反病毒软件无法判断它是恶意软件后，攻击者才会进行投递；而防火墙基于网络流量的访问控制在面对加密流量、未知网址或者利用内部合法地址作为跳板的流量也几乎无法起到什么作用，更多的只是在事后溯源的时候能够提供一些基于网络行为的日志证据；入侵检测技术也是基于引擎对特殊攻击流量的判断才能触发，并且很多时候为了避免误动作影响业务还仅仅设置为只产生警报而不会采取任何控制措施。而基于传统边界防护思想外挂在金融业务上的安全能力也很难真正支撑起安全态势感知的概念。另外，在金融领域的信息系统中，大量采用国际标准的通用架构基础设施依然存在，而通过近年来的公开报道我们也都了解到这些基础设施在最基础的芯片层面也存在着无法修复的漏洞。一旦被恶意利用，在这些基础设施上承载的金融应用甚至包括安全能力都只能任人鱼肉。这种底层硬件的风险，如果没有较深的 IT 专业知识和系统化的威胁建模，相信不会有人会在系统设计的过程中考虑硬件漏洞的应对措施。

在未来金融科技发展推动金融业务变革、金融信息系统架构演进的过程中，金融机构应用威胁建模来对架构演进和日常运维、演习进行指导，结合信创基础设施在金融领域的自主可控替代，必将进一步完善金融产业生态，助力金融领域内生安全产业链落地，最终在实现金融科技发展速度保持领先的同时补齐网络空间威胁对新一代金融业务的潜在风险管控能力，为金融产业进一步发展提供可靠的安全“底座”。

三　新技术在金融行业应用中的风险防范对策

（一）正确把握新技术与安全的关系

金融科技创新离不开网络安全，尤其是在金融科技开始引领金融业发展的新阶段。云计算、大数据、人工智能、物联网、区块链等大量新兴信息技术极大地改变了传统金融业务的信息化架构和业务流程。而安全的本质是要使建成的信息系统具备能够抵御各个维度风险的能力，所以在广泛应用互联网技术、依托新技术构建新金融业务体系时，金融机构必须要充分考虑来自网络空间的潜在威胁，以防止网络威胁引发的金融业务风险。

在数字化时代构建具备自适应、自成长和自主安全能力的信息系统，金融机构需要以内生安全为指导思想，从金融信息系统规划设计至日常运维的方方面面都要把安全和业务稳定放在头等重要的位置进行考虑；在规划设计金融信息系统时要对完整的业务进行威胁建模，按照威胁模型与安全能力需求对未来信息系统的研发、建设、运维进行合理的安全能力部署，力求做到与业务流程的“深度融合、全面覆盖”。这里尤其要注意的是在当今网络威胁越发复杂，国际形势较为严峻的时期，为了防止“留后门、卡脖子、断供”的问题对金融业务造成“必杀”的威胁，在规划设计金融信息系统时除了要注重应用系统与安全能力的融合，更应当将自主可控的基础设施也纳入考量范围：一是信创产业自主可控的基础设施不会存在被国外厂商“卡脖子、断供”的可能；二是在国内安全企业的影响下，已经出现了诸如 PKS 架构体系这样具备底层硬件芯片安全能力、能够垂直打通到上层的应用框架，大大降低信息系统落地的成本，同时又具备体系化优势，能够灵活适用于各类金融业应用场景。

（二）科学研判新技术与业务的适用性

在应用新技术时，金融行业应正确分析新技术的成熟度，合理判断新技术与金融场景的适应度，充分评估新技术应用于金融业务的潜在风险，从技术、场景等多维度有效防范新技术应用风险。

在新技术成熟度分析方面，金融行业可通过理论验证、实验试点等研判新技术的可靠性、安全性与供应链的稳定性，科学选取高效、可控的技术。金融行业是高安全行业，应充分调研新技术发展与应用状况，深入把握新技术的原理，防范因对新技术认知不足而产生的风险。一方面，金融行业应深入了解新技术优势与劣势，防范新技术本身潜在风险，如在应用人工智能算法前应充分认识到算法的黑盒性以及可解释性弱的问题，同时要考虑为算法提供服务的数据安全与隐私；另一方面，要正确判断新技术成熟度，避免因技术不稳定而引起新风险。

在判断新技术与金融场景适应度方面，金融行业结合数据规模、性能要求、安全约束和准确率等进行分析研判，防范技术与场景不适配而产生风险。在对可解释性要求高的金融场景则不可选用黑盒性高的深度学习技术；在高安全、高容错要求环境中尽量选取国产化分布式数据库；“数据孤岛”严重而又想发挥数据价值的场景可选用多方安全计算、联邦学习等隐私计算技术。

在评估新技术的金融应用的潜在风险方面，金融机构可通过自身的智能化风险感知和第三方独立测评来联合实现。一方面，可通过技术手段动态感知新技术应用风险，预判潜在风险和发展趋势，通过安全漏洞挖掘、舆情分析、信息反馈等方式进行风险的智能感知和主动探查，充分挖掘新技术应用的潜在风险，防范恶意风险事件发生。另一方面，可将新技术的金融应用送至第三方独立测评机构如国家金融科技测评中心进行全局测评，验证技术合规性，进而保障应用安全，防范因应用新技术而引入的风险。

（三）发挥规范引领效用，健全新技术标准化体系

标准化工作是监管金融创新、保障技术安全、防范风险的重要方式，也是促进新技术健康、有序应用于金融行业的有效手段。监管机构通过标准化工作可增加新技术的金融应用的规范化，在安全、性能、功能等方面建立统一完善的标准体系，减少因新技术应用而引入的安全风险，强化新技术在促进金融创新发展中的作用，建立社会民众对新技术的信任度并促进新技术在金融行业的真正落地。

人工智能、多方安全计算、数据安全分级、云计算等新技术在金融行业的应用日益广泛，为保障新技术金融应用有序推进和健康发展，我国需持续推进各方面、各层级技术标准建设，完善标准体系，建立标准统一、技术规范、成本集约和运营高效的标准，发挥新技术优势，促进其在金融行业安全、快速地部署应用。

我国金融行业的标准体系由强制性国家标准、推荐性国家标准、推荐性行业标准、团体标准与企业标准构成，全面覆盖金融行业关键技术与应用，

有效规范技术应用，防范金融风险。为保障新技术的金融应用安全，我国应不断推进各层级标准建设，发挥强制标准与推荐性标准保基本能效，促进行业标准、团体标准与企业标准的协同发展。

（四）强化新技术应用保障与风险处置机制

新技术在金融行业应用时应强化应用保障与风险处置，建立新技术全生命周期的运行监控，明确风险应对与处置策略，防范新技术产生的金融风险。

金融行业可综合大数据、人工智能、可视化等方式建立新技术运行监控，加强应用保障：一方面，对新技术应用进行全生命周期的监测，从新技术应用的事前、事中、事后监控应用运行状况与风险威胁，实时过滤、跟踪、定位、解决和预防新技术应用过程的潜在风险，进行风险综合评估，有效防范投毒、后门等恶意攻击；另一方面，可根据风险监控与评估结果，结合各机构风险状况，建立风险情报库。对风险情报库中的风险提出相应的安全策略，如通过对抗训练解决对抗样本引发的攻击，利用安全加固来防范后门攻击。

金融行业要完善风险应对与处置策略，对因新技术金融应用而引发的风险采取有效措施进行处置与补偿：建立健全新技术备份、应急预案，一旦发生风险，及时启动应急方案，进行系统和业务切换，保障业务连续性，减少由风险造成的损失；完善风险赔偿机制、保险规划、拨备资金等风险补偿措施，有效保障消费者权益，避免新技术应用而引发的社会风险。

B.18
监管基本规则体系构建

北京立言金融与发展研究院*

摘　要： 2021年，面对当前国际国内百年未有之大变局和全球新冠肺炎疫情的蔓延，金融科技的影响重塑了人们对金融可获得性、便利性等方面的认知，与此同时我国金融科技的发展也遇到了新形势、新要求、新任务，结合当前金融科技发展形势和规划要求，我们需要重新审视金融科技发展监管体系构建等多方面问题，除了需要延续原有框架设计思路之外，更需要考虑金融科技发展的新要求和行业发展的新趋势，不断完善监管体系架构顶层设计，同时秉持“守正创新、安全可控、普惠民生、开放共赢”的基本原则，充分坚持监管科技的“七原则”，不断推进我国金融科技监管体系的构建和良性健康发展。

关键词： 监管规则　审慎监管　监管科技　金融科技

一　金融科技发展给当前监管体系带来巨大挑战

互联网金融科技在经历了一段时间的大跃进和野蛮生长后，给国家金融安全带来了前所未有的挑战。互联网金融的快速发展主要得益于技术带来的广覆盖、低成本、高效率的优势，但是在前期监管政策不明朗、管理

---

* 执笔人：北京立言金融与发展研究院李晶。

经验和相关配套制度欠缺的情况下，有些互联网金融机构内控薄弱、形同虚设。消费者对于相关产品的风险认知度不够，保护意识不强。从用户维度来看，金融科技产业聚集了大量的长尾客户，这些客户的风险意识往往薄弱，只看收益不看风险以及盲目跟风的特点，容易使其成为金融诈骗的目标。例如，互联网金融 P2P 网贷机构在 2013 ~ 2017 年快速发展，受限于当时有限的监管措施，相关网贷机构信息披露制度难以落实，资金走向看不清，投资项目不明确，加剧了网贷行业的复杂性和隐蔽性，给金融安全带来巨大挑战。因此，金融科技的发展应避免重蹈互联网金融发展时期的覆辙。

跨业混业经营给监管提出了新的课题与挑战。金融科技产品实际上是带有多种金融属性的特殊产品，可以为消费者同时提供多项服务。但是互联网金融机构的跨业混业经营打破了时空限制，导致风险相互传染的可能性升高，容易导致不法机构利用监管真空进行监管套利等。另外，创新产品跨界嵌套，通常会贯穿多层次的金融市场。底层资产和最终投资者或者资金使用者变得模糊，风险的隐蔽性增大，难以被识别和度量，即使要求从业机构主动申报产品本质属性，监管部门也很难利用现有监管手段对其进行鉴别和确认。金融科技的本质仍是金融，监管部门应从提升技术手段和监管水平入手，进一步明确好金融科技机构的业务边界和名称，避免部分科技机构打着金融科技的旗号进行监管套利和变相参与非法金融活动。

技术风险带来了挑战。目前，金融业务越来越依靠科技创新，技术风险也随之而来并扩散到整个金融领域，在一定条件下会演变为系统性金融风险或区域性金融风险。但部分从业机构对技术风险的安全意识淡薄，安全生产制度不规范，容易导致线上服务中断，业务连续性水平亟待提高。更有甚者，部分违法犯罪分子可能会利用技术漏洞和系统故障对用户进行诈骗或不法侵害。

道德风险给我们敲响了警钟。近期不管是京东还是阿里或百度，都暴露出了部分岗位重要管理者的内部侵占或受贿等行为，这也为当前主流的金融科技机构敲响了警钟。2015 年 12 月，以“1 元起投”为代表的 E 租宝公司被查封，引发了监管部门对于互联网金融机构业务属性的关注，部分所谓互联网金融机构以高科技为噱头，涉嫌从事非法金融活动，严重扰乱了国内的正常的经济金融秩序。

二　监管体系构建思路

根据党的十九届三中全会审议通过的《中共中央关于深化党和国家机构改革的决定》、《深化党和国家机构改革方案》和第十三届全国人民代表大会第一次会议批准的《国务院机构改革方案》等相关文件精神，由中国人民银行负责编制并推动落实金融科技发展规划，拟订金融科技监管基本规则，指导协调金融科技应用等相关工作。自 2019 年新的“三定”方案公布以来，中国人民银行围绕核心重点工作，坚持问题导向和结果导向，不断向前推进金融科技相关工作，取得了很大的成效与业绩。

2019 年，中国人民银行发布了《金融科技（FinTech）发展规划（2019～2021 年）》（银发〔2019〕209 号），针对当前国际国内金融科技发展形势，规划了我国金融科技未来三年发展蓝图，规划富有前瞻性、全局性、基础性、针对性，统筹谋划了金融科技发展接续改革，同时为实现第二个百年奋斗目标、实现中华民族伟大复兴的中国梦奠定了坚实基础。中国人民银行发布的第一个“三年发展规划”，目标要求高远务实，指导方针旗帜鲜明，任务部署指导明确，为我国金融科技发展在国际话语权上取得了先机并奠定了良好的基础。

与此同时，随着金融科技发展速度不断加快，监管科技的顶层设计和手段存在滞后性，因此监管部门要加以重视，重点加强监管体系架构顶层设计与构建，充分把握好监管与市场的关系，更好发挥我国的监管体系架构和制度优势；充分处理好开放与共赢的关系，统筹好监管科技与国际国内通用性问题；处理好发展和安全的关系，有效防范金融科技创新带来的系统性风险与安全问题；处理好战略和战术的关系，制定出一个高瞻远瞩、务实高效的基本规则体系，协调好技术适用性和稳定性的关系。

三 监管体系构建基本原则

（一）监管要坚持技术中性为原则

监管部门要继续坚持以技术中性为原则，对任何技术的金融应用不先入为主，不带有偏向性，既不过度鼓励，也不主观歧视，给予所有新技术公平公正的市场参与机会。同时，监管部门要兼顾好自主可控与自主研发、自主研发与国有可控、国有可控与普遍适用之间的关系，避免陷入技术陷阱，始终把握好、坚持好适中性原则。

（二）监管要有统一可控可衡量的标准

监管部门要进一步加强监管技术手段和标准的制定和研究，通过穿透性监管、行为性监管等方式，理清技术创新表象下的金融业务实质，确保金融科技创新不突破现有的基本业务规则，与此同时允许利用“监管沙箱”、物理区域性试点等方式在一定范围内给予可控可衡量的容错机制和先行先试的政策，确保其不偏离正确的发展方向。

（三）监管要以防范金融风险为底线

监管部门要以防范金融风险为底线，制定宏观、中观、微观层面监管措施，研究拟订具有针对性的监管措施，运用技术手段提升金融监管专业性、时效性、强化风险态势感知和处理能力，坚决守住不发生系统性风险和区域性风险的底线，完善监管机制，推动金融科技更好服务实体经济，助理构建双循环新发展格局。

（四）监管要有统一的分类监管指标和流程

监管部门要充分借鉴国际先进经验，系统梳理现行监管规则和流程，结合我国金融科技发展趋势，加强金融科技监管顶层设计，围绕基础通用、技术应用、安全风控等方面，逐步建成纲目并举、完整严密、互为支撑的金融科技监管基本规则体系。针对不同业务、不同技术、不同机构的共性特点，监管部门要明确金融科技创新应用应遵循的基础性、通用性、普适性监管要求，划定金融科技产品和服务的门槛和底线，同时配套建立准入流程，坚持功能性监管与行为性监管并重的原则，从准入到退出，建立金融科技产品全流程全生命周期的准入、退出流程和配套体系制度。

（五）监管要秉持好“监管”的角色

监管部门要继续坚持“寓监管于服务、以监管促发展”，把握好监管的角色，注重监管适用性、强调包容性，在落实监管责任的基础上，做好服务支撑，促进行业发展。同时监管部门要意识到金融科技创新产品具有更大的虚拟性、便捷性和复杂性等特征，风险形成机制和传播路径更为隐秘，因此更加需要在审慎监管的前提下稳妥推进金融科技创新。

（六）监管要制定明确的统一规则

监管部门要充分吸取从互联网网贷机构发展之初到爆发风险的经验教训，金融科技机构的准入名称等显性特征应在登记注册时就加以明确，众所周知，金融科技的本质是金融，因此金融科技公司的名称使用、机构的分类标准等应通过设立规则进行明确，避免过度使用“金融科技”一词造成行业发展的怪圈和风险累积。

（七）监管要有统一的预警体系

针对专项技术的本质特征和风险特性，监管部门要提出专业性、针对性的监管要求，制定差异化的金融监管措施，提升监管精细度和匹配度。针对金融科技创新应用在信息保护、交易安全、业务连续性等方面的共性风险，监管部门要从敏感信息全生命周期管理、安全可控身份认证、金融交易智能风控等通用安全要求入手，明确不可逾越的安全红线，针对金融科技机构要设立明确的可量化的预警指标体系，逐步打通跨区域、跨部门、跨行业的数据壁垒，统筹设计“一个平台、一套系统、一套预警指标体系”，逐步完善金融科技监管体系框架设计。

四　监管科技场景的体系构建

当前，监管科技的主流核心技术是云计算、大数据、人工智能、区块链以及 API，监管科技主要应用于用户身份识别、市场交易行为监控、合规数据报送、法律法规行为跟踪、风险数据分析、金融机构压力测试、监管沙箱等几个方向。同时，每个应用场景都需要多种技术相互协同和支撑，目前金融机构和监管机构对多个应用场景进行了部署。有效实施监管科技场景应用，提高监管的合法合规性，有利于避免监管部门对市场产生过多干涉。

（一）用户身份识别

场景：目前监管部门对金融机构在“了解你的客户”（KYC）和“客户尽职调查”（CDD）等方面，有着明确的监管要求。因此，在目前金融市场上，一些非客户本人操作的金融业务违规违法现象频频发生，比如利用假证件办理开户、信用卡被盗、代客理财等行为。

构建方案有两种。一是充分利用智能生物识别技术。金融机构可利用生物识别技术和特征信息（如人脸、指纹、虹膜、声纹等）所具有的稳定性、不易复制性和不易窃取性，在客户建立账户和进行账户交易时加入生物识别技术，有效提升其用户身份识别能力。二是充分运用大数据技术进行比对。通过大数据比对，金融机构可识别非常规地区转账、非常用设备转账等异常操作，对账户异常违规操作进行拦截，要求再次身份识别和验证。

（二）市场交易行为监控

场景：为保护金融消费者和维护金融市场的稳定，监管部门和金融机构会定期采取有效的措施和识别手段，监控洗黑钱、反恐怖融资、内部交易等行为。监管部门要严厉打击市场上存在的“黑产”和“违约”等侵害金融机构利益的现象。

构建方案：监管部门和金融机构可充分并综合利用大数据和人工智能等技术手段，通过对关联交易数据和可疑数据交易等行为进行多维度、全方位、立体化、高频率、全动态实时分析，可以有效识别诈骗、集资、多账户操纵、票据虚开、洗钱、传销等行为。

（三）合规数据报送

场景：合规报告是监管部门对非现场监管的重要手段，高水准的数据报送可以帮助监管机构及时先发现和化解金融风险。金融危机发生后，监管部门对被监管机构要求报送的内容和要求不断提升，有时被监管机构需要就同一内容向多个监管部门报送不同结构的相同内容，这不利于相关数据的统计，导致数据存在重复性。

构建方案：被监管机构可以利用数据管理提升合规数据的报送能力，通过整合内部数据，提高数据质量，增加统计维度，实现合规数据报告快速生成，报送规则要符合 API 的数据报送模式，实现可数字化、提升报送效率和真实度、减少报送成本。

（四）法律法规跟踪

场景：金融机构通过提升技术能力，实现对监管信息和法规的实时跟踪，不断提升合规能力。在金融行业监管不断升级的大背景下，监管法律和法规不断出台，金融机构需要实时追踪最新的法律法规，还要逐条对比新旧条文的细微差别，涉及跨国金融机构的市场行为还要追踪业务所在国的现行法律法规。

构建方案：人工智能技术通过近些年的发展已经逐步在不同领域进行了实践，人工智能技术可以做到自动发现、识别、预警、报告、归档等，将最新的金融法律法规进行分类收档。金融机构可以通过应用工具在海量法律文档中快速查询需要的条文字段。

（五）风险数据分析

场景：通过风险数据模型测算和融合分析，监管部门实现对系统性风险的预警和报告。2008 年金融危机后，世界各国都加强了风险数据分析，宏观审慎监管进一步增强，监管部门需要全面融合各个金融机构之间的数据，并将数据由整体的分类分析和管控转换到对细节分支数据的分析和管控，基于单一的金融机构的数据很难及时识别系统性金融风险。

构建方案：统一的大数据监管平台的建立和初步运营，逐步实现了各个金融机构之间在成员认证、接入管理、数据查询、索引记录、流通规则等方面的互联互通，有效汇聚和及时分析风险数据，为监管部门进行宏观审慎监管提供有力保障。

（六）压力测试与监管沙箱

场景：监管部门通过对金融机构进行压力测试，可以在隔离封闭环境下进行风险评估，避免出现外溢性的风险事件。目前，严格的金融监管条例在保证金融市场稳定性的同时，也在一定程度上限制了金融新业态的创新发展，因此金融创新需要新技术给予必要的支撑，同时给予有效的风险防控，创新发展与风险防控要两手抓，两手都要硬。

构建方案：监管部门有效利用金融科技技术试点尝试“监管沙箱”，通过物理和虚拟环境相结合的方式，模拟金融交易真实交易场景，测试金融机构系统的稳定性、安全性、创新性、可操作性等指标，通过大数据和人工智能分析金融机构运行数据，评估系统风险防控能力。

五　相关问题与建议

推动监管科技发展，必须牢牢守住不发生系统性金融风险的底线。[①] 加

① 孙国茂：《中国证券市场宏观审慎监管研究》，中国金融出版社，2002，第 14 页。

快建立监管科技风险防范制度体系，用科学的制度管住人、看住钱；加强监管科技风险防范基础设施建设，用先进的技术手段和方法，对线上线下、国际国内的资金流向流量，进行动态监管，不让任何资金流动处于监管机构的监督视线之外；切实吸取 P2P 平台等一系列互联网金融衍生出的“爆雷”风险等历史教训，加强风险预警和应对机制的建设，切实做到及时发现风险，科学应对风险，积极围绕早发现、早预警、早干预、早防控、早处理的思想处置各类风险；加强监管科技的国内国际合作，加强信息交流，消灭监管死角，形成内外联动、部门间协同监管的新格局。虽然监管科技在金融领域的应用不断增强，但是我们还应充分把握好平衡，充分利用监管科技应用维护金融体系的安全与稳定。保护公众的利益和提高金融体系效率具有十分关键的重要意义和作用。

（一）当前监管体系面临的挑战和问题

一是认知层面。监管机构和金融机构的行为驱动力存在显著的差异，甚至存在一定的矛盾性。

二是政策层面。监管政策的持续性和连续性有待提高，金融监管机构之间的合作需要加强，监管制度框架的衔接需要强化，监管维度弹性有待提高。

三是产品层面。产品应用效果和数据安全能力有待考证，需要特别关注数据高度集中后的泄露风险以及技术与传统监管框架的融合问题。

四是成本层面。金融机构与监管机构都面临系统更明显的成本压力，金融机构系统和技术改造难度较大，成本相对较高。

五是生态层面。国内监管科技方面的公司发展相对滞后，制约了当前国内的监管科技发展，相关企业更多是利用较落后的技术概念进行热炒，扰乱监管科技的发展方向和市场。

（二）相关政策建议

中国金融科技产业发展目前已位居世界前列，因此更加需要我国提早谋划布局监管科技产业的基础设施建设，有所作为。

一是建议加强监管体系的前瞻规划，推动监管科技和金融科技发展的统筹规划和联动，推动监管科技在金融领域的应用实践，通过健全政策体系、规范标准手段，进一步加强政产学研各界协同配合，共同夯实监管科技发展的基础设施和生态系统。

二是建议从上至下制定监管科技发展规划，从下至上反馈发展规划政策效果的短板予以不断完善。面对日趋复杂的金融科技产品的不断出现，金融业也呈现混业化、产品复杂化等特点，容易导致监管部门的监管理念和形式、手段、技术、意识比较滞后。技术本身具有中性的特征，因此为了便于监管部门进行有效监管，根本在于透彻理解监管要求的同时必须要深刻理解技术的局限性，借助国务院金融稳定发展委员会统筹监管力量、协同效应、跨区域、跨部门、立体化的监管能力，加强顶层的政策设计，明确监管科技的未来发展规划和应对策略。

三是建议健全监管政策体系和标准。金融监管部门可统一制定相应的标准和具体实施办法，避免出现区域不同政策不同的局面，针对监管科技基础设施建设要统一标准和要求，充分将数字化的数据资源和技术资源做到有机整合和利用。

四是建议监管政策和技术手段标准要同步进行。金融监管部门在公布监管政策时也要明确技术手段标准，避免政策发布后技术无法实现等尴尬局面。同时，监管业务部门要和技术开发部门加强协作，充分利用大数据、云计算、区块链等技术作为监管工具和平台，开发统一的数据接口，及时将监管政策变成可技术实现的技术口令，提升监管的效能。

五是建议加强培育良好的监管科技产业生态。当前，我国监管科技企业并未与世界先进国家接轨，部分相关企业更多使用的是老技术和新概念。建议充分利用政产学研的各方优势共同发力，借助现有的金融智库交流平台、具有金融科技技术优势的科技公司，加强沟通研究，促进交流和合作共享。充分借鉴英国的“监管沙箱”理念，做好监管科技产品在封闭环境下的测试工作，对具有技术优势的企业给予一定的容忍度，对准入、支撑、运行、压力测试等维度进行有效的完善，加强监管科技的经验积累，提升监管自动化水平和智能监管报告水平。

六是建议逐步推进监管科技的试点应用。当前金融科技试点城市已经转变为“10 + 1”体系格局，未来会有更多的城市或者试点地区被纳入金融科技创新监管试点的范围，要进一步将具备试点的地区纳入进来，充分利用大数据、人工智能、机器学习等高新技术，加快解决金融监管领域数据密集、业务流程自动化、关系复杂化的问题。

B.19 监管统一性和协调性提升

北京立言金融与发展研究院*

摘　要：　2021年3月，中央财经委员会第九次会议指出，我国近年来平台经济快速发展，虽然平台经济的地位和作用日益突显，推动了金融信息技术产业变革朝着信息化、数字化、智能化方向加速演进，但是平台经济同样也存在一些突出问题，一些平台企业发展不规范、存在风险，从另外一个维度折射出当前我国在监管体制和能力等方面与当前环境非常不匹配，这对监管机构的监管能力和手段提出了更高要求，监管机构需要把监管的统一性、协调性摆在更加重要的战略位置上，进一步夯实跨区域、跨行业、跨市场交叉性金融风险的甄别工作，提升防范和化解金融风险的能力。

关键词：　监管科技　金融科技　金融风险

中央财经委员会第九次会议指出，要健全完善规则制度，加快健全平台经济法律法规，及时弥补规则空白和漏洞，提升监管能力和水平，优化监管框架，实现事前、事中、事后的全链条监管，充实反垄断监管力量，增强监管权威性，金融活动要全部纳入金融监管。面对当前复杂的国际国内环境与形势，监管机构需要树立底线思维，针对不同类型金融机构、金融信创技术、金融业务的共性特点，明确金融科技创新应用

* 执笔人：北京立言金融与发展研究院李晶。

应遵循的监管适度性、监管规则性、监管效果性的监管要求，针对各项技术的本质特征和风险特征，提炼业界最佳实践经验，明确金融应用范围，提出专业且有针对性的监管要求，围绕金融科技创新应用在个人信息保护、交易安全性、业务连续性等方面的共性风险，从敏感信息安全的全生命周期管理、安全可靠身份验证、金融交易智能风控等要求入手，明确不可逾越的红线，全面提升监管机构的统一性和协调性。

一　金融科技对当前监管科技一致性、协调性的挑战

随着中国金融业的快速发展，金融监管部门在规范、管理和监督金融机构、金融市场等过程中面临诸多新的挑战和问题，尤其是金融科技快速发展的今天，如何界定金融科技机构的身份、如何判定产品是否具备金融属性、如何建立和完善监管制度和框架体系、如何提升技防能力等多方面问题进一步显现出来。

一是要从时间效果和准确性方面看，传统监管模式和做法大多依然采用比较传统的统计报表与现场检查相结合的方式，更多倾向于依靠金融机构主动报送监管数据和合规报告，因此这种监管模式存在明显的时滞性和不准确性。

二是要从监管穿透性和识别能力方面看，部分所谓的金融创新产品过度包装，其业务本质被其表象所掩盖，如何准确识别多领域、跨界别、跨业务的嵌套创新产品的底层资产和最终责任人存在一定难度。

三是要从监管统一性和标准性方面看，当前金融机构合规人员在业务经营范围、数据报送口径、信息披露内容与准则、金融风险意识、个人信息保护、人为操作性风险、金融消费者权益保护等方面存在理解偏差和认识不足，责任意识不强，统一标准缺失，容易造成监管标准不同，导致了各种衍生性风险。

二　监管统一性、协调性构建思路和目标

监管科技借助技术手段对金融机构进行主动监管，通过对监管政策、合规性要求和指标使用技术的方式进行数字化表达，实时采集风险信息源、抓取业务特征数据，不断推动监管模式逐步由事后监管向事前、事中监管进行转变，扎实构建事前、事中、事后全链条、无盲点、全流程的监管体系和完善配套实施监管细则，有效解决信息不对称问题，消除信息壁垒，有利于缓解监管时滞性，有利于提升监管对业务的穿透性，有利于增强监管统一性和协调性。

（一）树立底线思维，加强监管的统一性和协调性

金融科技是一把“双刃剑”，在审慎监管的框架下才能做好良性的金融创新，金融监管部门除了要继续发挥金融科技对社会和市场效率的支持作用外，还要同时树立监管底线，保证金融科技发展行稳致远。在监管政策执行过程中，需要将“真金融创新”与“伪创新”区分开来，更好地保护金融机构创新发展的积极性、能动性、创造性，对于以监管套利、无序扩张为实质的“伪创新”，要坚决予以整治和取缔。加强监管执法力度，规范行业发展，金融创新不能突破监管的底线。同时，建议在中国人民银行统一指导下，成立专门围绕金融科技发展的自律性全国社会组织机构，协调好跨部门、跨领域、跨业务等金融问题，推动金融科技行业健康发展。

（二）明确监管规则，加强金融科技产品安全性和规范性

金融监管部门要完善金融科技行业标准和监管规则，明确市场预期。金融科技产业同时具备金融属性和科技属性：金融属性体现为业务的复杂性、专业性，业务数据存在较高的保密要求；科技属性体现为业务技术的迭代速度较快、灵活性较高。未来在金融科技持续推进的大趋势下，金融科技产业

规范、技术标准亟待统一。监管部门应将涉及科技属性的产品归为科技类别，将具有金融属性的产品纳入日常监管，树立安全底线，防止过多嵌套和层叠衍生出新的金融风险。

（三）提升监管机构工作时效性，加强个人信息保护

金融监管机构要构建全国一张网、一套监管科技系统，提升日常监管的便利性和可操作性，健全数据使用规则，完善数据确权、隐私保护等相关法律法规。金融监管机构要明确数据资源具有公共属性，对数据的使用、筛选、处理等过程进行全流程管控，对用于共享或交易的数据进行严格的脱敏处理；对过度采集、使用企业和个人数据甚至盗卖数据等严重侵犯企业利益和个人隐私的行为予以严惩。

（四）防范金融科技风险，加强服务实体经济

金融科技的本质是金融，金融监管机构需要围绕服务实体经济的目标，积极推动金融科技平台落实反垄断法律法规要求，关注和防范新型“大而不能倒”风险。金融监管机构要关注互联网金融科技平台的信贷业务杠杆过长过高，非实体经济中的ABS、信托计划、联合贷款等形式将信贷资产转移到表外等问题；要积极稳妥处理好大型平台经济的公司衍生出的各种风险，尤其是大型平台公司所持有的各种交易数据有无影响到国家安全、金融安全；要全方位将大型互联网平台型公司纳入国家宏观审慎监管框架中，制定大型互联网平台公司监管细则和指导意见，加大力度整治市场乱象，防止平台经济公司的风险进行跨行业、跨领域传导。

（五）完善监管框架体系，突出监管权威性

金融监管机构要建立健全金融监管框架体系，夯实“一委一行两会”的监管框架，构建系统性金融风险的决策与协调机制，逐步实现由现在的机构监管向机构监管、功能性监管、业务监管相结合转变。金融监管机构要建立国家金融科技基础数据库、监管科技产品名录库，设立监管科技公司

“白名单”机制和“监管沙箱”机制等，进一步推动监管科技在金融监管中的应用与实施，采取试点形式逐步向全国推广。当前中国经济进入新常态，要理性对待监管包容性，防范外部环境对国内金融进行风险传导。推动建立“统一、全面、共享”的金融业综合统计体系，在金融科技标准、监管科技标准等方面制定指导细则，利用对数据要素多维挖掘的手段逐步覆盖所有金融机构、类金融机构、金融基础设施和金融科技活动，确保监管数据信息的完整性和权威性、公正性和多样性。

三　监管科技在金融风险防控中的作用

监管科技在金融场景中不断应用，为金融行业在新形势下符合监管要求带来了新的挑战，同时也为金融行业监管带来了新的契机，对维护金融体系的安全与稳定，保护金融消费者的利益和提升金融体系效率，具有至关重要的作用。

一是监管科技使监管效能更加敏捷。金融监管部门充分利用云计算和大数据等方式，将监管工具快速进行部署，对大量的错综复杂的数据进行分析和组合，利用数据分析得出相关结论。

二是监管科技能够提供实时可视化的分析模型。金融监管部门利用相关技术实时监控各种金融指标数据，及时生成报告和预警分析，通过大数据测算模型提高风险识别能力、处置能力、响应能力，及时处理风险事件和不稳定因素，提升事中监管的效率。

三是金融监管部门的风险识别趋向数字化、智能化。高效快速的识别风险是监管科技的重中之重，因此需要金融监管部门能够实时有效利用监管数据进行信息挖掘，不断发挥数据的最大效能，利用数据分析采取适宜的监管标准和尺度，防止存在区域性监管尺度不一等行为的发生。

四是监管科技为监管行为提供可衡量的标准和要求。在实际监管执法中，金融监管部门通过实现对监管数据的共享性和机构统一性，利用日常监管数据、合规数据、风险可疑数据等形成统一的可量化的标准，实现宏观监管和微观监管相统一。

五是监管科技加速监管部门的数字化变革。新技术的不断应用将原有纸质版的报告变得更加的数字化、自动化、可视化，金融监管部门可利用相关数据可以迅速收集和分析处理复杂的数据，实现了解客户 KYC 到了解数据 KYB、KYD 的转变。

六是监管科技进一步提升了监管能力。实时对监管数据收集、处理和分享，提前防范和感知金融风险，有效监测金融违规操作和潜在风险。

七是监管科技推动监管创新稳步开展。监管科技的应用场景和解决方案案例丰富但依然存在适用性等问题，还需进一步不断优化，才能有力地支撑监管规则、监管框架、监管模式、监管手段的持续创新和优化。

八是监管科技有利于多边形成合作和协同。监管科技加强了金融监管部门之间的有效合作，避免了各自为战，打破了数据壁垒，使其真正从机构监管向功能性监管转变。

九是监管科技有利于优化监管成本。金融监管部门利用监管科技的技术成果，实现监管流程和信息流的数字化、智能化、自动化，减少传统繁重工作带来的成本和人力的投入，进一步降低金融机构的合规成本，提升工作效率。

十是监管科技可以有效防范监管真空和监管套利。金融监管部门利用监管科技可以有效监测监管漏洞和不合规业务或风险苗头，有效防范金融机构规避监管、谋取不正当利益。

四　当前监管一致性、协调性面临的问题与政策建议

当前金融科技发展日新月异，监管科技伴随着金融科技发展逐步受到重视，监管科技的新模式和新理念并没有改变监管的本质和初衷，而是作为传统金融监管方式的有益补充和加强。因此，金融监管机构要继续统一思想、统一认识、统一步骤，坚持依法合规，坚持底线思维，在保证政策连续性的

基础上，继续加强监管科技在实施方面与当前金融监管体系的有效衔接和互补。

（一）面临的问题

一是在法律层面，当前我国监管科技方面的相关法律法规还不健全，不能适应金融科技、监管科技的发展，监管体系、监管能力、监管理念与欧美国家还存在很大差距，在监管数据安全、数据采集等方面还未有相关法律或法规提供保障。

二是在制度层面，围绕监管与科技深度融合的新特点，当前我国金融统计指标体系、细化监管数据颗粒度、采集范围、采集要求等还需进一步细化与明确，相关操作规范和实施规则还需进一步完善。

三是在风险传染性、复杂性方面，跨区域、跨行业、跨市场的跨界金融服务日益增多，不同业务之间相互关联、相互渗透、相互影响，金融风险错综复杂，风险传染性更强，还需要进一步制定相关规则加以防范和甄别。

四是在信息流方面，金融科技利用信息技术将业务流转变为信息流、数据流、资金流，在提升资金融通效率的同时，也打破了风险传导的时空限制和现有规则，使得风险传播速度更快，因此监管科技如何利用技术手段实现迅速预警，还需更多相关实践给予验证。

五是在金融风险方面，金融产品的风险交叉性和业务关联性不断增强，金融风险难以识别和度量，有些风险看似很小但是衍生风险很大，金融风险隐蔽性加大，传统金融监管措施很难有效加以识别、预警、控制。

（二）相关政策建议

在诸多不确定因素和问题背景下，金融监管部门通过金融创新技术手段，构建新的适合新时代中国特色社会主义思想、金融新常态的监管框架体系，利用人工智能、大数据、区块链等工具手段建立新的金融监管平台，可以采用系统嵌入、应用对接、底层技术通用、数据“可用不可看”等方式建立数字化监管协议，有效增强金融监管信息的时效性、准确性、可追溯性、不可抵赖性、预见性，为及时有效识别和化解金融风险、整治金融乱象提供支撑。

因此，金融监管部门要在顶层设计和战略部署上加强施策。

一是打破数据壁垒，防止监管套利。金融监管部门，需要进一步整合和有效利用数据，防止出现区域数据壁垒，造成监管套利。

二是探索推动整合相关数据，建立统一平台。金融监管部门要推动各类金融机构通过统一的数据接口和数据系统上报平台，提交相关监管数据，实现实时、可穿透、可嵌入等模式，整合现有金融监管部门的数据，防止混业或跨业经营的公司进行监管套利等行为，对相关数据进行分级分类，对公共数据、商业数据、个人数据等进行区别管理和管控，要将金融数据纳入国家安全体系框架范围内予以考量。

三是维系监管多方共识，捍卫金融治理框架。推动监管科技落地相关措施和政策落实是一项系统工程、复杂的工程，涉及金融业务、信息技术、国家安全、公共管理、多边外贸服务合作等多个领域，需要政产学研用等各方的协调联动、通力合作。金融监管机构要从体系构建、政策顶层设计方面加以施策，强化金融监管信息的互联互通，破除金融监管数据壁垒，构建多方联动、信息通畅、早识别、早预警的风车式管理模式，实现金融信息汇聚共享、关联分析、风险研判，构建金融协同监管的金融监管数据生态。

四是加强创新技术应用研究与联合攻关。金融监管部门要充分发挥金融高端智库研究机构的实践经验和权威作用，多方搭建交流合作平台，发挥各方专业人员在人才培训、基础技术研发、数据协同等方面的优势作用，建立健全良好的协同协作机制、联合攻关机制，聚焦金融监管重点问题和难点问题，尤其在敏感性数据安全等方面要攻坚克难，共同积极探索监管科技创新应用试点推广和应用工作。

五是建立健全数字化监管科技资源库。金融监管部门要充分整合归集不同领域、不同业态的数字化监管规则，利用自我深度学习、计算机多级融合算法、大数据人工智能学习等手段及时挖掘发现监管技术漏洞、数据漏洞，分析当前机构与监管之间的分歧和新需求，进一步加强自我完善、自我更新、自我提高、自我创新的能力。

六是逐步开展监管科技应用创新试点。监管科技作为金融科技的重要分支，目前仍然处于起步阶段，大范围推广应用的条件和时机还不成熟，因此借鉴金融科技“监管沙箱”机制，可在部分城市或部分领域逐步探索和尝试是当前工作的较好选择。因此，金融监管部门需要对当前国内金融科技发展基础较好、具备一定条件的地区，在数字支付、征信、反洗钱、供应链金融、消费类金融等金融领域逐步开展试点，逐项验证监管科技在工作机制、政策措施、技术平台等方面的可行性与有效性。在探索中，要寻找适合我国国情的监管科技应用协调机制，形成以点带面、以面带整体、以整体促发展的示范作用，同时要及时做好监管科技试点经验总结，形成一批可复制、可推广、可落地的经验做法，在试点过程中不断研究新情况、解决新问题、总结新经验，为监管科技发展打下良好的基础、探索稳妥的新路径、提出新的办法，为我国全面建设社会主义现代化国家新征程、向第二个百年奋斗目标迈进提供有力保障。

参考文献

［1］中国人民银行：《金融科技（FinTech）发展规划（2019～2021 年）》（银发〔2019〕209 号）。

［2］李伟：《监管科技应用路径研究》，《清华金融评论》2018 年第 3 期。

B.20
穿透式监管能力建设

中国农业银行股份有限公司　华控清交信息科技（北京）有限公司
拉卡拉支付股份有限公司*

摘　要： 本报告分析了金融科技穿透式监管的背景起源，递进式探讨了穿透式监管在政策层面和技术层面的应用可行性，阐述了基于安全多方计算的资金流水核验、基于区块链的跨境金融风险监测、基于大数据人工智能的反洗钱智能监控系统，分析论证了穿透式方法对提高监管效率、防范系统性风险及推动金融回归服务实体经济的作用和意义，总结了目前穿透式监管规则和标准不统一，监管科技体系整体能力欠缺、金融数据共享机制不够健全，金融基础设施建设尚存短板、监管方法有待提高等困境问题，提出了完善现代金融监管体系、加强金融基础设施建设、全面提高监管科技能力三个方面的有效建议。

关键词： 穿透式监管　监管科技　系统性金融风险

一　穿透式监管的背景和目的

（一）穿透式监管的起源

穿透式监管是一种较新的金融监管方法。穿透式监管最早可追溯到美国

---

* 中国农业银行股份有限公司叶馥郁、成鲲、刘妍；华控清交信息科技（北京）有限公司杨祖艳、时代；拉卡拉支付股份有限公司徐芳、杨懿剑。

的“看穿条款”（Look-through Provision），早在1940年，美国国会通过的投资公司法规定了“看穿条款”，对于私募基金的投资者人数，要穿透到投资公司的股东层面。之后，美国对于其之前提出的“Look-through Provision”，认为应当以每只基金作为基本单位，即一只基金对应一个客户，以此提高豁免注册的门槛。以上强调的都是运用穿透的方法去看问题，但与监管没有明显和强烈的关联表现。

2016年4月，国务院办公厅《关于印发互联网金融及跨界从事金融业务风险专项整治工作实施方案》首次对穿透式监管进行较精确的定义，即监管部门在互联网企业跨行业金融业务监管的实践过程中，应采取穿透式监管的模式。穿透式监管要求透过现象看本质。监管部门在监管时不应过多关注金融行业及产品形态，而应穿透式发掘金融行为和资金流向的实质，按照“实质重于形式”原则，强化监管效率，提升监管的实质有效性，进而防范化解金融风险。

我国目前以分业监管为主。随着国内金融蓬勃发展，金融业分化为不同子项，如证券、保险业、银行、资产管理等，不同行业类别的业务类型也千差万别。在此背景下，我国也以分业监管为指导思想，由不同金融监管机构对其辖内行业及业务进行差异化监管。在此模式下，每个环节都符合相关监管的规范和要求，但是从穿透式监管角度连贯起来看可能就存在巨大的风险隐患。因此，我们研究穿透式监管首先要立足我国金融监管模式现状，在分业监管的基础上，应用横向的功能监管模式与纵向的行为监管模式相结合的穿透方法发现风险。

（二）实施穿透式监管的目的

实施穿透式监管的目的在于提升金融市场透明度、防止发生系统性金融风险、推动金融回归服务实体经济，借助监管实现金融安全、提高监管效率和维持金融稳定。

在金融领域，金融机构和金融监管机构两者长期处于博弈中。两者的博弈结果就是金融效率的波动。监管有效性不足会使市场过于宽松，出现过度金融创新、过度投机，继而可能引发市场泡沫，降低金融市场效率；反之，当监管机构采取较严苛的监管模式时，市场易产生消极情绪，金融行业较低迷，金融行业及产品创新的激情易遭到打压，金融行业运行效率降低。穿透式监管本质是讲究实质重于形式，它并不是独立的监管模式，而是宏观审慎和微观审慎相辅相成的工具，能有效推动金融回归服务实体经济。[①] 因此，国家金融监管机构应按照产品实质和业务功能来明确对应的金融监管机构，并采取差异化的监管要求。上述方式可实现对同行业同类型业务相对公平的监管，为金融行业提供较统一的监管标准及积极的行业发展环境，刺激金融行业合法合规的开展金融创新，提升资源配置效率。

金融业的特性决定该行业各个环节参与主体的多样性及高杠杆性，故金融行业存在较多叠加风险。因此，增强金融风险管理敏感度意义重大。监管部门应通过穿透式监管击穿金融行业各产品的底层结构，以此规范金融行业各参与主体，防范金融行业系统性风险的发生。此外，穿透式监管仍应以“实质重于形式”为指导思想，将金融产品全生存周期的各个环节打通，根据产品性质的实质来确定监管要求，减少应金融产品创新及金融业高负债特性银发的系统性风险，使金融行业稳定发展。

监管套利主要包括期限套利、信用套利、流动性套利、币种套利、资本套利等，套利行为多半发生在监管制度不统一、监管体系不完善等情况下。防范监管套利主要包括两方面：一方面强调金融行业体系下的信息披露，即在金融业开发产品开展业务时，整个产品不涉及个人隐私的信息应当被完整、及时、真实、准确地披露给购买金融产品的当事人，确保金融业务开展环节在当事人之间公开透明，消除监管套利机会；另一方面金融监管机构通过穿透式监管的方法，对合格的个人投资者和机构投资者设立门槛，并通过穿透式监管击穿整个产品流程，穿透式获取最终投资者信息，以期构建公开透明的市场秩序，消除监管套利行为。

（三）穿透式监管的发展现状

近年来，我国已发布了分别针对银行、证券和保险领域加强股权管理的

---

① 孙卫：《穿透式监管的法律研究——以资产管理产品治理为例》，西南政法大学硕士学位论文，2018。

办法，以弥补监管短板。在银行业，银保监会印发了《关于进一步加强信用风险管理的通知》，要求各银行针对不同外在形式但同一本质的金融业务应统一授信管理，以全面覆盖授信业务；在证券业，证监会在《公开发行证券的公司信息披露内容与格式准则第26号——上市公司重大资产重组》中明确了交易对方穿透核查、关联关系披露等监管要求，明确了交易对方穿透核查、关联关系披露等监管要求；在保险业，保监会印发了《保险公司股权管理办法》，要求加强对保险公司股权结构和真实股东的穿透式监管。与此同时，《关于全面推进金融业综合统计工作的意见》、《支付结算合规监管数据接口规范V1.0（试行）》及《金融控股公司监督管理试行办法》等政策法规相继发布，要求行业从技术层面加快建立覆盖金融业所有领域基础设施及活动的综合统计体系，实现数据信息共享，为增强金融监管的专业性、统一性和穿透性夯实基础。诸多金融机构及科技公司也在积极探索金融科技方案，为构建穿透式监管体系供技术支撑。穿透式监管在各个领域已有初步实践，如2017年上交所加强对控股股东、实际控制人的监管力度，以穿透式监管直击上市公司实际控制人的真实情况；2017年上交所以穿透式监管的方式强化对公司实际控制人及受益所有人的监管力度，于2017年底，对中毅达“隐匿式”易主违规行为进行处分，该公司实际控制人及第一大股东均被处理，也为之后监管机构对于公司控制权进行穿透式监管提供思路。①

二　穿透式监管的应用

（一）穿透式监管的方法

1. 穿透式监管的模式

穿透式监管分为功能监控和行为监管两种模式，具体内容如下。

功能监管强调对任何跨行业、跨市场的金融产品和业务明确划分监管主

① 885财经：《2018年上海证券交易所监管重点：穿透式监管上市公司实际控制人》。

体和确定监管规则，对不同类型金融机构的相同或类似业务实行统一的或相对统一的监管标准。在功能监管模式下，某一金融机构的不同业务资金流和信息流接受相应监管机构的监测。

行为监管包括对金融系统性风险的审慎监管和对金融机构机会主义行为的合规监管，其更关注机构的行为性质，而非行业属性，以便适应混业经营的市场状况，更好地回归本源，专注主业。在此模式下，某一金融机构的所有业务资金流和信息流均接受同一监管机构的监测。

从其定义可以看出，无论功能监管还是行为监管均要打破行业壁垒，实现行业资金流和信息流共享，从而减少监管真空及监管重叠问题，回归金融本源，更好地服务实体经济发展。

2. 穿透式监管的技术应用

随着金融科技的不断发展，我国金融监管领域也在积极探索区块链、大数据、人工智能、分布式数据库及多方安全计算等技术的应用，助力完善我国金融基础设施，从技术层面推动穿透式金融监管体系的建设。

区块链技术是点对点传输、分布式数据存储、加密、共识机制、智能合约等多种技术的组合，可促进金融监管机构间的数据共享、减少信息不对称、解决多方信任协作等问题，有利于实现全方位实时穿透式监管。当前，其已在反洗钱、票据交易、证券交易、风险防控及合同存证等监管科技领域发挥了信息存证、信息共享等作用。

大数据技术是指一种对具有海量、多样、高速和价值特征的数据进行分析处理的技术，包括大数据采集、大数据预处理、大数据存储和大数据分析。当前，大数据技术在监管科技中的用户身份识别、市场交易监控、合规数据报送、法律法规跟踪、风险数据融合分析、金融机构压力测试、信息系统安全等场景发挥了重要作用。通过大数据收集和分析，金融监管机构能够穿透业务嵌套、厘清资金流向，分析风险点并及时发现隐患问题。

人工智能技术是一种通过模拟人类思维从而实现运算智能、感知智能和认知智能的技术，包括机器人、语言识别、图像识别、自然语言处理和专家系统等。通过人工智能技术，金融监管机构可对金融机构进行精准“画像”，建立交叉金融业务风险监测机制，更全面地预测系统性金融风险。目前其已在数据安全监控、投研监控及舆情监测业务中实现了大量应用，大幅提高了监管效率。

分布式数据库技术是通过横向扩展方式实现存储容量扩容和处理性能提升，允许分散的用户将各自数据存储在本地，但仍可在任何场地执行全局应用，相较集中式数据库提高了响应速度，降低了通信费用。金融监管当局在金融风险监测领域，通过建立分布式数据库大幅度提升了对海量异构数据的分析效率，实现智能风险预警。

多方安全计算（MPC）技术是一种基于密码学的隐私计算技术，其准确性和安全性有严格的密码学证明。MPC 技术凭借其使数据具有“可用不可见，可控可计量”的特点，成为解决金融领域数据安全融合共享的潜在方案，能够突破人工智能、大数据等技术在实践中面临的数据瓶颈，可在不泄露业务细节情况下配合实施穿透式监管，保护金融机构的商业秘密和用户个人隐私，为下一阶段对金融行业的宏观审慎监管和微观审慎监管夯实数据基础。

（二）穿透式监管的应用实践

当前，我国已有部分金融机构及监管部门在金融风控、反欺诈、反洗钱及跨境金融领域进行穿透式监管探索。

1. 基于 MPC 的资金流水核验

针对现有金融监管手段难以实现对资金流和信息流的完整追溯的问题，中国互联网金融协会应用基于 MPC 的资金流水核验平台，能够在保护金融机构交易信息隐私的前提下，帮助监管方核查金融机构上报的交易要素与交易行为的一致性。在此方案中，从业机构的业务数据和资金交易银行的业务交易流水数据均经 MPC 处理后输入平台，随后由平台融合计算出业务的资金流水对账结果，并发送至监管方。此方案可帮助监管方在保护企业机密和用户隐私的前提下实现对银行资金流水实施穿透式核验，免除了现场监管的实施成本，同时提高交叉性金融风险监测水平，推动金融行业健康有序发展。

2. 基于人工智能、大数据和云计算的私募基金监测系统

为有效打击以私募基金之名进行非法集资的犯罪活动，广东省地方金融风险监测防控中心（以下简称防控中心）建立了基于人工智能、大数据及云计算等技术的“私募基金瞭望塔系统”。该系统利用基于超资源融合的云计算体系，实现独立分布的超资源链接、组合、集成、通信及数据采集和更新；应用大数据处理流程的执行计划生成方法，能够全方位融合应用政务数据（工商、司法、公安、信访等）、机构报送信息及网络舆情等数据；建立金融机构股权、司法及合作企业的关联关系图谱，识别基金产品投向标的状态，并判断是否存在将基金投向关联企业进行自融的风险，实现了广东省私募基金业务事前、事中和事后的穿透式风险监测，助力提升全省金融反欺诈能力。

3. 基于大数据、人工智能的反洗钱智能监控系统

为破解当前反洗钱机制无法自发捕捉新型洗钱特征和实体关联的问题，上海黄金交易所基于交易类、资金类和库存类实时数据，结合大数据平台提供的复杂模型计算及深度挖掘功能，建立了盘中和盘后的智能反洗钱监控系统。在盘中，上海黄金交易所通过监控实时数据流并进行处理计算，及时发现并报告可疑交易；在盘后，上海黄金交易所基于大数据构建的智能指标计算模型对交易数据进行计算，建立可疑交易报告库并对可疑交易进行风险评分，在分享阈值后自动进行可疑交易数据报送。该系统实现了对资金流向的实时、穿透式监测，及时预警并拦截可疑行为，有效降低了监管当局的可疑数据分析成本。

三　我国实施穿透式监管面临的困境及对策建议

（一）穿透式监管目前面临的困难和问题

随着我国金融行业对外开放以及科技的迅猛发展，金融科技正在重构金融监管和金融业务之间的逻辑关系。特别是数字金融、普惠金融的大力发

展，以及“非接触经济”的兴起，催生了金融产品跨业务、金融业务跨机构、金融机构跨市场以及金融市场跨国界等多种复杂的市场关系，导致金融风险的形态、路径和安全边界都发生了深刻变化。许多新兴金融业务和相关从业主体游离于传统金融监管体系之外，形成了监管的灰色地带，大大提高了系统性金融风险的扩散速度增加了溢出效应，对我国金融监管形成了严峻的挑战，穿透式监管正在成为新金融时代的主要特征。在《关于规范金融机构资产管理业务的指导意见》和强监管的态势下，金融监管机构虽进一步强化了穿透的监管思路，但在具体实施过程中仍面临不少困难和问题。

1. 现代金融监管体系有待完善，监管规则和标准尚未统一。一方面我国金融行业目前实行以分业经营、分业监管为主的架构，不同金融监管机构的沟通协同机制尚不健全，无法全面掌握资金的来源、中间环节和跨行业流向，容易忽视对非持牌机构从事金融业务的监管，可能会引起因监管真空或监管重叠带来的金融风险；同时信息不对称也给监管制度和政策执行带来一定的阻碍，要突破传统的机构监管框架实现穿透式监管模式难度较大。另一方面金融科技具有跨界跨区域、更新迭代快以及混业经营等特征，已突破了分业经营和数据保护的边界。监管规则的滞后带来了监管空白，使金融科技在业务合规、技术安全、风险防控等方面无章可循；更难的是当前不同机构、不同行业和不同市场之间，产品标准、数据标准和信息标准不统一，导致尚存不少监管套利等风险问题。

2. 监管科技体系整体能力欠缺，金融数据共享机制不够健全。一是金融科技的发展导致传统的监管方式无法实现穿透式监管，强化科技监管的应用实践成了首要任务之一。我国目前还处在监管科技的初步发展阶段，各金融监管机构都在积极利用大数据、云计算和人工智能等技术建立各自的监管科技平台，但因总体规划不足，金融监管机构尚未形成“共建共享、多方协同”的良好机制，监管科技平台都是各自为政、较难打通，也面临着因监管平台重复建设等资源浪费的困境。同时，由于金融监管机构在新技术研究、科技人才储备以及基础设施支持方面都受到种种限制，平台价值仍有较大的提升空间，且科技在金融监管领域的应用是否会引发新的风险问题尚需进一步验证。二是在分业监管模式下，不同金融监管机构分散式统计管理金融数据。信息离散导致不能系统和全面掌握经济金融运行情况，难以建立交叉金融业务风险监测机制实现穿透式管理，无法提早预防和应对融科技跨界经营可能产生的系统性风险。此外，数据统计口径不一致、理解分析有偏差以及误报瞒报等导致无法掌控数据的真实性和有效性。

3. 金融基础设施建设尚存短板，监管方式方法有待提高。一是金融基础设施作为现代金融体系的稳固底盘，已被列入经济发展的顶层设计。针对交叉性金融业务的穿透式监管对金融运行的法律基础设施、会计基础设施和监管基础设施都提出了更高的要求。现在我国金融基础设施相对薄弱，在法律环境、会计准则、信用环境、保护消费者权益等方面不够健全和完善，在一定程度上制约了穿透式监管。二是金融监管机构尚未实现对金融科技的事前、事中、事后的全流程监管，虽然明确了监管的目的和方式，但在实际监管过程中仍无法实现对金融科技进行动态监测、实时追踪和及时预警。目前我国金融科技的应用整体走在世界的前列，且尚无国外成熟的经验可以借鉴。

（二）提升穿透式监管能力的建议

从金融科技发展现状及趋势来看，各种新业态、新风险不断相互融合、推陈出新，而我国目前监管能力滞后于金融科技的创新。如何在金融脱媒、利率管制等大环境中，在不改变我国以分业经营、分业监管为主的格局下，不断提升金融透明度、更好地服务实体经济、及时有效地预防和应对系统性金融风险，金融监管机构需要加快提升可穿透的“全景式”金融监管能力。

1. 完善现代金融监管体系，提高监管透明度和法治化水平。一是健全宏观审慎政策框架。穿透式监管并不是独立的监管模式，而是宏观审慎监管的一种辅助工具。要在目前“一委一行两会”的金融监管格局中，在分业监管模式下，构建宏观审慎的监管框架并明确管理边界，把游离于监管之外的金融业务、参与主体等统一纳入监管体系中，加快补齐监管短板，提升监管效能。二是优化金融监管顶层设计。实施穿透式监管的突破口就是解决规则和标准的协同问题。要优化金融监管的顶层设计和整体布局，建立健全监管基本规则体系，对同类金融业务实施统一的政策取向、执行统一的监管标准，确保金融科技在安全合规等方面有章可循，从而维护公平公正的市场竞争秩序。三是建立跨部门的协同监管机制。中央和地方金融管理要统筹协调，建立监管信息共享和沟通协作机制，做到全国一盘棋和因地制宜的属地监管统一。金融监管机构要以穿透式监管为重点，形成监管合力实现对交叉金融业务的全面监管，有效避免监管真空带来的监管套利、监管重叠导致的资源浪费以及过度监管阻碍金融创新等问题，共同推动金融科技稳步规范发展。

2. 加强金融基础设施建设，确保金融持续赋能实体经济。实体经济是我国经济的立身之本，为实体经济服务是金融的天职和宗旨。针对我国目前金融科技的创新形势，金融监管机构应积极探索一条既能牢守金融安全底线，又能审慎包容的金融监管之路，引导金融体系回归服务实体经济的根本定位。一是加快法治体系和行业标准建设。建立与金融创新和金融监管相适应的法律法规，明确资产的法律属性和监管主体，建立严格的问责机制；强化监管人员的保密意识，保护金融机构的商业秘密和投资者的个人隐私。二是建立中央银行金融会计监管体系。制定统一的会计制度、设置相同的会计科目和使用一致的核算方式，实现对资金来源和资金流向的穿透式监管，提高金融监管机构识别和管理风险的能力。积极协调金融机构会计准则和金融监管准则之间的关系，加强和改善金融会计的信息揭示和披露，压缩利用会计手段进行监管套利的空间，防止资金空转削弱金融服务实体经济的能力。三是加强行业自律和中介机构的监管。强化金融机构树立“为民经营”的服务理念和责任意识，督促金融机构严格落实穿透式管理的要求；不断加强对多嵌套产品、高风险投资者的穿透式管理。重视金融监管机构与金融机构、金融中介服务机构、工商法律系统、行业自律组织等多方合作，充分发挥媒体大众的监督作用，解决金融交易的信用问题，最大限度地拓展监管的深度和广度。

3. 全面提高监管科技能力，预防和应对系统性金融风险。防范系统性金融风险是党中央、国务院关于保护国家金融安全的战略部署。正确认识监管科技、并充分发挥监管科技的重要作用，可有效助力穿透式监管的落地和应用，及时预测和防范系统性金融风险。一是构建监管科技发展规则体系。加强监管科技的顶层设计，从基础架构、技术应用等方面明确监管规则和重点，构建对金融科技产品全生命周期的监控体系。金融监管机构在符合法律法规和政策要求的同时，可探索适用于我国的“监管沙箱”，鼓励建设区域平台或联合实验室对金融科技参与主体进行实时监测和穿透式管理，并顺势推出监管科技方面的国家标准、行业标准等，不断提高标准化工作在穿透式监管实施中的重要作用。二是建立基于监管科技的风险预警体系。金融监管机构要积极运用大数据、人工智能、区块链、多方安全计算等技术，通过研究制定风险管理模型，自动化分析金融业务本质和法律关系，穿透多层嵌套，增强金融风险技防能力。三是建设金融大数据监管体系。穿透式监管的应用有赖于大量金融业务数据的支撑。金融监管机构要完善监管数据标准体系建设，建立健全数字化监管规则库，形成完整的数据采集机制和标准管理流程；基于数据安全合规融合建立金融行业的综合统计和监管信息共享的金融科技监管数字化平台；统一各类数据的报送口径，引导金融机构积极配合实施穿透式监管，通过系统嵌入、API 等方式及时准确上报监管数据，加快推动数据共享和业务协同。四是加快监管人才队伍建设。金融监管机构要建立科学的金融科技监管人才培养制度和标准，采用多种方式加强培养现代金融监管人才，鼓励金融科技人才参与科技监管实践工作，提升监管从业人员对金融科技的全景式分析能力，从而借助专业化人才和科技力量加快推动监管工作数字化的进程，加快提升穿透式监管能力。五是探索新型科技监管工具。金融监管机构探索符合我国国情、与国际接轨的金融科技创新监管工具。目前数字货币正在准备大规模面客，可积极探索数字货币在平台类交易中的试点，实时掌握资金流向，降低事中监控成本和事后审判难度；着力提升金融监管的专业性、统一性、穿透性和前瞻性，形成金融科技创新与金融安全兼顾的双赢局面。六是加强监管科技国际化合作。[1] 在国际化大背景下，部分国家、国际组织已就监管科技开展了广泛合作，制定全球统一的监管科技标准成为国际金融监管合作的基础。我国要加强对外合作，争取在监管标准制定过程中获得更多话语权；同时在监管科技基础性技术研发方面，我们要借助国外智慧加快我国监管科技基础设施建设。

① 韩沂等：《交叉性风险穿透监管研究——基于上海银行业实践探索》，中国金融出版社，2018。

B.21

“平衡下的实践”：创新监管机制发展回顾与展望

北京数云信息服务有限公司　重庆农村商业银行

杭州云链趣链数字科技有限公司*

摘　要：　如何在支持金融创新的同时有效防控风险，这是各国监管面临的共同难题。本报告首先回顾了自《金融科技（FinTech）发展规划（2019～2021年）》发布至今，国内“监管沙箱”的发展历程，从金融监管机构、金融机构、金融科技公司、消费者以及行业自律组织等不同角度总结创新监管机制体系现状，并通过案例解读探讨监管机制创新的有益实践，体现了各参与方在金融科技生态环境中为完善和推进中国创新监管机制体系的发展所做出的共同努力。未来，本报告认为科技的迅猛发展和市场主体差异的扩大对监管机构提出了新的挑战，需要进一步加强协调机制、管理体系及技术能力建设，加强对数据使用和反垄断等行为的监控和管理，推动金融科技伦理体系建设，构建金融科技和创新监管融合试点机制，推动构建可持续的金融科技创新、应用和监管制度体系。

关键词：　监管机制　监管创新　监管沙箱　金融科技

---

* 执笔人：北京数云信息服务有限公司舒萍、穆奥时、燕羽博；重庆农村商业银行张浩、卢华玮；杭州云链趣链数字科技有限公司刘洁、安蔚。

一　创新监管机制建立的背景

（一）国外“监管沙箱”发展情况

随着新兴技术的发展，各国政府高度重视金融科技发展及生态建设，美、英等发达国家凭借良好的经济基础、深厚的产业背景、顶尖的人才储备和科研能力为监管制度的创新提供了完备的市场基础。

2015年，英国伦敦首次提出“监管沙箱”创新机制，推动金融科技生态发展，领跑全球监管创新。英国金融行为监管局（FCA）通过“监管沙箱”等创新应用，推动金融科技产业创新，深入洞察行业及时调整监管政策，促进服务的专业化和政策环境的包容稳健发展。美国也很早就开始注重完善金融监管体系，形成联盟层面监督管理与地方政府执行协同的全面监管机制，并将金融科技业态纳入现有监管体系中。

（二）国内金融科技亟须构建创新配套监管体系

金融科技的发展与城市经济状况、产业生态构成等因素关系紧密。以北京为例，北京拥有全球最多的金融科技上市公司，企业主体丰富，产业市场化程度高，这也直接推动了北京的监管创新实践，成为我国第一个落地“监管沙箱”的城市。近年来，北京、上海、深圳、杭州等地相继发布金融科技发展规划，引导相关产业的良性健康发展。

近年来频出的黑天鹅事件也在不断提醒各国政府加强风险管理和审慎监管制度的建立，由于金融科技具有业务创新、行业交叉的特点，我国在监管环境建设上也需要参考行业特点进行部署和创新。

我国的互联网及科技公司积极布局争取金融牌照，致力于成为具有科技实力和金融布局能力的综合性公司和集团，利用数据和技术优势在移动支付、互联网金融、投资理财、保险等领域开展金融业务，形成与传统金融机构异业竞争局面。由于此类业务存在行业交叉性，当前我国相关政策和监管制度尚不完善，需要在数据管理、行业行为、风险隔离上进一步明确监管要求。

二 金融科技创新监管发展现状

中国人民银行2019年印发的《金融科技（FinTech）发展规划（2019～2021年）》（以下简称《规划》）提出，通过“建立健全创新管理机制”对金融科技创新的监管进行规划，以期促进金融科技健康发展。

《规划》发布后，中国人民银行快速推进“监管沙箱”试点工作。2020年1月，中国人民银行北京营管部公示北京首批金融科技创新监管项目，截至2021年5月底，全国已有9个试点城市合计发布90个创新应用。其中，北京、上海已公布三批试点项目，深圳、苏州、雄安新区、成都、杭州各发布两批试点项目，重庆、广州各发布一批试点项目。全面梳理已经公示的创新应用发现，当前参与创新的主体以银行业持牌机构为主，创新应用具有技术前沿与场景应用结合度高、兼具创新性和不确定性、金融消费者权益保护措施和方案完备、围绕“惠民利企”金融本源等典型特征。

为了进一步规范金融科技创新监管工作开展，中国人民银行2020年10月发布了《中国金融科技创新监管工具》白皮书，正式推出符合我国国情并与国际接轨的金融创新监管工具，设计包容审慎、富有弹性的创新试错容错机制，通过“划底线、圈边线、留空间”，为金融科技提供创新路径。一是划定刚性底线，以现有法律法规、部门规章、基础性标准规则等为准绳，明确创新红线，强调监管有效性；二是设置柔性边界，平衡安全与效率的关系，运用信息披露、公众监管等柔性监管方式，让金融消费者能够参与金融科技治理，营造适度宽松的发展环境；三是预留创新空间，在固守安全底线基础上包容合理创新，使持牌金融机构享有平等参与创新的机会。中国人民银行通过发布白皮书，进一步明确监管机构在理念上摒弃传统“一刀切”简单模式，不断增强监管包容性，通过提高监管适用性，破解“一管就死、一放就乱”困局；引入创新主体、监管主体、服务主体和行业联盟的“多元联动”“多方参与”的公开监督机制，提升监管有效性。

在2020年10月，中国人民银行正式发布《金融科技创新应用测试规范》（JR/T 0198—2020）、《金融科技创新安全通用规范》（JR/T 0199—2020）、《金融科技创新风险监控规范》（JR/T 0200—2020）3项行业标准，为金融科技创新应用的创新测试、安全上线以及风险监控提供了依据。

三　创新监管机制体系的参与方

金融监管机构。如何既能支持真正的金融创新，又能防控风险，是各国监管的共同难题，这既需要监管者的前瞻性和对金融创新的鉴别力，也依赖现有监管制度、监管理念以及可用监管工具的有效运用。在中国，互联网金融从无监管式野蛮生长到风险蔓延后的严厉整治，监管力度短时间内大幅调整，业界对“互联网金融”避之唯恐不及，这种现象反映了监管者对创新的认识需要时间，也反映了现有的监管体制已经难以适应金融创新的新格局。

金融机构。当前金融科技创新类型分为金融服务和科技产品两大类，有金融机构参与的创新监管项目主要在金融服务类别中，即以提供给消费者具体的金融服务或金融产品为主要形式。为了确保创新监管的有效性，金融机构在开展金融科技创新时，一方面要充分注重消费者权益保护，通过建立消费者权益保护机制，披露试点项目信息，提供消费投诉渠道，建立风险补偿预案，保障金融消费者知情权、隐私权、信息与财产安全权、公平交易权、资金支配权等合法权益；另一方面由于采用新技术、新方法、新模式开展创新服务，其有效性、安全性、可靠性还需要进一步验证，因此金融机构需要针对相关应用建立明确的应急预案和回退方案，确保创新应用的风险在可控范围内。

金融科技公司。随着互联网技术的发展和技术向产业应用的渗透，互联网平台的优势凸显，大型头部平台掌握更多的资源和流量，造成了市场垄断和格局分化。随着金融科技的发展，传统科技公司和金融公司的界限愈加模糊，金融业务的泛滥导致金融机构在资产端的信用风险和负债端的流动性风险提升，影响行业整体信贷风险水平。以大型互联网平台企业为代表的金融科技公司需要以业务参与方的角色，更加合规地参与金融业务创新和制度建立，与行业内其他主体共同设计行业规则并严格把控风险界限，应用科技创新服务于数据安全、隐私保护和数据价值互联，助力行业健康稳定发展。

消费者。金融科技创新应用以各类产品、服务的形态供给到金融消费者，因此金融消费者也是创新监管体制中的重要参与方。在金融科技创新中，技术发展往往快于监管规则确立，新兴技术、服务模式在提升经营效率、优化客户体验的同时，可能侵犯个人信息隐私，给客户带来资金损失等风险。中国人民银行在2020年9月发布《中国人民银行金融消费者权益保护实施办法》，要求金融机构提供金融产品和服务，需要全面披露所执行的相关标准，消费者在使用金融科技创新产品和服务时，能够监督测试项目的安全合规性，保障其在隐私、资金等权益受到侵害时能够寻求补偿。

行业自律组织。在金融科技创新中，行业自律组织依据其具有的互益性、聚合性和非营利性的特点，可以从三个方面参与创新监管体系建设：一是对行业机构进行监督；二是牵头开展相关标准制订，以团标方式对成员进行创新规范；三是构建交流平台，为作为创新业务主体的金融机构和金融科技公司建立跨行业、跨机构的科技交流平台，通过组织不同禀赋的机构开展合作，促进行业良性互动健康发展。

四　自上而下完善监管机制

监管作为金融科技生态的关键环节，对营造良好的金融科技发展环境和促进行业健康发展具有至关重要的作用。总体来说，越来越多的国家和地区开始意识到金融科技的价值，并从顶层设计着手，为金融科技的创新指引发展方向，补齐监管科技短板。

创新监管机制的首要目标是在把控金融风险和技术风险的前提下，保持金融科技发展对金融服务能力和效率的正向提升作用。整个监管体系需同时具备对金融业务管理的普适性和对金融科技平台和公司监管的创新性。

从顶层设计来看，监管机构将从主体监管、功能监管等角度完善对金融科技和金融市场的管理机制，建立健全行业准入门槛、公司治理要求、业务行为规范、补偿机制等相关监管要求。对金融和非金融业务混业经营的模式，监管部门、司法部门、市场监督部门之间需要形成联动监管机制，同时监管机构要创新监管科技，满足未来监管的实时性和有效性需求。

从主体监管的角度看，当下利用技术手段、平台规则、算法技术限制市场竞争的行为屡见不鲜，严重影响金融科技环境的健康发展，对于集团公司，监管制度需要控制其垄断程度和跨业经营风险，加强对资本的约束，减少监管套利行为，避免跨业经营产生的各类金融风险。从科技公司和互联网平台监管的角度看，传统的反垄断方式偏事后惩罚和行政干预，需对垄断行为有明显的界定和判断。平台化的互联网行业具有业务起量快、市场集中度高等显著特征，需通过立法和监管环境建设遏制不公平竞争，建议在《中华人民共和国反垄断法》中补充金融科技和互联网平台相关内容。

规章制度和行业标准的建立对金融科技规范发展具有明显的促进作用。一方面，需围绕建设国际金融科技发展中心的定位，制定中长期发展规划和行动计划，以服务实体、防范风险、守正发展为基本原则，发挥金融科技带动城市建设、引领区域协同发展的重要作用。另一方面，需深化金融科技标准化建设和试点应用，联合监管部门、行业协会、头部企业、科研院校开展技术发展、监管趋势、行业风险、数据应用等领域的标准研究和制定，推动产业生态范式的形成。

五　多方合力推动监管创新

金融科技大潮下难免泥沙俱下，既要有效管理和评价金融科技创新成效，又要合理防范金融科技风险，如何平衡两者之间的关系，是摆在监管机构面前的一道难题。2019 年以来，各地、各方在此方面进行了有益的探索与研究，并取得了显著成效。

（一）“监管沙箱，先行先试”，以可控方式丰富金融产品服务、创新商业模式、扩大市场供给

金融科技创新监管试点工作开展以来，得到多地监管机构、金融机构、金融科技公司的广泛响应。截至 2021 年 5 月，全国共有 90 个“监管沙箱”项目，其中大多数项目均利用新兴技术解决长期困扰金融机构的服务手段单一、业务风险难以把控等难题。在丰富服务形式方面，多个项目采用金融科技手段提供具有明显地域特色或技术特色的金融服务，如方言服务、基于卫星遥感的农村金融服务、基于 TEE 的数字信用卡、AI 数字员工等；在提升金融机构风控能力、放大数据生产要素价值探索方面，很多项目在供应链这一数据价值密度高的领域开展对数据的深度应用探索，同时采用区块链、隐私计算等技术解决数据生产要素跨领域、跨行业流通问题，如商业银行、金融科技公司、运营商等多家机构共同申报的多方安全计算、基于区块链的供应链服务等项目。

重庆首批金融科技创新监管公示项目“支持重庆地方方言的智能银行服务”就是利用金融科技提供地域特色化金融服务方面的典型示例。该项目采用深度学习、智能数据标注等技术，针对重庆地区方言特点，结合银行金融服务场景，通过线上线下多渠道提供语音识别、语义分析等服务功能，以语音导航、多轮对话、语音指令等方式快速定位并有效满足客户金融服务需求，有效降低手机银行、ATM、智能柜台等线上 App 和线下智能机具的操作难度，满足不同社会群体，尤其是农村地区、中老年客户群体普惠金融服务需求，纾解普惠金融“最后一公里”难题。

另外，在跨行业跨机构的创新项目中，采用以多方安全学习为代表的隐私计算的项目有“政融通”在线融资、跨境结算、小微融资风控平台、差异化营销平台等；利用区块链建立合作方信任关系的项目如知识产权融资、国家电投供应链金融平台、B2B 订单管理等。其中重庆地区的“基于多方

学习的涉农信贷服务”项目，在明确获得客户授权、严格保护用户隐私和数据安全的前提下，通过运用多方学习和大数据等技术，进一步深化银行和金融科技公司合作，充分发挥双方技术和数据优势，在不传输客户明细数据的约束下，通过充分评估和交换机器学习模型，有效解决当前涉农数据质量差、来源少的问题，建立了适用涉农信贷的创新风控体系，提升银行反欺诈、客户需求洞察和贷后管理能力，提高“三农”客户信贷获取效率，有效解决“三农”客户融资难、融资贵问题。

（二）“联盟搭台，多方唱戏”，全方位、多视角把握中国金融科技发展情况

为落实《中国人民银行关于发布〈金融科技发展指标〉金融行业标准的通知》（银发〔2020〕251 号）要求，北京金融科技产业联盟组织包括金融机构、科技公司、研究机构及高校等在内的 15 家会员单位开展了“金融科技发展指数”课题研究，该课题基于《金融科技发展指标》，通过 3 套指数体系、1 个管理平台与 1 套报告，对机构、行业和区域的金融科技发展现状实施监测评估和趋势研判，为金融机构提升金融科技能力指引方向，为金融科技产业高质量发展提供支撑，为金融科技规划与政策制定提供参考。

该课题参与方根据工作内容及各家特长合理分工，成立了模型、平台、报告和运营四个小组。指数模型由浙江大学互联网金融研究院牵头构建，各参与单位共同完成了指标选取、指标权重确认等主要工作。平台开发、报告撰写由北京数云信息服务有限公司牵头，完成了需求调研和规划、平台功能设计、开发和测试等工作。在调研国内外金融科技发展现状和收集金融科技发展指数平台的数据后，各参与单位共同完成数据分析和报告撰写。北京金融科技产业联盟牵头负责课题成果的运营工作。

2021 年 6 月，该课题阶段成果通过专家评审，与会专家认为该课题研究方法科学，指数报告内容完整，现阶段指标选取合理，数据采集可得可行，模型设计思路及算法具备一定的科学性，指数平台建设思路清晰、功能完备，规划及运行具有安全、实用、灵活、可拓展的特性。

今后，该课题组将通过持续运营的金融科技发展指数平台，打造服务机构和产业的有形沟通工具，提升金融科技发展状态检测数据采集、分析及反馈的时效性与便捷度；通过发布《中国金融科技发展指数报告》，推动其成为我国金融科技行业最具影响力的报告之一；为行业监管部门、机构业务与科技部门、区域政府部门全方位、多视角把握中国金融科技发展现状与趋势提供支持。

（三）“监管倡导，机构合力”，准确掌握、客观评价金融机构数字化水平与能力现状

今天，“数字中国”已经上升为国家战略。各中小银行在数字化建设方面投入了大量的人力、财力和物力，但相对客观、全面、量化的金融数字化评估规范的缺乏，导致对金融数字化能力与水平的评价无法标准化，使得金融机构内部及外部监管机构等均难以有效、精准地评价数字化水平及能力。

2019 年中，由四川银保监局发起，由四川农信牵头，由中国民生银行成都分行、新网银行、成都银行、泸州银行、四川天府银行、达州银行、招商银行成都分行等共同参与的“区域中小银行数字化水平与能力评估专项研究与应用”课题启动。该课题从业务视角设计了数字化水平、从科技视角设计了数字化能力两方面共 12 个指标，运用专家组层次分析法和信度效度分析，通过层次单排序和一致性检验、层次总排序和一致性检验，借助探索性因子分析和确认性因子分析，构建了银行数字化水平与能力指标量表，并在四川省辖内 15 家法人机构内，以“个人消费贷款”和“个人活期存款”两个产品为例，进行了数字化水平与能力的验证。

该课题首次建立了定量衡量银行业务与产品数字化水平和科技能力的指标体系，并将评估结果图形化地展示给决策层、管理层、监管层和业务部门主管、各级信息科技部门管理者和员工，相关人员可以形象地理解和掌握所辖范围内数字化水平与能力状况，帮助其有效识别业务产品数字化的优劣势领域及科技能力有待提高之处，有利于各机构、各部门有针对性地进行持续改进和优化提升。

（四）“协会牵头，行业互助”，用科技手段推动金融机构的业务连续性管理能力建设，切实保障金融体系安全运营

2021 年是开展法人银行机构业务连续性相关风险整治工作的收官之年，为提升辖内各法人机构业务连续性治理水平，在四川省银保监局指导下，四川省银行业协会牵头组织，乐山商行、成都银行、成都农商银行、新网银行、北京数云、德勤咨询、同创永益等各机构、单位组成联合项目组，共同探索如何在金融机构的业务连续性管理能力建设方面，借助科技手段进行业务连续性管理，实现业务连续性管理的数字化与智能化，切实保障金融体系的安全运营。

该项目组以科技手段为支撑，从“可视化”、“自动化”和“数字化”三个方面进行了关于业务连续性管理能力建设的探索与实践。一是在项目组建立了业务影响分析、风险分析、预案管理和演练切换过程的管理方法与标准的基础上，借助科技手段将各主要管控环节的进度、状态进行可视化展示。二是通过科技手段实现业务影响分析、风险分析问卷统计、分析和结果计算的自动化、预案管理文档完整性自动校验、演练切换自动化。三是运用科技手段将银行的重要业务、重要系统与架构资产进行有效关联，解决业务与信息系统脱节问题。

与项目成果配套的工具涵盖了业务连续性日常维护、业务影响分析、风险分析、预案管理、应急管理、演练管理、知识库等模块。

业务连续性管理工具在功能上既能够满足业务连续性的日常性管理需求，也能够应对灾难发生时的应急指挥、应急调度、应急决策等要求，实现演练或应急时的指挥调度和大屏实时展现功能，达到统一指挥、联合行动的目的，从而提升演练智能化程度，提高切换效率，降低人为误操作造成的切换失败的风险，做到“愿演”“敢演”“能演”，进而有效提升业务连续性演练能力，切实保障金融体系安全运营。

五　总结与展望

金融科技行业的整体创新是以“先发展，后监管”为模式的，这导致

了监管缺失、风险集聚问题，亟待出台相关金融科技创新和业务监管政策，补齐监管短板，严防市场风险。

目前，中国创新监管的整体框架基本建立，各方合作在鼓励创新和有效监管方面进行了有益尝试，但是还需继续完善协调机制、管理体系及技术支持。从监管范围的角度而言，未来的金融科技监管将更加关注对数据使用和反垄断等行为的监控和管理。未来，监管机构将针对数据的采集、存储、应用、流转等全生命周期流程，在兼顾客户隐私保护和数据安全共享需求的基础上，进一步完善制度建设。

此外，随着各主体科技水平两极分化和数据市场化水平的提升，市场中可能会出现“强者愈强”的垄断局面，所以监管机构在反垄断方面要按照早期介入、严格把控的要求，严格避免部分主体垄断地位的形成。

金融科技发展规划、监管规章政策等顶层设计能力，与金融科技人才、产业基础设施等生态要素的融合创新，对产业生态的发展起到至关重要的作用，同时生态环境的优化又能为金融科技的高速发展保驾护航。

数据治理与消费者权益保护是未来金融科技行业监管的重要着力点，需要从上至下推动金融科技基础设施、大数据中心和算力中心等重要数据治理基础设施的落地，建立和健全数据管理规则，推动隐私保护和安全技术在数据管理、数据平台建设和数据交易等领域的应用；推动金融科技伦理体系建设，构建金融科技和创新监管融合试点机制，构建可持续的金融科技创新、应用和监管制度体系。

参考文献

[1] 杜艳：《国际“监管沙箱”研究》，搜狐网，2021 年 6 月 7 日，https：//www.sohu.com/a/112471593 -481893。

法律法规篇

Laws and Regulations

B.22
金融科技配套法律法规建设

北京市竞天公诚律师事务所　青岛银行股份有限公司

深圳市中信网安认证有限公司*

摘　要：随着金融科技的发展，配套法律法规的建设也在急速推进：数字化交易迅速发展，数字人民币随之进入《中华人民共和国中国人民银行法》的修订草案中；互联网贷款盛行，监管部门着手进行微观审慎监管；为应对金融与国际接轨带来的洗钱风险，我国进一步完善反洗钱相关法律法规及监管政策建设；为保护金融消费者权益，我国进一步规范了金融机构的投资者适当性审查义务，打击非法ICO、信息安全与隐私保护也成为建设重点；在权利救济领域，司法机关主动适应金融科技的发展，推出多元纠纷解决机制，推进智慧法院建设。

* 执笔人：北京市竞天公诚律师事务所李力、韩敏、唐仕豪；青岛银行股份有限公司杨斌、侯冬、赵秀娜、樊凡；深圳市中信网安认证有限公司常远、张凯、刘德龙、赵莹。

关键词：　微观审慎监管　反洗钱　隐私保护　网络安全　区块链存证

一　绪论

金融科技的快速发展改变了金融行业的业务模式，移动支付、网络借贷、互联网保险等新模式接连出现；在传统金融机构朝着数字化转型的同时，越来越多的主体，尤其是大型互联网科技企业，也参与我国金融科技行业当中。为适应技术的快速发展和大量进入的参与者，我国进行了金融科技配套法律法规的建设，现已形成宪法、法律、法规、行政规章、司法解释和行业自律守则等多层面的信息法律体系。

本报告聚焦现象、问题与规则，讨论 2020 年以来金融科技配套法律法规建设的新进展：数字金融的发展使得金融活动大幅度线上化，反洗钱问题突出，央行数字货币的发行有望为金融监管带来全新生机；金融消费者在互联网环境下面临更多风险，互联网贷款行业乱象丛生，需要更多措施保护消费者权益，实施微观审慎监管，保障金融安全；个人的智能手机与整个互联网相连接，网络安全与个人信息的规范利用对金融科技的发展也至关重要；新型金融模式的出现要求权利救济领域也能跟进相关的技术及制度，为当事人保驾护航。从对未来的积极准备到行业风险的积极监管，从对非法行为的打击到对权利受损的救济，配套法律法规的建设覆盖了金融科技的方方面面。

二　为迎接数字人民币正式实施做好立法准备

金融科技利用移动互联网从事金融活动，给传统金融监管体制、协同、标准和规则等带来一系列的挑战。为解决这些挑战，监管科技利用云计算、人工智能等新技术，以数据为核心，打造高效、合规的监管解决方案。央行数字货币是监管科技的重要内容，其在透明度、监管效率上有先天的优势，有利于完善我国对大额现金使用、跨境支付等领域的监管。我国是较早研究央行数字货币的国家，目前央行已在深圳、苏州、成都、雄安等地试点了数字人民币。随着试点城市的增多，数字人民币的真正落地指日可待。与之相配套的法律法规建设也正在跟进。

2020 年 10 月 23 日，中国人民银行发布《中华人民共和国中国人民银行法（修订草案征求意见稿）》（以下简称《人民银行法修订草案》），明确数字形式是人民币的法定形式，并明确禁止任何单位和个人制作和发售数字代币。

《人民银行法修订草案》第十九条第二款规定："人民币包括实物形式和数字形式。"该条款明确了数字人民币属于人民币的法定形式，为数字人民币发行提供了法律依据。第二十二条规定："任何单位和个人不得制作、发售代币票券和数字代币，以代替人民币在市场上流通。"第六十五条规定："制作、发售代币票券和数字代币，以代替人民币在市场上流通的，中国人民银行应当责令停止违法行为，销毁非法制作、发售的代币票券和数字代币，没收违法所得，并处违法金额五倍以下的罚款；不能确定违法金额的，处十万元以上五十万元以下罚款。情节严重的，依照第六十一条第二款的规定处罚。"

《人民银行法修订草案》将赋予数字人民币法定货币性质，为数字人民币正式在全国范围内推行奠定了法律基础。数字人民币的发行对支付系统的管理体制改革、人民币国际化等都会产生深远的影响。

三　适应互联网贷款的发展出台专项行政法规

伴随移动互联网和大数据等相关技术的空前发展，互联网金融相关业务包括互联网融资的发展也经历了从快速崛起到风险凸显再到监管专项治理的阶段。2016 ~2020 年，监管部门针对互联网金融高风险平台进行了有序处置，P2P 平台全部清零。2020 年至今，监管部门再度发力，对互联网贷款进行微观审慎监管。

2020 年 7 月 12 日，银保监会发布了互联网贷款指导意见的《商业银行互联网贷款管理暂行办法》，从业务的定义与边界、风险治理与管控、数据与模型、信息科技管理、外部合作等方面对银行的互联网贷款规定了详细的监管指引。

2020 年 9 月 7 日，《中国银保监会办公厅关于加强小额贷款公司监督管理的通知》（银保监办发〔2020〕86 号）出台，分四个方面对小额贷款公司的监管做出规定：一是规范业务经营，对小额贷款公司的业务范畴、对外融资的比例、贷款总额、贷款投向、经营范围、利率等进行了约束；二是提升经营管理能力，要求其加强资金、催收、披露、客户信息保护等工作；三是加强监督管理，对监管部门提出了“分类监管、加大处罚”的要求；四是加大支持力度，在提供环境、政策扶持、银行合作、行业自律等方面做了要求。

2020 年 9 月 13 日，国务院发布《国务院关于实施金融控股公司准入管理的决定》（国发〔2020〕12 号），明确金控准入管理，并授权中国人民银行制定监管细则《金融控股公司监督管理试行办法》（中国人民银行令〔2020〕第 4 号，以下简称《金控办法》）。《金控办法》的实施，将金融控股公司作为一个整体纳入监管，是对我国金融业以分业经营、分业监管为主的格局的完善和补充。

2020 年 11 月 2 日，银保监会和中国人民银行联合发布了《网络小额贷款业务管理暂行办法（征求意见稿）》，重点内容包括建立准入制度、限制异地展业、约束杠杆率、规范联合贷款业务、约束单户贷款上限、限制股东投资网络小贷公司的数量等。

2021 年 2 月 19 日，《关于进一步规范商业银行互联网贷款业务的通知》（银保监办发〔2021〕24 号）出台，重要内容包括：落实风险控制，要求商业银行强化风险控制主体责任，核心职能不外包；明确联合贷款出资比例、集中度指标、限额指标三项要求；严控跨区经营，要求地方法人银行不得跨注册地进行互联网贷款业务。

四　打造与国际接轨的反洗钱规则体系

总体来说，我国反洗钱相关文件的建设经历了2007年的集中建设阶段，2012年的监管趋严背景下的第二次建设阶段，2016年的反洗钱工作快步推进阶段，以及2018～2021年的双反建设、2021年的反洗钱与信息安全建设的文件建设阶段。

2020年11月，《中国人民银行反洗钱局关于进一步加强反洗钱信息安全保护工作的通知》（银反洗发〔2020〕12号），针对反洗钱信息泄露风险，明确了反洗钱义务报送机构反洗钱信息安全保障工作的八项具体要求。

2021年4月16日，中国人民银行印发《金融机构反洗钱和反恐怖融资监督管理办法》（中国人民银行令〔2021〕第3号），同时中国人民银行反洗钱局配套出台了《关于印发〈法人金融机构洗钱和恐怖融资风险自评估指引〉的通知》（银反洗发〔2021〕1号）。其中，《金融机构反洗钱和反恐怖融资监督管理办法》在适用机构、内部控制、风险管理、监督管理、法律责任等方面做了明确要求。《法人金融机构洗钱和恐怖融资风险自评估指引》则明确了双反自评估的方法论，对各机构的双反自评估内容、评估流程及方法、结果运用及管理等做了要求，并给出了自评的参考模板。

2021年6月，中国人民银行发布《中华人民共和国反洗钱法（修订草案公开征求意见稿）》。该修订草案进一步明确了反洗钱的概念和任务，反洗钱由纯粹反洗钱扩展到反恐怖主义融资、防扩散融资；监管原则从规则为本过渡到风险为本，不断完善金融系统预防体系、建立洗钱风险管控制度等，达到对资金流向追踪的目的，严防金融风险；同时添加行政处罚要求，调整罚款幅度，提高违法责任与处罚的匹配度；实现了反洗钱标准与经济金融领域国际规则的对标，推动我国金融业双向开放、深度参与全球治理。

五　加强金融消费者权益保护的指引性规则建设

随着金融理财纠纷案件的大量增加，金融消费者权益保护受到了全社会的广泛关注。2020年来，国务院办公厅、中国人民银行、银保监会及各级地方人民政府部门，陆续出台多部行政规章、规范性文件用以规范和保护金融消费者合法权益。我们对2020年1月1日起出台实施的部门规章整理如下。

2020年1月3日，银保监会出台《中国银保监会关于推动银行业和保险业高质量发展的指导意见》，明确银行保险机构要主动承担责任，建立和完善消费者权益保护有关工作机制、考核机制和监督机制；优化消费者投诉处理流程，积极参与金融纠纷多元化解工作；健全可回溯制度，充分披露金融产品和服务信息，加强宣传教育。

2020年1月17日，银保监会出台《银行业保险业消费投诉处理管理办法》，明确组织管理、银行业保险业消费投诉处理细则、工作制度以及监督管理的具体内容。

2020年4月27日，国务院办公厅出台《国务院办公厅关于同意调整完善消费者权益保护工作部际联席会议制度的函》，调整完善消费者权益保护工作部际联席会议制度，加强对消费者权益保护工作的组织领导，协调解决全国消费者权益保护工作中的重大问题和重大消费事件，组织开展对消费侵权热点和典型违法活动的治理，加大对消费者权益保护法律法规和政策的宣传普及力度。

2020年6月30日，银保监会出台《关于规范互联网保险销售行为可回溯管理的通知》，规范和加强互联网保险销售行为可回溯管理，保障消费者知情权、自主选择权和公平交易权等基本权利，促进互联网保险业务健康发展。

2020年9月15日，中国人民银行发布了《中国人民银行金融消费者权益保护实施办法》（中国人民银行令〔2020〕第5号），于2020年11月1

日起施行。《中国人民银行金融消费者权益保护实施办法》是我国金融消费权益保护领域的第一部规章，在立法上具有里程碑意义，将金融消费者的八项基本权利贯穿其中。这八项基本权利具体包括财产安全权、知情权、自主选择权、公平交易权、依法求偿权、受教育权、受尊重权、信息安全权。

2020 年 10 月 29 日，银保监会出台《关于防范金融直播营销有关风险的提示》，提醒消费者提高风险防范意识，指出当前金融直播营销存在的主要风险。

2020 年 12 月 14 日，银保监会出台《互联网保险业务监管办法》，完善售前、售中、售后的全流程服务体系，保障消费者的知情权、依法求偿权、信息安全权。

2021 年 1 月 11 日，银保监会出台《关于规范短期健康保险业务有关问题的通知》，规范保险条款的表达方式，避免产生歧义；保护消费者的知情权、自主选择权，依法求偿权等。

2021 年 1 月 15 日，银保监会办公厅和中国人民银行办公厅联合出台《中国银保监会办公厅 中国人民银行办公厅关于规范商业银行通过互联网开展个人存款业务有关事项的通知》，强化销售管理和网络安全防护，切实保护消费者的知情权、自主选择权、信息安全权等权利；规定商业银行通过互联网开展存款业务，应当严格遵守银行账户管理和反洗钱相关规定。

在立法工作向前推进的同时，行政执法也在不断加强。2020 年银保监会披露的行政处罚中与侵害消费者权益相关的事件有 270 件，罚没金额超过 9600 万元。中国人民银行官网发布的公告显示，中国人民银行相关分支机构依法对部分金融机构侵害消费者金融信息安全行为立案调查，对 3 家国有银行的 6 家分支机构及相关负责人予以警告并处以罚款，处罚金额总计高达 4087 万元。

中国人民银行金融消费权益保护局课题组在《大型互联网平台消费者金融信息保护问题研究》中指出，现阶段，大型互联网平台消费者信息保护总体状况不容乐观，尤其在格式条款、信息收集和使用、营销宣传方面争议较多。

六　出台专项法规打击非法集资类违法犯罪活动

近年来，与虚拟货币相关的投机炒作现象盛行，严重扰乱了金融秩序。ICO 融资主体良莠不齐，其中不排除通过发行数字代币用以非法集资、募集资本的可能。故 ICO 融资通常涉嫌非法集资、金融诈骗、传销等犯罪活动。2017 年国家开始着手打击非法 ICO，自 2020 年 1 月 1 日起，各行政监管机构就代币发行融资、非法集资等出台了一系列行政法规、规章及规范性文件，现整理如下。

2020 年 4 月，最高人民检察院决定成立惩治网络犯罪指导组，并于 2020 年 12 月 14 日通过《人民检察院办理网络犯罪案件规定》，为规范人民检察院办理网络犯罪案件提供了有效指导。

2020 年 12 月 21 日，国务院第 119 次常务会议通过《防范和处置非法集资条例》，并于 2021 年 5 月 1 日起施行。

2021 年 5 月 21 日，国务院金融稳定发展委员会第五十一次会议明确提出“打击比特币挖矿和交易行为，严惩金融违法犯罪活动”，这意味着后续极有可能出台法律或行政法规，对相关行为进行打击。

2021 年 5 月 18 日，中国互联网金融协会、中国银行业协会、中国支付清算协会联合发布《关于防范虚拟货币交易炒作风险的公告》（以下简称《公告》）。《公告》明确指出，在会员单位开展的业务中，不得以虚拟货币定价，不得将虚拟货币纳入保险责任范围，不得提供其他与虚拟货币相关的服务等。

在行政执法层面，监管部门集中整治虚拟货币平台，约谈相关企业。2020 年，中国人民银行深圳市中心支行针对虚拟货币交易所、非法计息炒汇交易平台进行清理整顿，并联合约谈了包括币看、星主页、行云币、UPBTC 等在内的八家企业。监管部门虽未在行政上做出相应处罚，但给虚拟货币市场带来一定的影响。

七　发布专项规范指引网络安全建设

金融科技与网络安全风险相伴相生。国务院及各部委局发布一些条例和规章，应时处理和规范时下热点网络信息安全问题，填补立法空隙。

2020年4月13日，12部门联合发布《网络安全审查办法》。《网络安全审查办法》明确了网络安全审查制度的依据和审查范围，突出了关键信息基础设施运营者的主体责任，新增非技术性因素考量作为判定因素。

2020年7月22日，公安部发布《贯彻落实网络安全等级保护制度和关键信息基础设施安全保护制度的指导意见》，该文件强调，深入贯彻实施国家网络安全等级保护制度，建立并实施关键信息基础设施安全保护制度，加强网络安全保护工作协作配合和网络安全工作各项保障。

2020年9月18日，全国信息安全标准化技术委员会秘书处发布《移动互联网应用程序（App）系统权限申请使用指南》，针对App申请使用系统权限存在的强制、频繁、过度索权以及捆绑授权、私自调用权限上传个人信息、敏感权限滥用等典型问题，给出了App申请使用系统权限的基本原则和安全要求。

2020年11月27日，全国信息安全标准化技术委员会秘书处发布《移动互联网应用程序（App）使用软件开发工具包（SDK）安全指引》，针对当前App使用SDK过程中可能面临的SDK安全漏洞、恶意行为、违法违规收集使用个人信息等问题，参考当前SDK安全最佳实践，给出了App使用SDK的安全实践指引。

2021年4月27日，中国互联网协会发布团体标准《数据安全治理能力评估方法》（以下简称《评估方法》），2021年7月1日起实施。《评估方法》以数据全生命周期的安全治理能力建设为切入点，关注数据安全治理要点和关键环节的建设情况，梳理治理能力级别并分级制定考核指标，描述了各类数据治理活动及其相关平台应遵循的数据安全治理能力要求和评估方法，包括评估等级划分方法以及数据安全战略、数据采集安全、数据传输安全、数据存储安全、数据使用安全、数据共享安全、数据销毁安全、基础安全等能力的具体评估等级确定原则。

八　完善信息合规与隐私保护的法律规范体系

随着全球数字经济的快速发展，数据已上升为国家战略资源，而对数据的掌控和应用能力也成为各行业发展的核心竞争力。与此同时，海量数据在产生、传输、存储和使用过程中所衍生出的安全问题也日益凸显。在新时代、新形势、新发展和新业态背景下，将数据安全纳入法治化轨道极具必要性和迫切性。

2021 年 6 月 10 日，《中华人民共和国数据安全法》已获表决通过，于 2021 年 9 月 1 日起实施；2021 年 8 月 20 日，《中华人民共和国个人信息保护法》发布，并于 2021 年 11 月 1 日起施行。此次立法将数据和个人信息区分开来，《中华人民共和国数据安全法》更加强调总体国家安全观，对国家利益、公共利益和个人、组织合法权益给予全面保护；《中华人民共和国个人信息保护法》则侧重于对个人信息、隐私等涉及公民自身安全的保护。

《中华人民共和国个人信息保护法》将之前相关法律、法规、标准中的实施经验和成熟措施上升为法律规范，完善了个人信息保护法律体系，提升了个人信息保护标准，有利于促进我国数字经济的良性发展。其主要内容包括：一是优化并完善了个人信息处理原则与规则，充分体现对个人权益的尊重；二是基于对个人信息跨境风险差异的考量建立了多元的个人信息跨境传输机制，并就跨境传输协议提出了规范性要求；三是明确个人信息处理者应当对其个人信息处理活动负责，并采取必要措施保障所处理的个人信息的安全；四是对个人信息保护的违法行为构建了从信用公示到刑事惩处的全方位、多维度的法律责任体系。

《中华人民共和国数据安全法》构建了“一个顶点、多维度配合”的监管体系，精确界定适用对象范围，实现了对监管与适用对象及其活动的闭环管理。其主要内容包括：一是确立了数据分类分级保护以及风险评估、监测预警和应急处置等数据安全管理各项基本制度；二是明确了开展数据活动的组织、个人的数据安全保护义务，落实数据安全保护责任；三是明确了重要数据目录认定及其出境管理的相关规定，以及境外执法机构要求调取存储于中国境内数据的法律依据；四是进一步强化了数据责任主体的法律责任及违反相关条款行为的罚则。

2021 年 4 月 26 日，在国家互联网信息办公室的统筹指导下，工信部会同公安部、市场监管总局起草了《移动互联网应用程序个人信息保护管理暂行规定（征求意见稿)》并向社会公开征求意见。该规定明确界定了监管主体及其职责，确立了“知情同意”和“最小够用”两项重要原则，细化了 App 五类相关方的主体责任和义务，提出投诉举报、监督检查、处置措施和风险提示四个方面的规范要求。

除了立法工作之外，最高人民法院和最高人民检察院也以案例的形式对个人信息保护提供了指引。2021 年 4 月 22 日，最高人民检察院发布 11 件检察机关个人信息保护公益诉讼典型案例，对就诊者、快递单、手机 App 等领域的个人信息保护问题提供案例指引。

2020 年以来，随着数据安全与隐私保护相关立法进程的推进，监管要求及行业标准也密集出台。

2020 年 9 月 23 日，银保监会引发《监管数据安全管理办法（试行)》，适用于银保监会及其受托机构，旨在建立健全监管数据安全协同管理体系，明确归口管理职责，并从数据采集和使用、监督检查以及数据安全事件应急处置等方面明确管理规定。

2020 年 2 月 13 日，中国人民银行发布《个人金融信息保护技术规范》(JRT 0171—2020)，该规范适用于提供金融产品和业务的金融业机构，规定了个人金融信息在生命周期各环节的安全防护要求，从安全技术和安全管理两个方面对个人金融信息保护进行规范。

2021 年 4 月 8 日，中国人民银行发布《数据生命周期安全规范》(JR/T 0223—2021)，该规范适用于指导金融业机构开展电子数据安全防护工作，规范定义了金融数据生命周期安全原则、防护要求、组织保障要求以及信息系统运维保障要求，以金融数据生命周期各阶段安全防护框架为主线，对数据安全管理体系建设明确要求，并以附录形式对数据采集、传输以及数据脱敏和数据水印相关领域最佳实践提供指导。

九　主动调整司法规则以适应数字金融要求

根据《中国法院信息化发展报告 NO. 4（2020）》，智慧法院的建设分为“智慧审判”、“智慧诉讼服务”和“智慧执行”三个部分。其中，司法大数据和人工智能作为底层技术，贯穿于这三个板块的建设当中。

至今，人民法院信息化3.0版已经建成，实现了全业务网上办理、全流程依法公开、全方位智能服务。智慧法院建设的下一步是人民法院信息化4.0版——以司法数据中台、智慧法院大脑、在线法院建设为牵引，建立健全在线诉讼规则、在线调解规则，全面建设在线法院，创造更高水平的数字正义。

（一）建立多层次且行之有效的纠纷解决机制

厦门设立的金融司法协同中心，建立司法保障＋金融监管＋金融服务＋行业自治等多项金融消费权益保护功能，并先后形成金融借款合同、金融担保、保险合同等审判指引，对金融纠纷中出现的热点难点问题及时做出司法裁判和回应。除上述外，银行业协会、保险业协会、证券期货基金业协会、地方金融行业协会派兼职调解员进驻中心，建立完善的金融纠纷调解组织。

《2020上海金融消费纠纷调解情况报告》显示，2020年1～10月，上海市金融消费纠纷调解中心已建立起小额纠纷快速解决机制、中立评估制度、诉调对接机制以及调解工作站机制，能快速响应调解各类金融消费纠纷，调解成功率达76.4%。

（二）公布金融审判案例指引审判工作

据调研，省级以上法院会定期公布金融审判案例作为指引。在涉及金融消费者权益保护的民事案件中，法院通常将卖方机构是否履行适当性义务，金融消费者是否对拟投资金融产品的风险及投向、收益等有充分认识，并在此基础上做出相应的投资决定，作为案件应查明的基本事实，正确分配举证责任，确定应承担相应责任的主体，依法保护金融消费者合法权益，从而进一步规范卖方机构的经营行为。

（三）规范区块链存证技术的司法应用

随着区块链技术的发展，基于区块链技术的存证业务被广泛应用于各行业。2018 年最高人民法院公布的《最高人民法院关于互联网法院审理案件若干问题的规定》，就确认了区块链固定的证据的合法性。随着司法实践的不断推进，2020 年以来区块链存证迎来了进一步的发展。以下总结了最高人民法院发布的若干文件。

2020 年 3 月 16 日发布的《关于人民法院贯彻落实党的十九届四中全会精神推进审判体系和审判能力现代化的意见》在对智慧法院建设的意见中写道："加快建设人民法院司法区块链统一平台，推进区块链技术攻关和应用场景落地，形成全国统一的人民法院区块链应用体系。"这一论断，体现了法院对技术的拥抱和支持，区块链存证的发展符合最高人民法院的导向。

2020 年 7 月 31 日发布的《关于深化司法责任制综合配套改革的实施意见》中第 28 条提及加强智慧数据中台建设："各高级人民法院应当依托智慧法院建设，大力推进辖区法院区块链技术应用，积极探索智能合约深度应用，加强以司法大数据管理和服务平台为基础的智慧数据中台建设。"其还对区块链在法院的应用提出了更细致的展望。

2020 年 8 月 5 日发布的《关于加强著作权和与著作权有关的权利保护的意见（征求意见稿）》提出，完善知识产权诉讼证据规则，支持当事人通过区块链等方式保存、固定和提交证据，有效解决知识产权权利人举证难问题。

2020 年 11 月 9 日发布的《关于支持和保障深圳建设中国特色社会主义

先行示范区的意见》，突出反映了区块链在法制建设中尤其是在审判领域的重要作用，指出将完善技术事实查明认定体系，推进区块链技术在知识产权审判中的广泛应用，全面推进区块链等信息技术在司法工作中的深度应用，提高司法工作智能化水平，全面加强智慧法院建设。

在《人民法院司法改革案例选编》中，有不少推动区块链存证的法院被作为经典案例入编。

1. 改革案例第 146 号：江苏省苏州市相城区人民法院利用区块链技术，将电子送达过程中的源数据全部上链，实现全业务流程数据实时记录存证、不可篡改，并对外提供数据溯源和验证服务，保障送达真实可信。

2. 改革案例第 149 号：福建省厦门市湖里区人民法院针对企业经营“前端塑造”，指导相关电子签约平台完善对同类电子合同纠纷在线起诉标准化指引及数据认证服务，明确接入“全在线”诉讼平台技术标准，打造“区块链保全 + 类案在线诉讼”的互联网司法新模式。

3. 改革案例第 166 号：广东省广州市中级人民法院借助区块链技术，实现信息、证据在“网通法链”智慧信用生态系统中一键固定。

十　结论

金融科技给传统金融服务赋能、提升金融普惠性、便利性的同时，也带来了一系列的挑战。作为社会生活和人类行为的指引和规范，法律法规必须要适应金融科技发展所带来的这些新变化。2020 年，在金融科技相关法律规则建设领域，我国在立法、行政、司法三个维度上均取得了显著的成果，为迎接数字人民币这一划时代的支付计算工具做好了法律法规层面的基本准备，不论是反洗钱、反恐融资、打击非法集资，还是保障信息安全、保护个人隐私，都取得了相当的立法成果，可以说为金融数字化时代的制度建设开了一个好头。

在立法方面，建议推进专项立法，完善监管框架。金融科技迅速发展扩大了其在全社会的影响，有必要进一步完善金融领域法律法规，提升金融监管立法层级，与现行监管政策、规范性文件形成有机衔接和制度合力，明确金融机构在风险评估、投资者适当性义务管理、金融消费者权益保护等方面的行为要求以及违法违规的法律后果。

在行政执法方面，建议加强监管力度，促进金融行业有序发展；发展监管科技，实现高效监管。金融监管部门是保持金融行业稳定的“强心剂”，有了有力的监管，才有稳定的金融市场。监管科技已涵盖了数据收集和数据分析两大方面：形成报告和数据管理。数据的自动处理可以大大节省监管成本，使监管更高效、更智能。

在司法方面，建议进一步完善金融纠纷多元化解机制，并加强区块链等新技术在司法领域的运用。金融监管部门要积极发挥其职能定位和专业优势，抓好已有各项多元化解决机制的落实工作，促进矛盾纠纷化解。大力推进金融仲裁，充分利用社会化纠纷解决力量和资源。进一步扩大行业协会在金融纠纷案件调解中的覆盖面。坚持将非诉讼纠纷解决机制挺在前面，加强诉调对接，进一步拓宽调解通道，将更多的金融矛盾纠纷纳入多元化解机制中，为保障金融稳定贡献力量。在存证、流程管理领域，区块链具有先天的优势，且具有标准化和透明化的特征，将区块链运用于司法，有利于更高效地解决数字金融带来的大批量的矛盾。

B.23

完善金融信用信息基础数据与信用信息主体权益保护

北京邮电大学计算机学院（国家示范性软件学院）
同盾科技有限公司*

摘　要：　本报告分析了金融科技中的信用服务支撑完善部分，阐述了完善金融信用信息基础数据与加强信用信息主体权益保护两部分内容。完善金融信用信息基础数据关键在于推动提供信用服务的征信行业发展，扩展金融信用信息基础数据维度，增加信用服务的有效供给。我国的征信行业尤其是个人征信领域仍存在供给不足、发展不尽规范等问题。对此，本报告提出了推动完善相关法律法规和规制框架、利用隐私计算等新兴金融科技技术解决数据流通共享问题等建议，以满足社会多层次、全方位和专业化的征信需求。在信用信息主体权益保护方面，中国人民银行以《征信业务管理办法（征求意见稿）》为依托保障主体信用信息安全，从信息来源合法与信息使用合规两个角度提出规范。企业在享受大数据红利的同时，需积极关注数据安全最新的政策与立法动向，建立对应的信息机构，用法律标准积极推动自身合规建设。目前，在切实维护信用信息主体知情权、异议权方面成果显著，但信用信息主体投诉、信用修复面临流程复杂，处理流程长，主体缺少指导等问题，需从国家层面推动立法建设，完善投

* 执笔人：北京邮电大学计算机学院（国家示范性软件学院）刘毓、刘嘉夕、宋美娜、欧中洪；同盾科技有限公司牛凯、康和意。

诉以及信用修复机制，拓宽投诉、信用修复渠道。

关键词：　金融科技　信用服务支撑　征信行业　主体权益保护

一　完善金融信用信息基础数据

完善金融信用信息基础数据关键在于推动提供信用服务的征信行业发展，增加信用服务的有效供给。互联网技术的进步、行业基础资源供给的完善、大数据相关新技术的应用，都为征信行业带来新机遇。然而，我国的征信行业仍有诸多问题亟待解决。本报告从我国征信行业发展现状出发，梳理我国征信行业格局，提炼我国征信行业存在的主要问题，并提出了进一步完善我国征信行业的政策建议。

（一）我国征信行业发展现状

近年来，我国征信行业以“征信为民”理念为指导，有效实施“政府+市场”双轮驱动，形成“全国+地方”双重发展战略布局，取得显著成效。目前，我国已建成世界最大的企业和个人征信系统，基本实现经济主体全覆盖。由中国人民银行牵头推动建设的、全国集中统一的金融信用信息基础数据库已成为全球覆盖人口最多、收集信贷信息量最全的企业和个人征信系统，累计收录近11亿自然人、6000万户企业以及其他组织的信用信息。可以说，全国集中统一的企业和个人征信系统是我国重要的金融基础设施，是国家金融信用信息基础数据库，在促进金融交易、降低金融风险、节约融资成本、创造融资机会、提升社会信用意识等方面发挥着重要作用。

与此同时，我国经济社会发展对征信需求快速增长，为适应全球金融科技快速发展趋势，进一步提升征信服务供给能力，二代征信系统建设也已投入运营且初见成效。2020年初，二代征信系统整体上线且运行良好，逐步实现面向金融机构和社会各界提供信用报告查询服务、征信增值服务。目前，其已具备全流程对外服务能力，顺利实现整体切换上线运行。此外，二代征信系统自上线运行以来的查询量快速上升并成为服务主力。仅2020年1月19日至5月26日，二代征信系统提供的个人和企业信用报告查询分别为1.03亿笔和2274万笔。5月26日当日，各机构查询二代格式个人和企业信用报告的数量占比已分别提升至99.9%和97.6%。

（二）我国征信行业格局初现

我国征信行业的主体——征信机构分为企业征信和个人征信两类，均由中国人民银行征信管理局管理。其中，已备案企业征信机构131家，另有41家企业征信机构被注销。截至2020年12月末，全国共有23个省份的131家企业征信机构在中国人民银行分支行完成备案。其中，北京注册公司最多，有34家，其次是上海26家，广东10家，3个区域合计占比53.4%。此外，全国共有两家中外合资企业征信机构、两家外商独资企业征信机构。

个人征信企业目前只有两家，即位于深圳的百行征信有限公司和位于北京的朴道征信有限公司。相对于欧美国家在20世纪80年代就发展成熟的个人征信行业，我国的个人征信行业的发展相对较晚。第一家个人征信机构——上海资信有限公司成立于1999年；中国人民银行征信中心则挂牌于2008年。2014年以来，在互联网金融（尤其是网络借贷）的快速发展过程中，风险不断暴露，我国个人征信行业建设相对滞后的问题开始显现。在此情况下，经监管机构同意，中国互联网金融协会联合八家先期试点市场机构共同发起成立了百行征信有限公司，以解决非传统金融机构个人征信数据的归集工作。同盾科技有限公司创始人、董事长蒋韬认为，目前我国个人征信行业初步形成了以下格局。

第一层级：全面征信机构，包括中国人民银行征信中心和百行征信有限公司、朴道征信有限公司3家。其中，中国人民银行征信中心主要负责银行等传统金融机构个人征信数据的归集整理；百行征信有限公司和朴道征信有限公司则负责互联网公司、部分消费金融机构、网贷机构等个人征信数据的归集整理。

第二层级：专业征信信息提供商，主要是上海资信有限公司、百行征信有限公司所属的八家市场机构股东（芝麻信用、腾讯征信、前海征信等）。作为专业征信信息提供商，这些公司各自负责专业领域的个人征信信息归集并无偿提供给全面征信机构。同时，作为全面征信机构的会员单位，这些公司可有偿获得个人征信信息，用以生产个人征信产品出售给各类机构。由于市场发育尚不完善，这一层级的机构目前偏少，预计未来会有较大增长。

第三层级：数据分析公司，数量则相当庞大，目前有5000~6000家市场机构从事数据分析行业。由于个人数据保护立法相对滞后，这一层级的市场目前表现为良莠不齐。随着个人数据保护相关立法与监管的不断发展，这一层级的相关机构预计会经历一次洗牌，头部机构将越来越规范，市场集中度增加。

总体来看，个人征信行业的三个层级格局初现，但尚未完善，未来会有较大发展。同时，作为个人征信行业大生态圈的重要组成部分，三个层级的公司相互依存，只要规范发展，未来必将促进我国征信行业的持续、快速繁荣。

（三）我国征信行业存在的主要问题

首先，数据、征信领域立法不尽完善，尤其是关于数据所有权、数据交易、隐私保护、征信建设等领域的相关立法较为薄弱，也尚未建立起一套行之有效的行业标准和金融机构自律准则，从而在某种程度上制约了我国社会信用体系建设。

其次，数据采集、处理标准不统一。目前，我国尚未建立统一的数据采集和处理标准，对数据采集的边界尚未厘清，且在基础环节上经常会出现数据录入错误、信息缺失、冗余重复、信息主体不明等问题，数据质量难以把控。

再次，征信数据广泛存在“数据孤岛”现象，数据割裂严重，数据隐私保护与共享矛盾突出。目前，很多可能用于征信的数据分散在多个机构中，难以得到有效的整合，因此降低了数据使用的效率。因此，征信建设需要一个开放、共享的数据应用环境，这其中不仅包括个人的金融数据，还可能包括法院、税务、工商部门的数据。但在如此海量数据汇集的情况下，数据安全和隐私保护又成为一道难题。数据泄漏事件时有发生，对应用大数据技术建立和完善征信体系形成阻碍。与之同时，不少机构虽拥有海量数据，但数据挖掘、分析、应用能力不强，且难以进行数据流通和数据共享。

最后，个人征信市场的日益增长的需求与个人征信产品和服务尚不能满足市场需求之间的矛盾仍较突出。如上文所述，目前我国个人征信企业仅有两家，中国人民银行的金融信用信息基础数据库虽有近 11 亿人的信息，但真正有信用记录的人不超过 50%，而没有记录的另外 50% 却正是消费金融需求最旺盛的人群，他们往往在商业银行等金融机构难以获得贷款。据估计，目前全国在校大学生 4000 万人，工作五年以内的毕业生 3500 万人，民政低保人群约 6000 万人，全国小微企业总的数量超过 8000 万户，这些人群和企业中大部分都是信用“白户”。

二　加强信用信息主体权益保护

征信行业发展迅速，离不开信用信息主体权益保护工作，信用主体权益保护主要是通过监管活动和征信机构义务履行来实现的。目前，在确保信用主体知情权、完善信用信息主体异议方面成果显著。然而，在保障信用信息安全、完善信用信息主体投诉机制以及推动信用修复机制建设方面，我们仍有许多工作亟待解决。

（一）保障信用信息主体信用信息安全

目前，我们已经进入了数字驱动的数据经济时代，数据成为生产要素，数据安全成为国家主权、安全和发展利益的重大现实问题。在大数据时代，汇聚了个人与企业信用价值的信息广受关注，其背后的价值不可估量。

信用信息指企业和消费者个人在其社会活动中所产生的、与信用行为有关的记录以及有关评价其信用价值的各项信息。然而，信用信息内容广泛、来源复杂，在采集和使用过程中经常涉及敏感问题，如企业商业机密、个人隐私数据等，如何保障信用信息安全是当下亟待解决的问题。加强信用信息主体权益保护，切实保障个人与企业信用信息安全，应着重从信息来源合法和信息使用合规两方面考虑。

信息来源合法。中国人民银行于 2021 年 1 月发布《征信业务管理办法（征求意见稿）》（以下简称《办法》），从保障个人与机构的合法权益出发，对信用信息采集、整理、保存和加工进行了规定。参考《办法》规定，我们可从三个方面保证信息来源的合法性：第一，征信机构在采集个人用户或者企业信息时采取“最少、必要”的原则，通过合法渠道采集征信信息且不得过度采集；第二，征信机构在采集信用信息时需征得被采集方的同意，例如采集个人信息时告知用户需采集的信息来源、范围及采集的目的等，采集非公开的企业信息时，应取得该企业法人的同意；第三，在整理、保存、加工采集来的信用信息时，应遵循客观性原则，不篡改、伪造数据。

信息使用合规。为实现信用信息安全、合理的流动，保障信息主体的合法权益及信息使用的合法合规，我们需要对信用信息进行规范管理，主要可包括以下几个方面：第一，征信机构在向信息使用方提供信用查询、信用评分评级、反欺诈等不同类型的征信业务时应当遵循合法合规的业务原则，如征信机构不得对评价结果承诺，不得使用有暗示性的内容对评价结果进行市场推广，不得以胁迫方式对信息使用者或信用主体提供征信产品或服务；第二，征信机构在向外提供征信产品或服务时，不得对征信产品和服务进行虚假宣传或以诱导的方式发布影响客观公正性的信息；第三，信息使用方在使用征信机构提供的信用信息时，应当通过合法、正规的方式，不得滥用数据；第四，征信机构不得对征信产品和服务进行虚假宣传或提供影响客观公正性的信息等。《办法》的提出一定程度上打击了市场上的“滥用、滥评”行为，对信息提供方以及信息使用方都进行了严格限制。

随着金融科技银行以及各类金融机构逐渐将业务延伸至互联网，商业银行及各类金融机构融合征信与大数据技术以及隐私计算、区块链等新一代信息技术，设计数据技术产品，开展金融科技服务。由于金融领域信用数据的特殊性，在享受大数据带来的发展红利的同时，企业需要积极关注国家出台的关于隐私信息保护与数据安全的最新政策与立法动向，将信息保护融入企业内部运作流程中，以隐私条款的形式加入对隐私信息控制、隐私数据泄漏的处理及申诉的途径，共同推动企业数据产品的合规建设。

（二）切实维护信息主体知情权

知情权的设立使得信息主体参与整个征信业务过程，充分了解其信用信息的汇聚、清洗、加工、运输、储存、使用过程。

中国人民银行在维护信息主体知情权方面工作卓有成效。

信用主体有权获取其信用信息记录，个人信用信息主体每年可以免费获取两次本人信用报告。征信中心利用金融科技与互联网技术，完成金融大数据的获取、储存、可视化等流程，创新征信服务载体，通过互联网、现场柜台、自助查询机等多种方式提供查询服务，大幅增加征信服务供给，提高信息主体获取自身信用信息的便利性，改善信用主体查询体验，培养公众关心自身信用记录的意识，从根源上规范其信用行为。征信系统信用报告年查询量飞速增长，2020 年，个人、企业征信业务日均查询量分别为 866 万次、19 万次。另外，在个人信用报告上，数据报送机构、报送时间、查询记录等信息被详细展示，信用信息主体能够充分掌握其信用消息的来源与使用状况。

中国人民银行通过一系列切实有效的举措来提升服务质量，推动社会信用体系建设。

（三）完善信用信息主体异议、投诉机制工作

信息主体享有异议权，能对其被征集的信用信息以及衍生的信用产品提出不同意见。党中央高度重视信用信息主体异议机制完善工作，主体异议机制完善工作成绩斐然。

海量数据的存储推动了新的技术革新，金融科技中的云数据、云存储等新兴技术支撑各类机构与组织建立电子信息存储系统，将各类文件资料数据

化、电子化、统一化，通过申请线上化、一体化、数据网络化，满足群众足不出户便可享受便捷信用服务的需求。

2020 年 10 月，“信用中国”网站发布《“信用中国”网站公示信息异议申诉指南》，申诉人可根据指南独立完成申诉流程，在线提出异议申请。如在申请过程中遇到问题也可电话咨询客服人员，从申诉受理到办理完成仅需 7 个工作日，申请人可根据查询码随时查询受理进度。地方政府也在持续推进信用信息异议处理工作，2020 年海南省发布《海口市信用信息共享平台个人和市场主体信息异议管理制度》。信用主体可以通过“信用中国（海口）”网站向市信用平台运行机构提交异议处理申请。

投诉权是指信用主体认定征信机构等侵害其合法权益时，可向征信业监管单位进行申诉，维护自身合法权益。

在投诉机制完善工作方面，我国征信投诉处理机构为中国人民银行、人民法院等机构。信息主体可针对冒名信贷等侵害合法权益问题向中国人民银行申请投诉，或直接向人民法院提起诉讼。

投诉机制不完善，无完整配套的法律法规，未建立全国统一的征信投诉处理平台，导致征信投诉流程复杂，处理流程长，异地投诉处理难度大，受理投诉的中国人民银行分支机构对被投诉机构无管辖权等问题仍然存在。

（四）推动信用修复机制持续建设

2020 年 11 月国务院常务会议上做出六项决定，其中第五项决定指出，需建立有利于自我纠错的信用修复机制，信用主体能依托此机制申请信用修复，来纠正失信行为、消除不良影响。对满足修复要求的信用主体，相关部门和单位需按规章制度及时将其移出失信名单。

我国《征信业管理条例》规定：“征信机构不得披露、使用自不良信用行为或事件终止之日起已超过 5 年的个人不良信用记录。”2020 年 11 月，江苏省印发《关于完善信用修复机制保障信用主体权益的通知》（以下简称《通知》），要求进一步推动与落实信用信息修复管理。江苏省公共信用信息工作机构依托网站与公共信用信息共享平台实现线上信用修复功能。网站实行“一网通办”机制，处理信用修复申请受理、审核确认、信息处理等流程，公共信用信息共享平台实现信用修复信息一体化共享。《通知》进一步推动信用修复一体化处置工作，为信用主体提供更加便利快捷的信用信息修复服务。

然而我国还处在探索信用修复机制的道路上，并未对其形成专门的立法。相较于国际上成熟的信用修复方式，我国的方法简单、无体系、无框架。例如：渠道单一化；信用主体申请信用修复时缺少建议、引导、指导，并无额外的信息帮助；缺少专门的信用修复平台；缺乏健全、一致的信用加分机制。

三　完善信用服务的建议

第一，推动完善相关法律法规和规制框架。首先，要尽快完善个人征信领域的法律法规，比如加强征信业立法工作，包括但不限于加强放贷机构信息披露的立法、加强征信行为立法以及加强债务催收的监管。其次，规制框架应秉承综合治理思路，形成政府管理、企业履责、社会监督、行业组织多主体参与，法律、技术、自律等多种手段相结合的宏观格局。另外，在政府监管层面，可研究建立征信业监管协调机制，建议组建以中国人民银行为主的征信业监管协调机制，解决征信业发展中存在的相关问题。

第二，密切跟踪并积极参与推动国家数据治理体系发展完善。推动确立统一的信息采集与处理模式，强化对数据的加密与转译处理，确保信息采集的合法、科学和统一，提升利用不同来源的“大数据”及相关技术解决企业/个人客户信用评价的全面性与客观性。

第三，推动利用隐私计算等新兴金融科技技术解决数据流通共享问题。利用区块链、大数据、密码学、人工智能等新兴技术，在保障数据安全和个人隐私的前提下，促进各个机构之间数据应用流通共享。例如，同盾科技有限公司提出的“知识联邦”等理念及据此打造的智邦平台已进入商业化实施阶段，可利用分布在不同合作机构的数据训练模型，参与各方在加密的基础上共建一个公共虚拟模型，只需要参数的交换就能够实现模型优化，而数据则始终留在本地，无须交换和合并，从而解决“数据孤岛”问题，实现数据“可用不可见”。目前，智邦平台已在60多家机构中开展应用测试。

第四，推动建立分类监管框架。以国外成熟市场举例，征信机构必须要有一个监管审批的数据模板，一般而言，该模板上的数据项目不超过200个；该模板还应清晰界定每个数据项目的含义、字节数、注意事项等。所以，征信机构不能收集数据模板之外的数据，模板之外的数据可由数据公司来负责收集。数据模板原则上不予公开，但可以此为基础，根据其生成征信查询报告。当然，数据模板也须经过监管、征信机构及会员的集体讨论，最终确定的数据项目也是非常严谨和定义清晰的，这样可在很大程度上防范乱收集数据的行为。所以，对于从事基础的消费者信贷信用信息服务的机构可采用征信业全牌照监管。此外，对于利用消费者数据进行信贷信用风险分析服务的机构亦可采用征信业专项牌照监管。但是，对于从事个人数据服务的机构且规模较大的，建议采用事后备案管理，并积极推动行业自律。

第五，在保障信用信息主体信用信息安全方面，企业需要积极关注国家出台的隐私信息保护与数据安全的最新政策与立法动向，将信息保护融入企业内部运作流程中，以隐私条款的形式加入对隐私信息控制、隐私数据泄漏的处理及申诉的途径，共同推动企业数据产品的合规建设。

第六，仍需进一步完善投诉机制。建议从国家层面推动信用信息主体投诉立法建设，建立健全征信投诉机制；推动金融科技发展，搭建统一的征信投诉处理平台，完善投诉处理流程，方便投诉者随时了解投诉进程；加强监督工作，提升金融机构提交征信系统的数据质量，从源头上避免发生征信投诉事件。

第七，在推动我国信用修复机制建设方面，可借鉴国际经验，从以下几方面完善信用修复机制，落实信用主体信息权益保护：（1）从国家层面推动信用修复立法建设，健全信用修复机制；（2）建立争议调解、救助机制；

（3）建立专门的信用修复机构，为信用主体申请信用修复时提供信息指导服务；（4）拓宽信用修复渠道，实现信用修复线上化，将信息主体、修复机构、三方机构、监管机构纳入平台。信用修复线上化不仅降低信用主体信用修复时间与金钱成本，提高机构信用修复工作效率，还能规范信用修复流程，统一信用修复标准，实现流程通用化、便利化、全国化。

参考文献

［1］何永川、熊心伟、刘洪霞、黄清林、庞凤翥：《信用修复国际比较研究》，《征信》2021 年第 39 期。

［2］蒋韬：《规范涉金融个人数据分析市场 促进普惠金融发展繁荣》，《清华金融评论》2019 年第 9 期。

［3］刘琪：《央行就征信业务管理公开征求意见》，《证券日报》2021 年 1 月 12 日，第 A03 版。

［4］2020 年 11 月 6 日中国人民银行副行长陈雨露在第三届进博会举行的“普惠金融建设和数字化发展”主题论坛上的发言，《金融时报》2020 年 11 月 8 日，https：//xw. qq. com/cmsid/20201108A09NGB00。

［5］张末冬、陈雨露：《与时俱进满足人民群众对征信信息的更高需求》，《金融时报》2020 年 5 月 28 日，第 001 版。

［6］廖理：《我国个人征信业发展现状及思考》，《人民论坛》2019 年第 20 期。

B.24
金融标准化工作综述

中国工商银行股份有限公司　中国建设银行股份有限公司
中国软件评测中心　浙商银行股份有限公司
深圳市腾讯计算机系统有限公司*

摘　要：本报告分析了金融标准整体发展情况；阐述了建立新型金融标准体系、强化标准推广实施和监管、完善标准化管理等金融标准发展规划；总结了金融标准工作成果，包括金融国际标准、国家标准、行业标准、团体以及企业标准发布情况，金融标准检测认证体系建设及实施情况；提出了“十四五”时期，金融标准化工作更要适应新发展格局，围绕金融标准顶层设计、金融标准供给、金融标准实施、金融标准国际化等方向，提升金融业整体服务质量和标准化水平。

关键词：金融标准体系　金融标准规划　标准实施检测认证

一　金融标准发展概述

金融标准是金融业健康发展的技术支撑，建设高水平金融标准体系，助力金融服务实体经济，可以有效防范金融风险，深化金融改革开放。我国在积极拥抱金融科技创新的同时，应加大金融标准建设力度，适应新技术发展

---

* 执笔人：中国工商银行股份有限公司曾海彬、王欢、闫冬梅；中国建设银行股份有限公司 郭贞、李鑫；中国软件评测中心赵亮；浙商银行股份有限公司富浩、周泽宇；深圳市腾讯计算机系统有限公司蒋增增、陈明。

趋势，积极应对国际环境变化，推动新型监管科技应用探索，以进一步提升我国金融业国际竞争力。

（一）金融标准整体发展情况

2020年全国金融标准化技术委员会（SAC/TC 180）（以下简称金标委）积极开展金融行业的标准化建设，在金融改革发展的重点、难点及热点领域发挥标准的基础性支撑引领作用。中国人民银行会同中国银行保险监督管理委员会、中国证券监督管理委员会，选取商业银行服务、金融信息服务等重点领域，积极组织开展金融领域企业标准“领跑者”活动。截至2020年底，已有2000余家金融机构及相关企业在企业标准信息公共服务平台上声明公开4300余项金融企业标准，市场主体创新活力和竞争意识显著提升。

（二）金融标准的发展要适应国际环境变化

在中美贸易争端僵持、华为被美国禁令制裁，大疆、海康威视也被美国政府列入“考虑加入限制获得美国技术名单”的背景下，我国通过核心科技的开发和应用等践行强国战略，积极促进我国科技产业结构优化和改革，旨在培养出一批具有较强竞争力的科技企业，这也是我国数字经济发展的必由之路。

（三）金融标准的发展要适应科技监管需求

在监管层面，2019年，中国人民银行印发《金融科技（FinTech）发展规划（2019～2021年）》，明确提出三年里金融科技工作的指导思想、基本原则、发展目标、重点任务和保障措施，同时对各商业银行及具备金融科技能力的企业及机构下达了金融科技建设指标，各地方政府先后出台了金融科技专项发展政策，支持金融科技的总目标建设。同时，中国人民银行于2019年12月启动金融科技创新监管试点，在北京、上海、重庆、深圳、雄安新区、杭州、苏州、广州、成都9个地区开展金融科技创新监管试点，建立了符合中国国情、包容审慎且与国际接轨的中国版“监管沙箱”，实现金融模式深度创新，并推动全域深度智能及全面普惠发展。

（四）金融标准的发展要适应新技术的发展趋势

以人工智能、大数据为代表的智能化技术不断融合落地应用，持续推动金融行业在前台的服务与营销、中台的产品与风控、后台的管理与数据等多领域发生深刻变革，形成以深度学习算法为生产工具、海量数据为生产资料的新型发展模式，深入推动金融智能化发展。

容器、微服务等云计算技术逐渐成熟，可提供极致的架构弹性能力、服务自治和故障自愈能力；且其大规模可复制能力，能够实现跨区域、跨平台甚至跨服务商的规模化部署能力，有效支持了重构金融行业 IT 运维和开发模式，并解决金融业务运维服务的自动化、定制化需求。

区块链技术快速发展，零知识证明、多方安全计算、同态加密、可信硬件等隐私保护手段日趋多样化，带来价值自由流动，推动区块链向着网络效应规模化发展。

5G 和物联网建设提速，多技术融合推动金融业转型，为移动场景下云计算、大数据、人工智能和区块链等新技术的应用落地提供基础网络环境，优化用户触达渠道，实现全流程风控，提升金融获客能力，带来金融服务业务的突破式创新。

二　金融标准发展规划

金融标准化工作的主要任务之一是建立新型金融业标准体系。党的十九届四中全会提出，“健全具有高度适应性、竞争力、普惠性的现代金融体系，有效防范化解金融风险”。中国人民银行范一飞副行长在 2018 年全国标准化工作会议上的讲话《贯彻落实十九大精神做好新时代金融标准化工作》中指出：“金融标准化工作重点：补短板、强标准、抓落实、走出去。”

我国对金融业标准体系发展规划做出了明确要求。2017 年中国人民银行会同银监会、证监会、保监会、国家标准化管理委员会共同发布了《金融业标准化体系建设发展规划（2016～2020 年）》（以下简称《规划》），对我国金融业标准化体系进行了顶层设计，加强重点标准研制，积极探索团体标准，强化标准推广实施，推进标准评估监督，提升实质性参与国际标准化活动能力。为了促进金融科技健康可持续发展，2019 年中国人民银行印发了《金融科技（FinTech）发展规划（2019～2021 年）》的通知（以下简称《发展规划》），明确提出了三年里金融科技标准化重点任务目标。总的来说，我国金融标准规划主要体现在以下五个方面。

（一）建立新型金融标准体系

不断丰富金融标准认证体系。目前，我国已基本形成了国家标准、行业标准、团体标准、企业标准协同有序发展的新型金融标准体系。2019 年，金标委进一步完善金融标准的顶层协调推进机制，强化“一行两会一局”（中国人民银行、银保监会、证监会和国家市场监督管理总局）协调推进机制。2020 年，中国人民银行成为全国认证认可工作部际联席会议的成员单位，以推动完善“金融标准＋检测认证”的金融监管模式，构建包容审慎的监管框架，增强金融标准对金融治理的支撑。金融标准认证体系除引入市场监管机构，金融行业监管机构，检测、认证机构和被认证机构外，还引入了行业协会、联盟等第三方组织，在标准制定、实施、评价、采信、监管环节形成“政府主导、企业为主、多方参与、社会监督”的多元共治的工作格局。

持续推进金融标准国际化。《规划》中明确要求加强对国际标准化组织金融服务技术委员会（以下简称 ISO/TC 68）改革的跟踪研究，重点跟踪移动金融服务、非银行支付、数字货币、密码算法、金融标准化战略等领域的国际标准化动态。我国积极参与国际标准化活动，中国人民银行数字货币研究所于 2019 年起牵头在 ITU-T SG16 开展《金融分布式账本技术应用指南》国际标准申请立项工作。2020 年 7 月正式在 ITU-T SG16 立项。

（二）强化标准推广实施和监管

《规划》要求通过法律法规与政策引导、标准示范试点、检测认证等方式，强化标准实施；发挥行业协会等社会组织作用，利用行业自律等手段，推动竞争性标准有效实施；加强金融业强制性标准实施监督，明确监管部门及责任，提高行政监管的透明度；组织对重要标准实施情况进行监督检查，开展标准实施效果评价。

强化标准实施和监管。为更好满足金融行业发展与监管需要，监管当局积极推进标准实施落地。2019 年 10 月，“国家市场监督管理总局、中国人民银行联合发布了关于《金融科技产品认证目录（第一批）》《金融科技产品认证规则》的公告”，共同推动了 11 项金融科技产品纳入国家统一推行的认证体系中，并构建了金融科技产品认证组织体系，设立了 2 家认证机构和 8 家检测机构。在 2020 年，中国人民银行发布了金融数据安全分级、云计算、分布式数据库、人工智能、区块链等多项金融科技标准，通过建立和完善认证体系实现对金融科技监管和安全治理。

以移动金融客户端监管为例，2019 年 11 月中国人民银行下发了《中国人民银行关于发布金融行业标准 加强移动金融客户端应用软件安全管理的通知》（银发〔2019〕237 号）；中国互联网金融协会启动客户端软件实名备案工作，建立了移动金融客户端应用软件备案管理系统，对移动金融客户端软件备案工作进行管理；中国支付清算协会建立了中国金融科技产品认证管理平台，对金融科技产品目录、认证机构和检测机构和认证规则、行业自律进行管理；监管部门通过两行业协会以标准助力金融科技安全与质量管理提升，切实提升金融科技监管和综合治理水平，实现标准有效落地实施。

建立金融行业标准监督评估体系。2020 年，中国人民银行为落实《发展规划》，加强金融科技应用风险防控，组织相关机构对涉及人工智能、大数据、区块链、物联网等新技术金融应用风险开展专项摸排工作，监测标准实施效果。

（三）进一步完善标准化管理规划①

在我国，金标委是国家标准化管理委员会授权，在金融领域从事全国性标准化工作的非法人技术组织。金标委负责金融标准化技术归口工作。金标委通过从不断健全组织机构、优化制度体系、创新完善工作机制、加强人才队伍建设等方面进一步完善了我国金融标准化管理，从而推动金融服务提质增效，推进金融治理现代化，提升金融体系适应性，增强金融体系竞争力。

健全完善组织架构。2020 年，根据金融行业发展趋势，我国对金融标准化工作的组织架构进行了优化（见图 1）。金标委新增设安全与基础设施、金融科技与金融数据、信息交换与业务应用 3 个专家组。

优化制度体系。2020 年，我国进一步完善金融标准化制度体系，推动制定金融标准化管理办法，持续规范金融标准化管理。金标委证券分委会对《全国金融标准化技术委员会证券分技术委员会章程》《全国金融标准化技术委员会证券分技术委员会秘书处工作细则》等规章制度进行修订。保险分委会完善章程和秘书处工作细则，启动行业标准《保险标准化工作指南》（JR/T 0038—2007）修订工作。金标委印制分委会组织制定了《中国印钞造币总公司技术标准管理办法（征求意见稿）》。

创新完善工作机制。2020 年，为推进建立地方金融标准化工作机制，鼓励金融社会团体开展团体标准研制，指导地方性金融机构开展企业标准化建设。金标委秘书处继续保持副主任委员单位轮流委派专职秘书并承担部分秘书处工作的工作模式，增强委员单位对金融标准化工作的参与度，采取秘书处和副主任委员单位合力共担秘书处工作职责的管理方式，进一步增强了秘书处的支撑服务能力。

加强人才队伍建设。为了持续加强我国金融标准化人才队伍建设，金标委于 2020 年举办了 30 期“金融标准网络直播课堂”，累计参培人数达 2 万余人次。金标委新推荐 59 名专家加入条码支付安全、自然人识别码、唯一

① 标准化管理规划引自《中国金融标准化报告（2020）》。

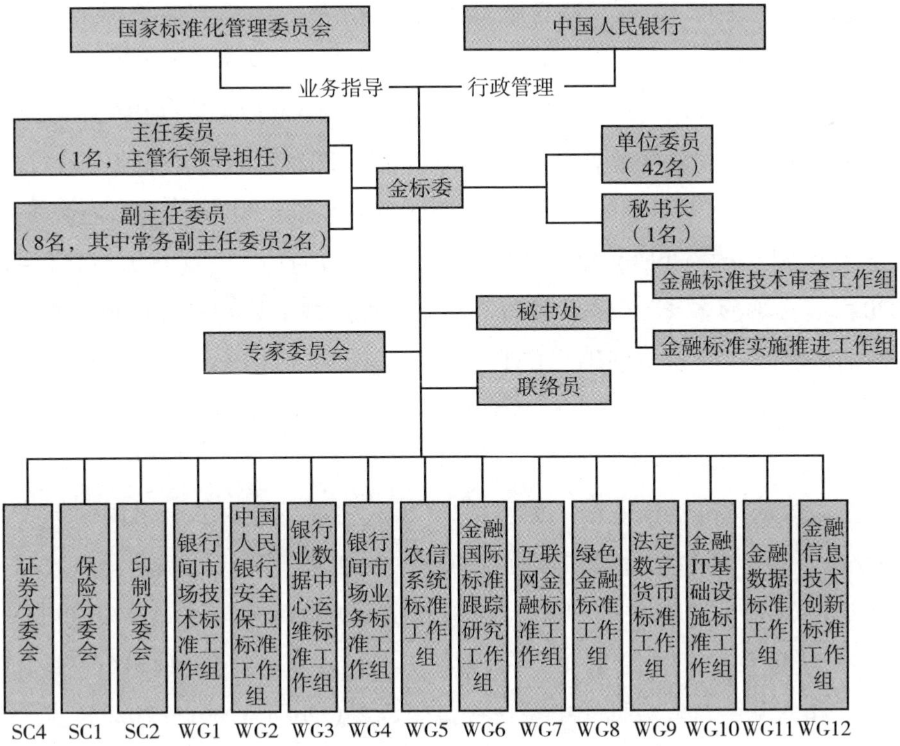

图 1　第四届全国金融标准化技术委员会组织架构

产品识别码等 23 个 ISO 工作组。截至 2020 年底，我国共有 6 人在 ISO/TC 68 国际标准化工作组中担任 8 项职务，推进金融标准国际化研究工作。

三　金融标准工作成果

（一）金融标准化体系建设[①]

1. 2020年金融国际标准、国家标准、行业标准发布情况

金融国际标准建设方面，截至 2020 年底，现行标准共有 59 项，其中包

① 金融标准化体系建设成果引自《中国金融标准化报告（2020）》。

括信息安全类标准16项，参考数据类标准15项，信息交换类标准28项。ISO/TC 68新发布了：《金融服务 国际银行账号（IBAN）第1部分：IBAN的结构》（ISO 13616－1：2020）、《金融服务 国际银行账号（IBAN）第2部分：注册机构的角色和职责》（ISO 13616－2：2020）、《金融服务 全球法人识别编码（LEI）第1部分：分配》（ISO 17442－1：2020）、《金融服务 全球法人识别编码（LEI）第2部分：数字证书的应用》（ISO 17442－2：2020）、《金融服务 参考数据 银行产品服务描述规范》（ISO 21586：2020）、《金融服务 唯一交易识别码（UTI）》（ISO 23897：2020）、《金融服务中基于网络服务的应用程序接口（WAPI）》（ISO/TS 23029：2020）7项国际标准。

金融国家标准建设方面，截至2020年底，现行有效的金融国家标准共有69项。2020年发布金融国家标准4项，分别为《开放式基金业务数据交换协议》（GB/T 39595—2020）、《证券投资基金编码规范》（GB/T 39596—2020）、《证券及相关金融工具 金融工具短名（FISN）》（GB/T 39601—2020）和《基金行业数据集中备份接口规范》（GB/T 39662—2020）。

金融行业标准建设方面，截至2020年底，现行有效金融行业标准共有280项，有效支持金融业健康发展。2020年在金融科技、普惠金融、绿色金融及供应链金融等新兴领域，编制和发布了41项标准，围绕“金融科技”，发布了《金融科技发展指标》（JR/T 0201—2020）、《金融分布式账本技术安全规范》（JR/T 0184—2020）、《云计算技术金融应用规范 容灾》（JR/T 0168—2020）等15项金融科技类标准，支撑金融科技应用，支持金融科技守正创新；围绕“金融信息安全”，发布了《金融行业网络安全等级保护实施指引 第1部分：基础和术语》（JR/T 0071.1—2020）、《金融数据安全 数据安全分级指南》（JR/T 0197—2020）等10项金融信息安全类标准，加强金融数据保护，防范网络安全风险；围绕“金融消费者权益保护”，发布了《证券期货业与银行间业务数据交换协议 第1部分：三方存管、银期转账和结售汇业务》（JR/T 0046.1—2020）等11项证券期货业标准以及《银行业集中营运规范》（JR/T 0173—2020）、《银行卡卡片规范》（JR/T 0052—

2020）、《银行非现金自助服务终端设备技术规范》（JR/T 0187—2020）等5项银行业标准，规范发展金融产品与服务，维护金融消费者合法权益。这些标准填补了我国金融标准在新兴金融科技领域、金融信息安全、金融服务领域的部分空白，有利于鼓励金融机构技术创新、规范金融业务的有序发展，为消费者提供便捷、高效和安全的金融服务。

2. 2020年金融团体、企业标准发布情况

金融团体标准建设方面，截至2020年底，在全国团体标准信息平台公开的现行有效金融团体标准共有47项。2020年，中国支付清算协会、山西省金融学会、苏州市金融学会、重庆市金融学会等制定并公开的团体标准共25项。

中国银行业协会在其官方网站发布了《村镇银行评价指标体系》（T/CBA 205—2020）、《银行业金融机构企业标准体系建设指南》（T/CBA 206—2020）、《银行产品服务手册描述指南》（T/CBA 207—2020）及《文档版本标记》（T/CBA 208—2020）4项金融团体标准。中国支付清算协会在其官方网站发布了《商业银行应用程序接口安全管理检测规范》（T/PCAC 0008—2020）和《移动金融客户端应用软件安全检测规范》（T/PCAC 0007—2020）两项金融团体标准。中国保险行业协会在其官方网站发布了《保险机构健康管理服务指引 第1部分：总则》（T/IAC CHAA 39. 1—2020）、《保险机构健康管理服务指引 第2部分：服务内容》（T/IAC CHAA 39. 2—2020）、《保险机构健康管理服务指引 第3部分：风险分类》（T/IAC CHAA 39. 3—2020）、《保险机构健康管理服务指引 第4部分：方案设置》（T/IAC CHAA 39. 4—2020）4项金融团体标准。地方性金融社会团体在团体标准制定方面也取得了丰硕成果。例如：浙江互联网金融联合会制定并公开《互联网金融组织全面风险管理指南》（T/ZAIF 1001—2020）、《互联网金融组织数据分类分级指南》（T/ZAIF 1002—2020）等8项团体标准；重庆市金融学会制定并公开《金融机构标准化工作水平评价指标规范》（T/CQJR 001—2020）、《绿色信贷基础数据元》（T/CQJR 002—2020）两项团体标准；苏州市金融学会制定并公开《智能网点服务规范》（T/SFBS 001—

2020）、《苏州市银行业 RPA 项目实施规范》（T/SFBS 002—2020）两项团体标准；山西省金融学会制定并公开《银行机构现金服务消毒规范 第 1 部分：现金》（T/SXPFS 0001. 1—2020）、《银行机构现金服务消毒规范 第 2 部分：机具》（T/SXPFS 0001. 2—2020）、《银行机构现金服务消毒规范 第 3 部分：场所和人员》（T/SXPFS 0001. 3—2020）3 项团体标准。

金融企业标准建设方面，2020 年，中国人民银行持续推动金融企业标准化建设。在金融领域企业标准“领跑者”活动的带动下，持续推进金融企业标准自我声明工作，促进了企业标准建设水平的提升和共享交流。截至 2020 年 12 月 31 日，在企业标准信息公共服务平台公开的金融领域企业标准数量达 4307 项，企业标准自我声明公开效果显著，市场主体创新活力和竞争力显著提升。中国工商银行、中国农业银行、中国银行、中国建设银行、交通银行、中国邮政储蓄银行 6 家国有大型商业银行在企业标准信息公共服务平台公开金融服务领域标准 46 项。其中，中国工商银行公开《移动金融客户端应用规范》（Q/ICBC 3501—2020）等 5 项企业标准；中国农业银行公开《金融分布式账本技术应用要求》（Q/ABC 57—2020）等 5 项企业标准；中国银行公开《中国银行网上银行服务标准》（Q/BOC 8001—2020）等 5 项企业标准；中国建设银行公开《中国建设银行“建行到家”建设和服务规范》（Q/CCB 1009—2020）等 12 项企业标准；交通银行公开《交通银行应用程序接口规范》（Q/BOCOM 00004—2020）等 5 项企业标准；中国邮政储蓄银行公开《中国邮政储蓄银行营业网点服务规范》（Q/PSBC 0009—2020）等 14 项企业标准。恒丰银行、民生银行、招商银行、浙商银行等 10 家全国性股份制商业银行在企业标准信息公共服务平台公开金融服务领域标准 45 项。各地中小银行、保险机构、证券期货基金公司、支付机构等也积极跟进。例如：江苏银行公开《江苏银行网上银行服务标准》（Q/JSB 0001—2020）等 5 项金融服务领域企业标准；中国人民财产保险股份有限公司公开《电子保单服务规范》（Q/PICC 010—2020）等 25 项保险业领域标准；腾讯集团公开《移动支付客户端应用安全规范》（Q/TX 011—2020）等两项金融服务领域企业标准；蚂蚁科技集团公开《金融分布式账本技术应用规范》（Q/200001 AF 1002—2020）等两项金融服务领域企业标准。截至2020年底，公开的金融服务领域企业标准共计3924项。广电运通、少士电子、福建升腾等金融相关企业依据创新技术成果，加快技术标准制定和修订工作，在企业标准信息公共服务平台公开支付机具、清分机等领域企业标准共计382项。

（二）标准实施与检测认证

中国人民银行采用金融科技柔性监管方式，会同有关部门建立健全金融科技标准、检测、认证技术链条，助力构建行业监管、社会监督、协会自律、机构自治的多位一体治理体系，检测认证体系是中国人民银行实现对金融行业监管的主要手段之一。

1. 金融标准检测认证体系

2020年12月，金标委秘书处金融标准实施推进工作组发布了《2020年中国金融标准检测认证白皮书》，对现行金融标准认证体系进行了说明（见图2）。

截至2020年11月底，开展金融行业认证的认证机构达到16家，同比增加45%；检测机构17家，与近三年机构规模基本持平。

2. 检测认证标准及其实施情况

认证依据依然以行业标准为主，用于检测认证的标准中89项为行业标准，占到现有检测认证依据的84%；团体标准在2019~2020年增长迅速，较2018年底翻了两番。国家标准和企业标准作为认证依据的项目也有一定程度的增加。

截至2020年11月，金融标准认证业务达到45项，包括银行营业网点服务认证、非银行支付机构支付业务设施技术认证、移动金融技术服务认证等，应用金融领域标准106项，2020年新增认证7项，年增长率为18%。目前金融行业已有27项金融服务认证、11项国推产品认证、7项一般产品认证在行业内应用。[①]

① 以上数据引自《2020年中国金融标准检测认证白皮书》。

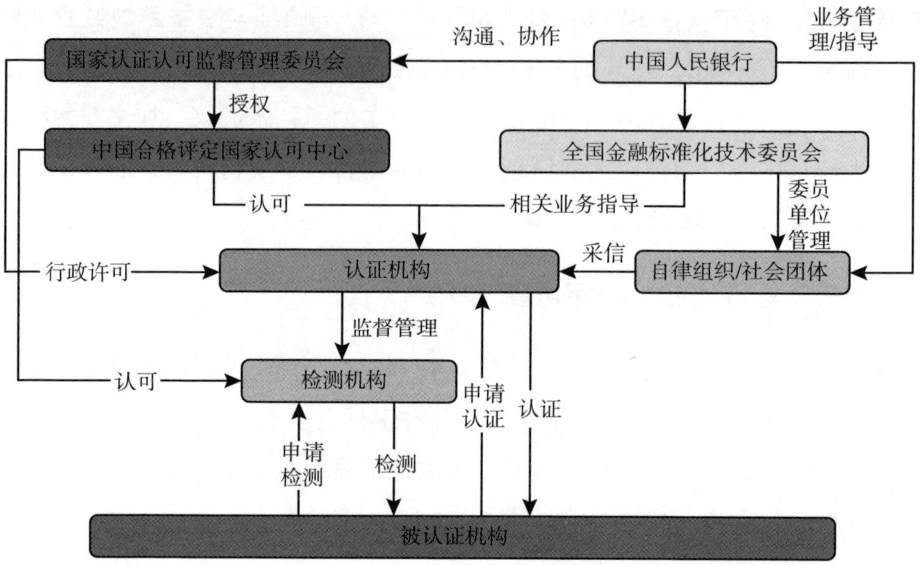

图 2　金融标准认证体系

资料来源：《2020 年中国金融标准检测认证白皮书》。

3. 金融领域检测认证新探索情况

中国人民银行已经会同有关部门建立健全金融科技标准、检测、认证技术链条，同时在金融科技创新的安全、监控和测试方面形成了多项标准，包括在金融数据安全分级、商业银行应用程序接口、区块链、云计算、多方安全计算、分布式数据库、人工智能等新兴金融应用加快金融产业数字化转型升级关系密切的领域不断完善标准体系，同时也正在筹建相关认证制度，后续将发布《金融科技产品认证目录（第二批）》应用于整个金融行业，以指导金融机构技术实施和检测认证机构进行标准符合性评价，实现监管部门对新技术的有效监管。

（三）金融标准应用成效

2020 年，金融科技以贯彻落实党中央、国务院决策部署为基础，在《金融科技（FinTech）发展规划（2019～2021 年）》指导下，标准化改革得以深入推进，标准化事业得到了持续深入发展，有效满足了金融服务高质量发展对标准化提出的要求，有效支持金融治理能力现代化建设，提升金融服务实体经济能力。

1. 金融标准有效供给支撑构建高标准金融市场体系。高标准铸就高质量，在金融标准化科学顶层设计和推进下，高质量金融标准体系得以深入实施，金融国家标准、金融行业标准、金融团体标准进一步满足金融服务和管理需要，金融领域企业标准“领跑者”活动影响力不断提升，标准、检测、认证等环节衔接配套进一步健全，金融标准供给数量、效率和质量均有提高，有效推进金融市场的基础制度、要素配置、监管机制等方面高质量提升，激活金融市场主体活力，支持金融市场以高标准规范发展。

2. 引导金融机构高质量发展。标准化不仅发挥规范、要求的作用，还为各金融企业提供了能力评估方法、最佳实践指南等，如多方安全计算金融应用、网上银行系统、云计算技术金融应用、金融分布式账本、银行业集中营运等规范，为新时期的数字化创新提供了指导，推进金融业数字化转型。在金融标准化大力推广下，金融科技标准化成果加快在全行业共享，有效发挥了行业指引作用，促使各金融企业对标准找差距，用标准提质量，以标准促服务，在国标、团标等基础上加强实践，不断丰富企业标准等资产，推动企业持续向数字化、平台化、智慧化高质量发展迈进。

3. 保障和提升金融服务水平和质量。金融科技标准化工作持续应坚持金融服务实体经济、人民生活的初心。2020 年以来，中国人民银行、银保监会等监管机构陆续发布了疫情防控金融服务、推进解决老年人运用智能技术困难、普惠信贷支持、高质量服务乡村振兴等指导性文件，并在支持疫情防控、支持中小微企业复工复产、全面建成小康社会等方面发挥了标准化作用，进一步在疫情时期保障了金融服务开展，全力为金融服务提质增效。

4. 引导金融科技进入健康发展的快车道。2020 年发布的国标、行标中有 10 项属于新技术范畴，覆盖了云计算、大数据、分布式数据库、多方安全计算、区块链等热点领域，发布了支付风险智能防控、个人金融信息保护、金融数据安全分级、移动金融客户端等规范，强化了金融科技风险防控，充分体现了标准的前瞻性、先进性，构建了新技术应用基线。同时，金融标准评估工作得以有效开展，强化了标准化的实施与监督，有效防范金融科技发展无序化、泡沫化，为金融企业应用新技术以及新技术健康发展提供了很好的指导，正向发挥了标准引领的作用。

5. 促进金融国际接轨和多边合作。金融科技标准和规范作为通用技术语言，能高效促进各经济主体业务、平台、技术、数据等的互联互通，加强国际交流与合作。国际标准引入进程加速，全球法人识别编码（LEI）实施成果显著，支持我国金融市场与国际接轨；标准国际化工作持续推进，我国专家召集制定的ISO金融服务标准《银行产品服务描述规范》正式发布。同时，区块链、移动支付、绿色金融等多项国际标准也在推进之中，不断扫清金融多边合作的障碍，有力促进实体经济协同健康发展。

四　金融标准未来展望

随着中国经济的快速发展，国内已形成了以国内大循环为主体、国内国际双循环相互促进的新发展格局。《中华人民共和国国民经济和社会发展第十四个五年规划和2035年远景目标纲要》绘制了高标准市场体系建设蓝图，金融市场作为现代市场经济体系的重要组成部分，发挥着重要的基础作用。“十四五”时期，金融标准化工作更要适应新发展格局，围绕金融标准顶层设计、金融标准供给、金融标准实施、金融标准国际化等方向，提升金融业整体服务质量和标准化水平，奋力谱写金融标准化工作高质量发展新篇章。

一是强化金融标准顶层设计，加大金融标准供给。新时期应强化金融标准顶层设计，贯彻落实国家标准化战略，建立健全与金融治理现代化相适配的金融标准体系。一方面聚焦新兴领域、重点领域，围绕金融风险防控、普惠金融、绿色金融、产业链供应链金融、金融科技、数字金融等领域标准化需求，加快先进金融标准制定和修订工作，助力深化金融供给侧结构性改革。另一方面，推动金融团体标准规范发展，引入企业标准化良好行为评价机制，构建多层次标准供给体系。

二是强化金融标准实施，提升金融产品和服务质量。推动金融机构向金融消费者披露金融产品或者服务所执行的强制性标准、推荐性标准、团体标准或者企业标准。建立健全标准、检测、认证技术链条，发挥检测认证推进标准落地实施的作用。围绕金融标准促进质量强国建设、支持金融服务乡村振兴、引领金融行业数字化转型等方面开展标准宣贯、标准试点、企业标准“领跑者”等活动，推动金融标准实施取得实效，进一步提升金融服务水平。

三是强化金融标准国际交流，助力金融市场双向开放。在新发展格局下，秉持“技术专利化、专利标准化、标准国际化”理念，积极参与数据安全、数字货币等国际规则和数字技术标准制定，在“一带一路”沿线国家贡献中国金融标准化智慧，推动标准制度型开放，助力金融基础设施互联互通。

参考文献

［1］中国人民银行：《金融科技（FinTech）发展规划（2019～2021年）》（银发〔2019〕209号）。

［2］中国人民银行等：《金融业标准化体系建设发展规划（2016～2020年）》。

B.25
金融消费者权益保护

微众银行　杭州趣链科技有限公司　南京三百云信息科技有限公司*

摘　要： 本报告阐述了我国金融消费者保护权益的相关内容，结合案例简单介绍了金融消费者所拥有的权益，简述从2006年至今我国颁布的保护金融消费者权益的相关政策及法律法规，介绍了当金融消费者的权益受到侵害时可以寻求帮助的金融组织，结合金融消费者权益保护的内容分析了金融消费者权益保护的意义，展望了金融消费者权益保护的未来发展趋势，从政府、金融机构、消费者三个角度提出了金融消费者权益保护的建议。

关键词： 金融　金融消费者　权益保护

一　金融消费者权益保护的定义及内容

现如今互联网行业发展迅速，社会数字化进程加快，消费者的消费类型也在慢慢发生转变。传统的线下消费已不再能满足消费者的需求，消费者对线上购物、线上理财及接受线上金融服务等新型网络消费的需求逐步增加，各类企业、金融机构的经营模式也在不断创新。这虽然推动了我国数字经济的发展，但是一系列新型的金融欺诈骗局也应运而生。加强金融消费者权益保护工作，是防范和化解金融风险、维护金融体系长期稳定运行的重要内容。

---

* 执笔人：微众银行魏思远；杭州趣链科技有限公司杜静漪；南京三百云信息科技有限公司马晓丹。

（一）金融消费者的定义

金融消费者是金融市场的重要参与者，也是金融业持续健康发展的推动者。“金融消费者”的概念由原银监会在2006年发布的《商业银行金融创新指引》中首次被提出，但目前我国在立法层面尚未有明确的定义，该定义主要由金融监管部门及行政机构提出。中国人民银行在2016年12月发布的《中国人民银行金融消费者权益保护实施办法》规定，“本办法所称金融消费者是指购买、使用金融机构提供的金融产品和服务的自然人”。随后在2020年9月由中国人民银行发布的《中国人民银行金融消费者权益保护实施办法》规定，“本办法所称金融消费者是指购买、使用银行、支付机构提供的金融产品或服务的自然人”。

（二）金融消费者的权益

国务院办公厅在2015年11月13日就我国金融消费纠纷现状印发了《国务院办公厅关于加强金融消费者权益保护工作的指导意见》（以下简称《意见》），在《意见》中着重强调了金融消费者所具有的八项基本权利，即财产安全权、知情权、自主选择权、公平交易权、依法求偿权、受教育权、受尊重权、信息安全权。金融机构要自觉遵守保障金融消费者的基本权利，依法开展金融服务。

1. 保障金融消费者财产安全权

金融机构应当依法保障金融消费者在购买金融产品和接受金融服务过程中的财产安全。金融机构应当审慎经营，采取严格的内控措施和科学的监控手段，严格区分机构自身资产与客户资产，不得挪用、占用客户资金。

在2016年，某先生到某银行的自助存取款机进行取款操作时，正常插入银行卡输入正确密码选择取款金额后，自助存取款机提示“取款交易成功”，但出钞口并没有吐出钱款。此时银行已经下班，焦急之中其看到自助取款机右上角贴着一张操作须知，下方有一个类似官方热线的电话号码，其遂拨打了该电话，并按照电话中的指示将自己卡内的13万余元分三次转入对方指定的账户，且在离开前留下了银行卡，待第二天再取回银行卡和现金。第二日某先生再次回到银行时，向银行查询卡内余额才意识到自己被骗，后进行报警，并向监管部门进行了投诉。银行未采取严格的内控和监控手段，未及时发现自助取款机已被诈骗团伙做了手脚，某先生也过于信任电话中的内容，造成了损失。

在2020年全年金融机构罚单中，利用职务侵占客户资金的罚单占比达9%，严重侵犯了金融消费者的财产安全权。

2. 保障金融消费者知情权

金融机构应当以通俗易懂的语言，及时、真实、准确、全面地向金融消费者披露可能影响其决策的信息，充分提示风险，不得发布夸大产品收益、掩饰产品风险等欺诈信息，不得进行虚假或引人误解的宣传。

时至今日，便利的线上投保、线上借贷已成为许多金融消费者的选择。但该领域存在大量掩饰风险、模糊重点、虚假宣传的行为，例如在营销话术中未明确定义具体利率，未明确具体参保费用，导致消费者在借贷、参保后被收取额外的费用，欺骗误导消费者，侵害了消费者的知情权。

3. 保障金融消费者自主选择权

金融机构应当在法律法规和监管规定允许范围内，充分尊重金融消费者的意愿，由消费者自主选择、自行决定是否购买金融产品或接受金融服务，不得强买强卖，不得违背金融消费者意愿搭售产品和服务，不得附加其他不合理条件，不得采用引人误解的手段诱使金融消费者购买其他产品。

现如今金融机构在促销产品时使用的手段繁多，饥饿营销、捆绑销售、价格先低后高的情况时有发生。金融机构在兜售产品服务时以产品有限为由，限时限量，抬高价格的同时捆绑其他消费者可能并不需要的产品。有些金融机构在线上为消费者提供服务时，自动为消费者开通一些不必要的付费项目，消费者可能在数月后才发现。这些行为都侵犯了金融消费者的自主选择权。

4. 保障金融消费者公平交易权

金融机构不得设置违反公平原则的交易条件，在格式合同中不得加重金融消费者责任、限制或者排除金融消费者的合法权利，不得限制金融消费者寻求法律救济途径，不得减轻、免除本机构损害金融消费者合法权益应当承担的民事责任。

某客户在去银行办理贷款业务时，被客户经理告知，如客户帮忙销售出5张ETC卡，则可以享受贷款基准利率，若不接受此条件则贷款利率将会上浮5%。最终该客户并未销售出5张ETC卡，实际执行的利率为上浮5%的标准。最终该客户认为销售ETC卡与自己的还款能力并不关联，该条件纯属强制搭售，遂投诉至当地监管部门予以处理。销售人员私自向用户承诺合同外的条件，损害了金融消费者的公平交易权。

5. 保障金融消费者受教育权

金融机构应当进一步强化金融消费者教育，积极组织或参与金融知识普及活动，开展广泛、持续的日常性金融消费者教育活动，帮助金融消费者提高对金融产品和服务的认知能力和自我保护能力，提升金融消费者金融素养和诚实守信意识。

某客户在临时急用钱却没有携带银行卡时想在自助存取款机上进行无卡折大额取款，取款时发现无卡折取款每笔取款金额有限，且日取款额度也有限制，日取款额度无法满足该客户的取款额度，只能等第二日再取。

近几年，一些诈骗团伙打着“全额退保”的旗号，谎称可以帮助消费者在任意保险机构全额退保，实际为诱骗消费者投保信息，切断消费者与保险机构的联系，强迫保险机构退保并从中赚取高额的手续费。

金融机构应向消费者普及基础的金融知识，结合实例大力向消费者进行防诈骗宣传，提高消费者防欺诈的意识和自我保护的能力，保障消费者的受教育权。

6. 保障金融消费者信息安全权

金融机构应当采取有效措施加强对第三方合作机构的管理，明确双方权利义务关系，严格防控金融消费者信息泄漏风险，保障金融消费者信息安全。

在互联网飞速发展的今日，各类型金融机构基本都推出了涵盖机构各项服务的移动客户端。许多App在首次打开时都会弹出向用户索要各种权限的弹窗，用户授权后，App发行商即可获取用户的部分信息，甚至某些App

发行商在用户不知情也未授权的情况下获取用户手机的手机信息、定位、文件等个人隐私信息。App 发行商在获取到用户注册认证填写的姓名、手机号、身份证号、地址等信息后，非法售卖用户的个人信息，甚至非法拉取售卖用户的个人征信。用户常常在进行某项消费活动后，接到其他相似机构提供服务的销售电话。这些行为都严重侵犯了消费者的信息安全权。

7. 保障金融消费者依法求偿权

金融机构应当切实履行金融消费者投诉处理主体责任，在机构内部建立多层级投诉处理机制，完善投诉处理程序，建立投诉办理情况查询系统，提高金融消费者投诉处理质量和效率，接受社会监督。

现今金融业界内的大部分 App 存在投诉渠道，大多是电话、邮件、在线客服、在线填写问卷等形式。但许多消费者投诉后，反馈效率低下，未能在规定答复时间内及时处理消费者的问题，有些未规定反馈时间，消费者一直未收到答复。更有甚者，部分 App 内不存在投诉渠道，消费者遇到问题投诉无门，消费者的依法求偿权没有得到保障。

8. 保障金融消费者受尊重权

金融机构应当尊重金融消费者的人格尊严和民族风俗习惯，不得因金融消费者性别、年龄、种族、民族和国籍等不同进行歧视性差别对待。

随着大数据时代的到来，越来越多的消费者被“大数据杀熟”。多个金融消费平台利用大数据，收集用户的消费信息，分析用户的消费习惯，精准为用户“定制”价格，推送产品，甚至对于同一件商品，不同地区、不同手机型号的用户获取到的价格高低不同，差别对待消费者，严重侵害了金融消费者的受尊重权。

二　金融消费者权益保护的法律、政策及组织保障

1. 金融消费者权益保护的法律及政策保障

随着经济快速发展、人民生活水平大幅提升以及金融机构服务的广泛和

便捷，消费者从对传统产品和服务的消费已经广泛深入到金融领域。

“无科技不金融”已成行业共识。以银行为代表的传统金融机构逐渐增大在金融科技方面的投入，积累大量客户数据，成长迅速的新型科技公司正不断向金融领域渗透发展。

银保监会主席郭树清在2020年新加坡金融科技节上发表演讲指出：“少数科技公司在小额支付市场占据主导地位，涉及广大公众利益，具备重要金融基础设施的特征。必须关注这些机构风险的复杂性和外溢性，及时精准拆弹，消除新的系统性风险隐患。”与此同时，侵犯消费者的金融事件不断发生，由于立法存在一定的滞后性，加之金融监管信息体系支撑力度不足，遭受损失的金融消费者往往不能及时、有效地维护自身权利，金融消费者保护已成为我国金融法律改革及金融监管的一个重要问题。

我国金融消费者对金融知识的掌握程度存在着较大的差异。金融消费者权益要更有针对性、适应性的法律保护。金融行业进入数字化转型发展的新阶段，兼顾金融科技创新发展与金融消费者权益保护的平衡，成为监管的重中之重。

2006年12月11日，银监会制定的《商业银行金融创新指引》正式颁布，其中使用“金融消费者”的概念，指代各类银行个人客户，这是中国银行业监管史上第一次专门颁布文件对商业银行金融创新活动进行全面规范和引导。

2011年1月13日，银监会发布的《商业银行信用卡业务监督管理办法》，将消费者保护作为核心目标之一。“商业银行经营信用卡业务，应当依法保护客户合法权益和相关信息安全。”2013年，修订后的《中华人民共和国消费者权益保护法》在民事立法中首次涉及金融消费者的权益保护：采用网络、电视、电话、邮购等方式提供商品或者服务的经营者，以及提供证券、保险、银行等金融服务的经营者，应当向消费者提供经营地址、联系方式、商品或者服务的数量和质量、价款或者费用、履行期限和方式、安全注意事项和风险警示、售后服务、民事责任等信息。

2015年11月13日，《国务院办公厅关于加强金融消费者权益保护工作的指导意见》（国办发〔2015〕81号）发布，明确指出金融消费者是金融市场的重要参与者，也是金融业持续健康发展的推动者，加强金融消费者权益保护工作，是防范和化解金融风险的重要内容。

从“金融消费者”概念的提出，到成为金融市场的重要参与者，用了近十年时间。《中国银行业发展报告（2017）》显示，2016年，银行业金融机构离柜交易量达1777.14亿笔，同比增长63.68%，同步增长的还有新型金融欺诈。电信网络诈骗呈现产业链化、高科技化、多渠道化和蔓延化发展趋势，严重危害人民群众财产安全和合法权益，损害社会诚信和社会和谐稳定。2016年9月，《中国人民银行关于加强支付结算管理防范电信网络新型违法犯罪有关事项的通知》，从加强账户实名制、阻断电信网络诈骗资金转移主要通道等方面采取20项具体措施，筑牢金融业支付结算安全防线，切实维护社会公众财产安全；切实加强支付结算管理，构筑金融业支付结算安全防线，在打击治理电信网络新型违法犯罪中发挥了重要作用。

考虑到金融纠纷的多元化以及区域化特性。2019年11月20日，最高人民法院、中国人民银行、中国银行保险监督管理委员会联合印发《关于全面推进金融纠纷多元化解机制建设的意见》，对金融纠纷多元化解机制的案件范围、调解协议的司法确认制度做出规定，规定平等民商事主体之间因金融业务产生的合同和侵权责任纠纷，可以向金融纠纷调解组织申请调解；旨在合理配置纠纷解决资源，保护金融消费者合法权益，促进金融业持续健康发展。

以此为准绳，2020~2021年，各区域、分行陆续出台《关于建立金融纠纷多元化解机制的实施方案》，推动各地成立金融纠纷人民调解委员会，明确办事机构及职责，通过“人民调解+司法确认”联动机制的创新举措，全面推进金融纠纷诉讼与行业调解、人民调解、行政调解等非诉讼解决方式有机衔接，探索金融纠纷化解的新道路。

2020年我国持续加强互联网金融风险专项整治，银保监会首席律师刘福寿在第十八届《财经》年会上透露，截至2020年11月中旬，全国实际运营的P2P网贷机构由高峰时期的约5000家逐渐下降，实际运营的P2P网贷机构完全归零。与此同时，2020年，监管部门侧重完善互联网金融长效监管机制建设，相继发布《商业银行互联网贷款管理暂行办法》、《网络小额贷款业务管理暂行办法（征求意见稿）》以及《互联网保险业务监管办法》，并在上海等六市（区）扩大金融科技创新监管试点。

金融创新日新月异，使得金融监管机构压力日趋增加。财富管理目前已成为银行争相竞逐的领域，其违规行为也备受监管关注。2020年11月1日，中国人民银行制定的《中国人民银行金融消费者权益保护实施办法》（以下简称《办法》）正式实施，旨在切实保护金融消费者合法权益，规范金融机构提供金融产品和服务的行为，维护公平、公正的市场环境，促进金融市场健康稳定运行。该《办法》合理提升违法违规成本的问题，并设置了法律责任，解决了金融消费者权益保护领域违法违规成本较低的问题，切实维护金融消费者的应享有的八项权利。

值得关注的是，各地关于金融消费者保护的政策法规在2020年趋于完善，并强调了科普教育的职责。黑龙江省高级人民法院、中国人民银行哈尔滨中心支行与中国银行保险监督管理委员会黑龙江监管局共同制定的《关于推进金融纠纷多元化解机制建设的实施意见》，坚持依法公正、调解自愿、高效便民原则，注重预防，优先调解，降低当事人解决纠纷成本；通过组织金融纠纷典型案件庭审旁听，结合典型案例面向金融机构和金融消费者宣传，引导金融消费者转变观念、理性维权。

广东省高级人民法院、中国人民银行广州分行、中国银行保险监督管理委员会、广东监管局、广东省地方金融监督管理局出台的《关于全面推进金融纠纷多元化解机制建设的实施意见》，积极推动金融纠纷专业性调解组织建设，吸纳人大代表、政协委员、人民陪审员、专家学者、律师、仲裁员等具备条件的个人担任特邀调解员。人民法院和金融纠纷调解组织可互设工作站，强化双向衔接，提升调解服务的便民、利民水平。

从全国性规章到地方规章制度，国务院办公厅、全国人大常委会、中国人民银行、银保监会、证监会等官方机构从多个方面对金融平台的必须性和禁止性行为做出明确规定和限制，以解决服务平台与金融消费者之间的“信息不对称”“信息不透明”难题。

从发布的规章制度文件的内容来看，金融消费者权益保护政策具有三大特征：一是从平台自身出发，完善售前、售中、售后流程的考核标准，从根源上降低风险；二是强化消费者风险防范意识，加大对消费者权益保护法律法规和政策的宣传普及力度，同时优化消费者投诉处理流程；三是设立外部的监督管理机制，严禁滥用人脸识别、信息技术等金融科技获取他人信息。

金融业是经济的血脉，疫情影响下，金融业正以前所未有的速度拥抱着数字化，金融科技逐步成为金融业发展的重要“助推器”。同时，作为国家安全的重要组成部分，金融安全问题不容小觑，面对金融科技带来的新业态、新场景等，监管也在加速创新，相关部门已推出一系列措施，对人脸识别、机器学习模型等金融科技细分领域技术的使用进行完善和限制。

在消费者保护方面，金融科技知识普及、金融科技风险防范、防范新型电信诈骗等相关宣传活动开展得如火如荼。从2020年金融“3·15”消费者权益保护教育宣传周，升级到了2021年365天全民“金钟罩”，无时无刻不在提醒广大消费者提高风险防范意识，远离非法金融活动，保护自身权益。

2. 我国金融消费者权益保护的组织保障

各级人民法院、人民银行、中国银行保险监督管理委员会等按照职责分工，密切配合，切实做好金融消费者权益保护工作。

对于涉及金融消费者权益保护的重大突发事件，地方人民政府负责协调本行政区域内各方力量做好应急处置工作。金融管理部门要积极协同配合，协调相关金融机构做好应急响应及处置工作。金融管理部门、金融机构要建立和完善金融消费投诉处理机制，畅通投诉受理和处理渠道，建立金融消费纠纷第三方调解、仲裁机制，形成包括自行和解、外部调解、仲裁和诉讼在内的金融消费纠纷多元化解决机制，及时有效解决金融消费争议。

金融消费者与金融机构产生金融消费争议时，原则上应当先向金融机构投诉。金融机构对投诉不予受理或者在一定期限内不予处理，或者金融消费者认为金融机构处理结果不合理的，金融消费者可以向金融机构住所地、争议发生地或者合同签订地的中国人民银行分支机构进行投诉。

金融消费者投诉中包括举报金融机构违反法律、行政法规、规章和其他规范性文件等行为的，金融消费者可以按照举报程序直接向金融机构住所地的中国人民银行分支机构举报。中国人民银行各级分支机构直接受理的投诉，属于本单位相关职能部门职责范围的，由相关职能部门负责调查、核实、处理和反馈；涉及多个职能部门的，由金融消费权益保护部门牵头，协调相关职能部门进行调查、核实、处理和反馈。

投诉事项涉及跨市场、跨行业交叉性金融产品和服务的，由中国人民银行及其分支机构协调相关部门进行调查、核实、处理和反馈。对中国人民银行及其分支机构交办的金融消费者投诉，金融机构应当在规定时限内处理完毕，并通过金融消费权益保护信息管理系统反馈办理情况。金融机构应当根据要求定期向中国人民银行及其分支机构报送投诉情况统计。统计应当客观真实，不得瞒报、漏报。

中国人民银行金融消费权益保护局是中国人民银行的内设机构，是中国人民银行金融消费权益保护工作的主管部门，根据中国人民银行授权履行金融消费权益保护方面的职责，主要包括：综合研究我国金融消费者保护工作的重大问题；会同有关方面拟订金融消费者保护政策法规草案和规章制度；会同有关方面研究拟订交叉性金融业务的标准规范；对交叉性金融工具风险进行监测，协调促进消费者保护相关工作；依法开展人民银行职责范围内的消费者保护具体工作。

三　金融消费者权益保护的意义及未来发展趋势

（一）金融消费者权益保护的意义

综上所述，关于金融消费者保护的内容不断丰富，相关政策、组织及法律保障正在不断完善，金融消费者权益保护的重要性日益加强，其意义主要体现在以下几个方面。

一是有利于化解金融风险，保障金融安全。作为国家安全的重要组成部分，保证金融安全事关重大。因此，主动防范系统性金融风险、保障金融安全显得尤为必要。金融消费者权益保护作为主动防范化解系统性金融风险的“减震器”和“舒压器”，有利于对系统性金融风险的“早识别、早预警、早发现、早处置”，从而进一步布置安全防线，设置应急机制，阻断风险传播，维护金融稳定。

二是有利于保护消费者合法权益，维护社会稳定。金融消费者是金融市场的重要参与者，是我国金融行业不断发展的基石。然而，目前我国金融消费者的个人保护意识还相对薄弱，金融知识相对匮乏，容易受到不法分子引诱欺诈，从而致使其合法权益遭受重大损失。加强金融消费者权益保护工作，有利于提升消费者信心，维护社会的公平正义和稳定，对于构建和谐社会具有重要的意义。

三是有利于打击违法违规行为，维护市场秩序。当下金融行业快速发展转型，产品不断创新，模式日趋复杂，新型违规违法的金融活动层出不穷，危害了正常的市场秩序。加强金融消费者权益保护为打击违法违规行为、遏制市场乱象提供了强大的动力，有利于培育公平诚信的市场环境，促进金融业持续健康发展。

（二）金融消费者权益保护的未来发展趋势

随着科技和金融市场的不断发展与完善，金融消费者权益保护的内容不断深入，外延不断扩大，总体来说，呈现以下几大发展趋势。

一是金融消费者信息保护成为重点关注领域。传统的金融消费者权益保护主要指保护客户的资金安全。然而，随着互联网大数据时代的到来，金融消费者权益保护涉及越来越多的方面。一方面，金融消费行为越来越线上化，金融与场景不断深入融合；另一方面，数字技术的快速发展也带来严重的消费者权益保护问题，主要表现在对消费者信息的不当收集和违规使用、信息泄露、大数据杀熟、信息披露不完整、金融欺诈等，并呈现产业化、高频化、专业化、场景化特征。

为了有效解决金融消费者信息保护的问题，监管机构近年来重拳出击，出台了多项法规。中国人民银行于2016年发布了《中国人民银行金融消费者权益保护实施办法》，对金融信息的收集和使用进行了规定，并于2020年进行了修订，在原有规定的基础上，对银行、支付机构保障金融消费者信息安全层面进行了规则上的重申与发展。一方面，其增加了间接收集个人信息渠道“合法”要求；另一方面，在消费者数据的使用、存储与保管上，要求银行、支付机构建立以分级授权为核心的使用管理制度，采取技术措施和其他必要措施妥善保管消费者金融信息等。此外，2020年中国人民银行还发布了《个人金融信息保护技术规范》，规定了个人金融信息生命周期各阶段的安全防护要求。

近年来，监管机构已依法对多家银行、互联网金融机构开展关于信息问题的调查，对侵犯金融消费者信息安全的违法违规行为进行整治，金融消费者信息保护工作已取得了明显成效。未来，随着金融电子化的不断深入，金融消费者信息保护势必成为重点关注领域。

二是金融消费者权益保护工作更加专业化和精细化。尽管监管机构已针对金融消费者权益保护领域制定了多项法律法规，对金融消费者权益保护领域的违法违规问题加强了整顿，然而随着互联网金融、场景金融等新兴金融模式的兴起，金融消费者权益保护工作的压力也在不断加大。目前金融消费者权益保护工作仍然存在不少问题，如信息泄露、电信欺诈、账户盗刷等事件和理财、代销的纠纷仍然层出不穷。为了应对以上问题，金融消费者权益保护工作也逐渐开始向专业化、严格化、体系化的方向发展，主要体现在以下几个方面。

首先，专业的金融消费者权益保护法律正在逐渐形成。目前消费者权益保护领域的法律主要应用在商品流通领域，并没有专门规范金融领域消费者权益保护的专门法律；与此同时，金融领域的相关法律如《中华人民共和国商业银行法》《中华人民共和国证券法》均是以监管金融机构为主、调节消费者权益保护为辅的法律。然而，近几年来，中国人民银行已经不断推出针对金融消费者权益保护领域的相关法规，未来可能会逐渐形成针对金融领域的消费者保护的专门法律。

其次，金融纠纷的解决机制正在不断完善。传统的纠纷解决机制已经无法应对当下金融电子化趋势下海量、高频的金融纠纷：投诉、诉讼、仲裁、调解等传统解决金融纠纷的途径费用高、耗时长、效率低，一般消费者很难承担。此外，最终解决结果往往难以让人满意。因此，目前亟须新的纠纷解决机制，作为目前机制的补充，来有效提升金融纠纷的解决速度和消费者体验。人工智能、大数据、区块链、云计算等金融科技可被用于解决纠纷的场景，并促进更加高效的纠纷解决机制的形成，从而及时解决纠纷，化解金融风险，维护良好的金融市场秩序。

最后，金融消费者权益保护监管要求日趋精细与严格。随着相关法律法规制度的不断完善和金融监管能力的不断提升，金融消费者权益保护的相关监管要求也逐渐变得更加严格和精细化，如 2019 年中国人民银行、银保监会等金融机构发布的《关于进一步规范金融营销宣传行为的通知》，对金融营销宣传行为监管相关要求做出具体部署，并对银行业、保险业等金融细分行业营销宣传行为提出了统一的规范要求。

三是金融消费者权益保护意识不断加强。当下，我国金融消费者金融知识相对匮乏，金融消费者权益保护意识不强，当权利被侵害时，难以运用法律的武器，来保护自身合法权益。特别是普惠金融群体，他们收入偏低、文化程度不高、金融素养不高，因此更容易成为不法分子欺诈、盗刷的对象，造成自身财产损失。

我国行政监管部门逐渐意识到金融教育对于金融消费者权益保护工作的重要性，开始加强金融教育，并将其纳入国民教育体系之中，如国务院办公厅于 2015 年印发的《国务院办公厅关于加强金融消费者权益保护工作的指导意见》明确了金融教育的重要性以及它的长效机制，并要求金融机构、监管部门、社会组织都要参与金融知识的宣传和教育活动中。随着金融教育活动的不断深入开展，未来金融消费者的金融知识和金融素养将不断提高，随之提高的还有他们的自我保护意识。因此，未来金融消费者自我保护和维权意识的不断加强，也是金融消费者权益保护领域的一个重要趋势。

四　金融消费者权益保护建议

（一）监管部门加大管控力度，完善法律政策

随着线上金融服务的类型不断增多，政府部门、权威金融机构应尽快出台相关法律政策或标准，规范线上金融服务场景，防范各类欺诈违法行为，保护金融消费者权益。

金融监管部门应加大管控力度，可以定期收集分析线上、线下金融消费者反馈的用户信息，对金融机构提供给消费者的业务进行监管，认真且公正地受理金融消费者对金融机构的投诉，记录违规企业并向社会进行公示，公开违规企业的企业信息、违规原因，提高公信力，增强威慑力。

（二）金融机构应定期开展线上线下教育

金融机构在为金融消费者办理金融业务时，应明确业务特点及风险，充分让消费者了解产品及业务流程，禁止使用模棱两可的词汇诱导消费者。

金融机构可以与社区结合，定期开展线下防诈骗、理性消费等相关主题的宣传讲座，为消费者普及贷款、信用卡、日常银行业务办理、保险等相关金融业务知识。同时，金融机构可开办线上金融知识普及论坛，发布视频课程，加强对金融消费者的教育工作。

（三）金融消费者自身要提高自我保护意识

除了政府加强监管、金融机构加强教育外，消费者自身也要提高自我保护意识，不泄漏自己的个人信息，在办理金融业务时牢记“天上不会掉馅饼”，问清楚业务的各项细节；不随意在合同上签字；要及时销毁废弃合同、凭条；密切关注政府颁布的金融消费者保护的相关政策法规，主动学习金融基础知识，一旦遇到金融纠纷，立刻向维权渠道进行投诉，维护自身合法权益。

参考文献

[1] 国务院办公厅：《国务院办公厅关于加强金融消费者权益保护工作的指导意见》（国办发〔2015〕81号）。

[2] 中国银行业监督管理委员会：《商业银行金融创新指引》。

[3]《中华人民共和国消费者权益保护法》（2013版）。

[4] 中国银行业协会、行业发展研究委员会编《中国银行业发展报告（2017）》，中国金融出版社，2017。

[5] 中国人民银行：《中国人民银行关于加强支付结算管理防范电信网络新型违法犯罪有关事项的通知》（银发〔2016〕261号文）。

[6]《央行：进一步加强支付结算管理 防范电信网络新型违法犯罪》，每日经济新闻。

[7]《银保监会首席律师刘福寿：P2P网贷机构已完全归零 互联网金融风险大幅压降》，《证券时报》2020年11月27日。

[8] 中国人民银行：《中国人民银行金融消费者权益保护实施办法》（中国人民银行令〔2020〕第5号）。

国际市场篇

International Market

B.26
2020年全球金融科技发展比较与分析

中国工商银行股份有限公司　中金金融认证中心有限公司
蚂蚁科技集团股份有限公司　国泰君安证券股份有限公司*

摘　要：本报告通过对2020年全球金融科技发展情况进行对比分析，从而对我国在2021年金融科技发展方面提出建议。首先，对2020年全球金融科技发展的总体情况进行概述。其次，从监管体系、市场主体、科技创新、风险防控四个方面对全球金融科技发展现状进行对比分析，得出全球金融科技发展趋势。最后，从监管创新、环境构建、人才培养及基础设施完善层面对我国在2021年金融科技发展方面提出建议。

关键词：金融监管　金融科技　数据开放

---

* 执笔人：中国工商银行股份有限公司花学周、陈雪、李曜宇；中金金融认证中心有限公司吴利东、张彦钊；蚂蚁科技集团股份有限公司陆碧波、张韵；国泰君安证券股份有限公司俞枫、郑爽。

一　全球金融科技发展的整体情况

（一）金融科技监管不断加强，监管工具持续创新

近年来，金融科技在政府和金融业自身需求的双重驱动下迅猛发展，全球主要国家逐渐意识到金融科技的潜在价值。在突袭而至的新冠肺炎疫情给全球经济带来前所未有冲击的背景下，金融服务与科技进一步深度融合。为了使本国金融科技得到更好的发展，各国金融管理部门相继在国家层面制定金融科技的发展支持战略。

中国、美国、欧洲有关监管部门在持续完善金融科技政策体系的同时，根据金融属性逐步将金融科技活动纳入统一监管范围，金融科技公司及金融机构业务相关活动均受到监管规范。西班牙、意大利和澳大利亚等国在监管沙箱等金融科技监管工具方面持续创新和完善。世界多国接连开展跨区域的金融科技监管合作。

（二）金融科技投资出现波动，金融机构持续加大自身科技资本和人力投入

受疫情影响，2020 年全球金融科技投资总金额 1053 亿美元，相比 2019 年的 1680 亿美元下跌 37%，但下半年已明显复苏。全年看，北美地区金融科技公司仍保持旺盛吸引力。

各金融机构持续加大金融科技投入力度，在维持 IT 运营和维护的基础上，持续加快数字化转型。金融科技人力资源占比持续增加，薪资水平不断提高，金融机构拥抱科技的步伐加快。

二　全球金融科技发展的区域比较

（一）金融科技政策监管体系

1. 世界各地监管机构陆续出台政策，鼓励金融科技创新

目前，世界主要经济体都意识到金融科技的潜在价值，为了更加有效应

对新冠肺炎疫情，推动各地区金融科技领域健康发展，各地区相关管理机构在2020年陆续发布了金融科技专项政策规划，支持本地区金融科技的发展，其中涵盖了数字银行、加密资产等热点领域。

北美地区，美国国会2020年5月正式提交《推进区块链法》提案。欧洲地区，欧盟委员会正式通过新的《数字金融一揽子计划》和《咨询文件：欧洲新数字金融战略咨询/FinTech行动计划》；法国联邦控制与解决委员会（ACPR）6月联同美国纽约州金融服务部（DFS）签署了组织备忘录，该备忘录的签署意味着两地的金融科技行业参与者可以轻松进入对方市场。亚洲地区，新加坡6月推出《金融科技服务提供商合规准备框架》；韩国金融服务委员会出台《数字金融和金融科技年度计划》。

值得注意的是，中国于11月叫停了号称全球最大的“独角兽”企业蚂蚁集团的上市计划，在蚂蚁集团上市计划被叫停后，央行等机构也加强了对互联网金融平台的整改力度，央行方面联合银保监会共同发布了《关于规范商业银行通过互联网开展个人存款业务有关事项的通知》，帮助金融业建立更加完善和健康的互联网金融市场。

与各国监管相比，中国在2020年的金融科技领域展现出了“强监管”的态势，“防风险”“反垄断”开始成为“关键词”，以科技创新为名的垄断竞争和金融活动，都将得到纠正和被纳入监管范围。

2. 监管工具创新和国际监管协作持续加强

（1）监管工具创新

监管机构既要支持和促进金融科技的发展，还要注重防范其可能带来的业务、数据、网络等方面的多重风险，因此需要监管者创新监管工具。监管沙箱作为一种新型的监管框架，促进了金融监管理念的转变和监管策略的转型，受到更多国家认可，监管沙箱范围进一步扩大。

2020年2月，澳大利亚政府通过了《2019年财务法修正案》，将对金融科技方面的监管时长增加到了两年，同时扩展了监管范围，如新增了众筹、金融顾问等领域。欧洲方面，意大利和西班牙政府也在2020年做了金融科技监管沙箱方面的探索。意大利政府计划允许金融科技公司在有限时间内开展涉及信贷、保险等金融领域创新产品测试。西班牙政府于2020年启动金融科技监管沙箱，主要包括银行、金融市场和保险3个领域。

中国版“监管沙箱”自2019年12月底启动以来，推进工作也在不断加速。截至目前，已经有北京、上海、成都、深圳等10地的19个批次93项试点创新应用“入箱”。这些试点的创新应用将金融科技行业多元生态融合的特点体现得淋漓尽致。

以“监管沙箱”为代表的监管工具和方法的创新，体现了各国监管机构对金融科技发展中的“防范风险”和“鼓励创新”的平衡。

（2）国际监管协作加强

除了要规避防范金融科技带来的本国的金融风险外，由于金融科技的发展可能带来监管套利风险、洗钱和恐怖融资等问题，跨区域的金融科技监管合作得到各国和相关国际组织的重视，各国通过金融稳定理事会、巴塞尔银行监管委员会、国际清算银行等国际组织，不断加强金融科技监管领域的多边国际治理与交流合作。

由英国金融行为监管局、香港金融管理局等国家和地区的金融监管机构以及世界银行、国际货币基金组织等国际金融组织在内的38家机构联合共同推动成立了国际监管沙箱“全球金融创新网络”。

新加坡政府在2020年6月和智利、新西兰共同加入了《数字经济伙伴关系协定》，即PDEPA协定，成为全球数字经贸规则的一股新力量。DEPA协定旨在建立新的跨境数字经济制度安排，以便为企业在数字经济中的蓬勃发展创造机会。DEPA协定还将促进各方在新兴数字领域的合作，通过调整标准解决数字化带来的新问题。

2020年9月，中国政府提出了《全球数据安全倡议》，其中强调了发展与安全并重的原则，在保证数据安全的前提下，逐渐加强各个领域的国际协调合作，共同推动金融科技的健康发展。

（二）全球金融科技投资情况

1. 全球金融科技投资受疫情影响出现波动

受全球疫情影响，2020年金融科技公司投资额在全球呈整体下滑趋势，投资总额约为1050亿美元，较2019年投资总额下降超600亿美元。其中欧洲、中东、非洲等地区及亚太地区受影响较严重。

欧洲、中东、非洲等地区的金融科技公司投资额呈明显下降趋势，从2019年的600亿美元左右下降为140亿美元左右，投资活动不足1000次。新冠肺炎疫情及脱欧对英国的金融科技投资活动带来巨大冲击。

2020年亚太地区金融科技总投资降至近年来最低水平，约116亿美元，较2019年下降约30%。其中在东南亚地区，多数公司为更好地获得融资，更加重视赢利能力建设和保存现金。2020年中国金融科技投资额为16亿美元，为近几年来最低水平，除受疫情影响外，中国金融科技公司在各自领域发展逐渐成熟也是投资放缓的原因之一。此外，中国政府和监管部门于2020年下半年发布多项规定完善监管体系，一系列新规一定程度上导致投资者对投资活动持观望态度。

与此形成鲜明反差的是，2020年北美地区金融科技公司则吸引投资逾790亿美元（仅2020年下半年已达580亿美元），其中美国企业占到760亿美元。风险投资方面，金融科技公司仍吸引了423亿美元，仅次于2018年。

美国财富科技公司Robinhood在2020年下半年吸引到最高额风险投资，通过2020年下半年的两宗交易共筹得13亿美元：7月筹得6亿美元，10月筹得6.68亿美元。2020年下半年数字银行筹得大额风险投资。2020年下半年，数字银行吸引了多轮大额风险投资，瑞典数字银行Klarna筹得6.5亿美元，英国Revolut筹得5.8亿美元，美国Chime筹得5.338亿美元。

受疫情影响，2020年中国金融科技投资规模与北美市场存在较大差距。一方面由于疫情防控、远程业务等措施，企业对数字化的需求大大加强，推动了金融科技行业的蓬勃发展。在2020年下半年，大量资本涌入美国科技股。另一方面中国通过一系列政策法规加强、完善金融科技市场监管体系建设，在过渡期内金融机构对投资活动持保守态度。从长远来看，数字化转型是我国的发展战略。“十四五”规划明确提出要“发展数字经济，推进数字产业化和产业数字化，推动数字经济和实体经济深度融合”。在疫情防控常态化形势和政策支持下，随着监管体系的进一步规范，投资服务及投资环境的进一步成熟，以及国内金融科技业独角兽企业的崛起，中国的金融科技投资市场有着巨大的发展潜力。

2. 全球金融业金融科技资本投入持续加大

随着全球银行业的数字化转型发展趋势的日渐明显，2021 年银行业对金融科技的投入力度持续加大。全球银行业虽然近年来不断加大对新技术的投入力度，但对于达成预期的数字化转型发展目标还远远不够。到 2022 年，北美各银行预计将其投入信息科技相关工作预算的近一半用于新技术的研究，欧洲各银行的同类预算也将持续增长。

以全球代表性金融机构为例，摩根大通在路透公司的“信息技术投入金额排行榜”中遥遥领先，2020 年投入金额为 120 亿美元，其中一半用于 IT 维护，另一半用于数字化转型。花旗银行在金融科技领域投入 70. 77 亿美元，主要用于六个创新领域：数据分析、数据货币化、移动支付、安全认证、新兴 IT 技术和下一代金融科技服务。汇丰集团 2019 年在金融科技领域投入 60 亿美元，其在 2021 年 3 月宣布，计划未来 5 年投资 35 亿美元，用于拓展服务团队、提升数字化服务能力和开发新产品。美国银行在金融科技领域投资 100 亿美元，已在移动银行领域投资超过 10 亿美元；富国银行在金融科技领域投资 90 亿美元，其中软件与设备的投资金额为 27. 83 亿美元。法国巴黎银行投入金额为 71 亿美元。德意志银行投入金额为 45 亿美元。瑞银集团和巴克莱分别投入 35 亿美元。瑞士信贷投入约 29 亿美元。①

中国从疫情中迅速恢复，持续加大金融科技投入。2020 年，我国银行业金融科技总投入资金超 2000 亿元，增速达 20%。其中，六大国有银行仍然占主导地位，投入资金超 900 亿元，所占行业比重由 2019 年的 41% 提升至 2020 年的 46%。中国工商银行、中国农业银行、中国建设银行、中国银行、招商银行的科技投入均达百亿元级别，其中中国工商银行和中国建设银行分别投入 238 亿元和 221 亿元。②

① 以上数据均来源于各银行年报。

② 数据来源于中国电子银行网的《2020 年银行年报盘点》。

在疫情防控常态化背景下数字银行加速发展，多家银行已将数字化转型作为核心战略，在金融科技方面持续加大资金投入。典型代表如中国工商银行不断完善智慧银行生态系统 ECOS，围绕“企业级业务架构”“IT 架构转型”“大数据智能化应用”“业务基础体系”四个方面打造全新的智慧银行生态体系。中国农业银行制定《中国农业银行信息科技近期发展规划（2020～2021 年）》，提出通过“七大技术、五大支柱、六大中台、两大保障”持续推进信息科技“iABC”战略等。

此外，国内保险、证券、资管、互联网金融科技平台等各自发挥优势，在不同应用场景和赛道上开展竞争与合作。

保险：应用场景广泛，发展迅速。头部保险凭借数据和资金优势自行研发，互联网保险公司主要切入营销、定损等局部市场，2019 年技术投入达 319 亿元。保险产品在设计、销售、投保核保、理赔等环节均有金融科技渗透，显著扩大保险覆盖范围。主要挑战在于保险技术应用“重销售、轻服务”以及中小险企数据运用和管理水平有待提升。

证券：零售经纪和机构业务应用较广。2019 年证券技术投入约 205 亿元，主要应用于经纪、机构服务等标准化业务上，在投行、合规风控等依赖人力和经验的业务上尚未得到大规模应用。目前，证券科技同质化严重，且涉及全资本市场基础设施改革，尚待顶层设计统筹推进。

资管：主要运用于投研决策、量化交易、智能搜索领域。2019 年大资管行业存量规模约为 82 万亿元，涵盖基金、银行理财、信托、券商资管、保险资管等机构，其中基金行业在金融科技运用方面较为领先。但轻资产商业模式决定资管行业难以大规模投入技术资金，基金业技术投入不足 20 亿元，目前的金融科技水平难以完全取代人力作用，主要起到智能搜索、量化交易、投研等辅助作用。

除了传统金融机构加大对金融科技的投入外，新型科技企业同样加大了对金融科技领域的投入，在众多的金融领域中，财富管理领域备受新型科技公司青睐。具有代表性的如 Acorns、Elinvar 等新型金融科技公司，这些公司建立数字信任机制，使得数据可信、资产可信、合约可信等成为财富管理金融科技创业公司的主要业务方向。此外支付领域和保险领域同样也是金融科技创业公司布局的重要领域。

中国金融业数字化起步相对较晚，金融科技的资本投入较一线国际金融机构仍有一定差距。但在资本投入、投入占比方面均保持稳定、快速的增长。在金融业数字化转型的浪潮下，金融机构未来在金融科技领域的投入将会持续增加。

3. 高科技人力资源占比和投入持续提升

受自动化、机器人技术、人工智能等工作模式的影响，金融机构传统岗位的人员数量总体而言正在逐渐萎缩，但金融科技相关从业人员数量正在不断增加。据了解，各金融机构的技术人员占比普遍达到20%左右。

根据瑞银统计，近两年国际大中型银行正在加紧招募技术类人才，高盛集团、瑞银集团、摩根大通、美国银行、花旗银行、德意志银行、法国巴黎银行新公布的招募岗位中，半数岗位指向技术类或有技术背景的人员。摩根大通目前有近5万人从事科技相关工作，其中数千名为数据科学家或在科学领域拥有高级学位的人员，超过3.1万人从事开发工作；富国银行目前拥有超过2.4万名科技类员工。

而在中国，不少银行已将发展金融科技提升到战略引领层面，在人才团队建设上持续发力。中国工商银行、中国建设银行科技人才规模破万，分别达到3.5万人和1.3万人，占员工总数8.1%和3.51%。中国农业银行、中国银行、交通银行科技人员总数分别为8056人、7696人、3976人。[①]

除了不断扩大金融科技人才队伍规模外，金融科技人才的薪资水平也在不断提升。根据职业规划服务商ZIPTA统计，国际大型银行金融科技团队薪资水平普遍呈上升趋势，2020年薪酬待遇均值分别为：汇丰控股为115724美元；瑞银集团为104286美元；花旗银行为98552美元；法国巴黎银行为98502美元；摩根大通为94235美元；美国银行为80074美元。而在国内，数据显示，2021年第一季度，中国金融科技人才缺口超4万人，第一季度金融科技

① 数据来源于各银行年报。

从业人员平均薪资为1.3万元/月。其中技术类和研究类人才受到企业青睐。产品经理、分析类、开发类人才的第一季度平均薪资均突破2万元。①

随着全球推进金融科技发展的趋势日益明显，中外金融机构均在增加金融科技相关人员的数量和占比，并愿为相关人才支付具有竞争力的薪酬。

（三）金融科技发展迅猛

1. 区块链技术应用场景加速发展

区块链作为在非信任环境中能够以低信任成本构建协同协作模式的新型技术，在疫情肆虐的2020年作用异常凸显。分布式账本技术（Distributed Ledger Technologies，简称DLT）是构建生态圈金融的另一项重要技术，其中的关键技术如智能合约（Smart Contract）、零知识证明（Zero Knowledge Proof）和分布式数据存储和交换成就了如数字钱包、数字资产、去中心化金融（Decentralized Finance，简称DeFi）、非同质化代币（Non Fungible Token，简称NFT）等应用；跨链技术则致力于解决部署了不同区块链的企业之间基于链的交互问题。

其中去中心化金融的整体数字资产达到2.1兆美元的规模，数字化交易所在2021年的营收估计达到150亿美元，大大改变了金融业的生态，传统投资机构也慢慢上调数字化资产在投资组合的占比。

2020年，世界各国金融及监管机构纷纷加大布局区块链技术的发展，加快区块链技术的创新应用，在底层基础设施、行业标准规范、政策法规建设、产业生态发展、行业应用推进方面都取得了明显进步。例如：实现基于区块链的即时交易结算；银行纷纷通过智能合约，同时使用数字货币结算交易的抵押品和现金部分，来实现基于区块链的即时交易结算。

各国金融机构通过分布式账本技术促进交易处理、证券借贷和股权结算业务办理；测试真实情况下区块链上的基金交易，包括利用区块链提高跨境销售的效率和可扩展性；借助区块链平台上的数字抵押品记录交易证券，更

① 数据来源于零壹智库发布的《金融科技人才招聘系列报告（2021年Q1）》。

高效、透明和安全地管理资本；进行交易后股权结算。

中国的银行和金融科技企业在提供基于区块链的金融服务、建设跨境金融区块链服务平台、深度参与数字货币应用和推广等方面发力明显。蚂蚁链构建的全新数字化国际贸易和金融服务平台 Trusple，连接了买卖双方、国内外银行及国际贸易链路中的核心节点，结合区块链技术，提供智能支付及付款承诺的支付方式，实现智能履约，为买卖双方提供了从订单到付款、端到端的贸易保障及金融服务。该平台聚焦于解决中小企业跨境贸易中面临的流程复杂、数字化程度低、缺乏信任建立机制和融资困难等问题。该平台与星展银行、渣打银行、花旗银行、德意志银行、阿联酋迪拜国民银行、法国巴黎银行等十余家国际银行实现了产品技术对接。

以摩根大通、花旗银行为代表的西方金融机构更加注重区块链在加密保管、数字货币加密等加密行业的应用。新加坡全球产品工程和生命周期服务公司 QuEST Global 宣布将在 Casper 网络上建立新的供应链解决方案。新加坡星展银行、摩根大通和新加坡国有资产管理公司淡马锡宣布将开发基于区块链的银行间支付平台。德意志银行和新加坡金融科技公司 STACS 宣布完成数字资产和 ESG 债券的概念验证项目。

此外，2020 年主要国际组织 ITU、ISO、IEEE 共发布区块链/分布式账本技术相关标准 22 项。我国也于 2020 年实现了区块链/分布式账本技术标准零的突破，共发布行业标准 3 项、省级地方标准 5 项，其中有两项为金融行标。

以区块链技术为基础的去中心化金融虽然为金融行业带来新的机遇，但同时也冲击了传统金融行业的定位和价值，加上金融政策和法规的改变，将成为影响未来金融行业的重要因素。

2. “金融生态云”体系迅速发展

金融行业是云计算技术发展速度最快的领域之一。IDC 研究表明，2020 年中国金融云的市场规模为 46. 36 亿美元，排名第一的阿里云市场规模达到 8. 35 亿美元。中国已经跻身全球第二大云计算市场，市场增速高于全球，达到 40%。各国金融科技公司也在云技术上不断加大研究投入，美国甲骨文推出基于 Arm 的云实例，美国科技公司 Splunk 发布新的可观测云，亚马逊推出 CloudFront 轻量级边缘计算功能，英国房地产金融公司 Glenhawk 选择英国金融科技公司 Finastra 的 Fusion Essence Cloud 以推进客户参与度。意大利支付公司 SIA 为意大利及欧洲银行、企业、公共部门和金融科技公司推出全新 Cloudnet 服务。

云计算在提高效率和降低成本方面功不可没。以全数字化的 BVI 亚洲银行为例，其率先在 AWS 和其他云上启动了辅助性业务系统以支持银行大多数服务，包括远程开户、客户营销管理、KYC/AML 等。通过这种技术手段，亚洲银行将其核心银行平台迁移上云，使 IT 的营运成本降低了 50%，并且一直保持在较低水平。

在美国，其第二大银行美国银行，把建立与亚马逊同等规模的云服务平台作为目标，简化业务流程每年为它们节约 20 亿美元。国内的网商银行诞生虽然只有 6 年，但在成立之初就将核心系统架构在云上，全部的分布式架构和核心系统都用云计算来构建，单账户 IT 运营成本不到传统银行的 1/10。同时，历史悠久的中国工商银行成为首家将核心业务处理能力基于分布式、云平台进行部署的传统银行，其 90% 以上的应用系统都部署在开放平台上，实现了历史性突破。中国建设银行打造的建行云，在九大领域有 143 个项目稳定上云，直接或间接私用的对公客户已达 650 万人。招商银行建立了基于云计算技术的大规模数字化基础设施，其年报显示全行应用上云比例达到 44%。中信银行的年报显示，其全行信息科技基础架构整体云化率也接近 94%。

未来以银行为代表的金融机构有可能会发展成核心金融业务私有云和自身业务生态衍生公有云的“两朵云”形态。

3. 大数据技术助力金融业疫情常态化经营

在疫情冲击下，全球金融业深化大数据应用，为疫情期间管理决策提供依据，使金融机构的决策从“经验依赖”到“数据依据”转化。在疫情影响下，金融机构可以借助大数据技术分析前端市场的数据变化，并通过模型迭代优化模型效度，对于管理层进行疫情期间的管理决策至关重要。国内外金融科技机构在该领域也持续投入，蚂蚁科技集团自研数据库 OceanBase 登顶TPC-H权威榜单；谷歌推出Datashare以帮助管理金融服务数据，发布“集成数据云”预览版本以帮助统一多云数据。

应用场景在疫情之下主要包括以下两个方面。

一是经营管理。受疫情影响，多行业线下营销通道受阻，因此，对线上渠道的争夺变得更加激烈，线上的获客成本也进一步攀升。在此背景下，大数据技术帮助机构做出更高质量的用户画像，营销更精准、用户群定位更具差异化，以抵消疫情冲击给经营带来的损失。

二是风险防控。疫情之下，加大对中小企业的扶持成为金融机构信贷重点之一。一方面现场工作开展成本迅速增高，另一方面信贷客户风险防控面临挑战。大数据技术在此场景下，根据贷款客户的属性差异，采取不同的风控措施、不同的定价和信用审批方式，甚至可以基于此构建差异化的智能催收系统。依托大数据的风控模式，商业银行既减少了人员聚集，在满足防疫要求的前提下降低了获取信用的成本，还精准有效、低成本地完成了信用风控。

4. 开放银行应用加速

为提升金融业国际竞争力和创新力，部分经济体开始在行业范围内加力推广开放银行应用。例如，英国推动全国最大的九家银行业机构成立开放银行实施组织（OBIE），制定API规范、数据规范等开放银行标准；截至2020年4月，已有74家银行业金融机构和134家第三方服务商加入该组织。此外，欧盟、日本、韩国、新加坡、中国香港等也相继组织实施开放银行计划。2021年，美国金融技术解决方案公司Jack Henry和金融科技公司Finicity宣布合作，通过开放银行功能为社区金融机构提供支持。此外，开放银行能显著增加新客群的数量和交易量。以Credit Kudos和Zilch的合作为例，Credit Kudos是一家信贷领域初创企业，主要通过汇总来自不同金融机构的数据，评估信贷质量；而Zilch则是英国一家金融科技公司，主要提供分期信用卡服务。Zilch通过与Credit Kudos的API进行整合，获取经过Credit Kudos验证的交易数据，并基于这些数据，高效地为那些信息不足的客户提高了信贷额度。2020年下半年，双方在建立合作关系后几个月内，

Zilch 的新客群就增长了 4 倍，并实现交易量翻倍。中国的网商银行提出中国式开放银行战略，自 2018 年发布“凡星计划”开始，向行业开放所有能力和技术，与金融机构共享“310”模式。

（四）全球金融风险防控同步发展

金融发展面临新的机遇，在转型升级的同时必须直面各类未知风险，金融科技创新和金融风险防控需同步发展。在风控流程中，大数据、人工智能等技术的应用可以显著增强风险控制的有效性、准确性、及时性和稳定性。

多国金融监管部门推进人工智能和机器学习技术在金融领域的合规应用。2020 年 1 月英国金融行为监管局宣布与英格兰银行共同建立人工智能公共私人论坛，面向多个行业，如金融市场基础设施、银行业、保险业、财富管理、金融科技、非政府组织和技术服务提供商等，重点探讨如何安全运用人工智能和机器学习等创新技术进行金融服务。2019 年 11 月，新加坡金融管理局（MAS）宣布与多家金融机构共同设立 Veritas 计划框架，帮助金融机构评估人工智能和数据分析（Artificial Intelligence & Data Analytics，简称 AIDA）解决方案，保证其遵循“公平、道德、负责和透明”（Fairness，Ethics，Accountability and Transparency，简称 FEAT）的准则。2020 年 5 月 28 日，MAS 宣布执行 Veritas 项目第一阶段，制定信用风险评分和客户营销方面的公平指标，帮助金融机构在这两方面更好地进行 AIDA 评估。

澳大利亚竞争与消费者委员会（Australian Competition & Consumer Commission，简称 ACCC）于 2020 年 2 月正式通过《消费者数据权利规则》（*Consumer Data Right Rules*），该规则被视为《消费者数据权利法案》的具体实施细则，主要对银行业开放银行数据分享进行规定。2020 年 5 月，ACCC 宣布消费者数据权利注册与认证申请平台（Consumer Data Right Register and Accreditation Application Platform，简称 RAAP）和消费者数据权利参与者门户（Consumer Data Right Participant Portal）正式上线，对银行和金融科技机构开放，提供获批参与者之间共享加密数据的可信数据环境。2020 年 3 月 31 日韩国金融服务委员会（FSC）宣布，将从 4 月上旬开始通过一项开放 API 计划向公众、研究机构等开放 4400 万份公共金融数据，数据类别主要包括企业综合数据、集成披露数据、金融机构综合数据、资本市场综合数据、国家资产综合数据等。截至 2020 年 11 月 10 日，通过韩国开放金融数据库提供的公共金融数据总量达到 2.1 亿份，较 4～6 月试运行期间数据量增长 337%。

国际头部投行与资管在风控领域的投入均远超平均水平，其以庞大的算力投入作为支撑，在此基础上通过开放风控与 IT 能力，为业务引流，形成金融生态。例如：高盛自建 SecDB 数据库，做出证券定价、分析潜在交易并监控风险，推出 Marquee 将自身 SecDB 能力对外开放；贝莱德（BlackRock）打造阿拉丁（Aladdin）风控平台，基于海量数据，构建各类金融模型，管理投资组合的绩效、风险与敞口，推出 Aladdin Studio 与 Aladdin Developer，开放其平台能力。中国大多数券商的风险管理系统具备了风险计量与监控、市场资讯获取、风险展示、报表生成等功能，部分头部券商建立了风险管理领导驾驶舱，便于快速获取总体风险状况并进行分析，但与国际头部投行相比还有很大的提升空间。

三　全球金融科技发展趋势分析

（一）金融科技迎来强监管时代，“风险防范”“反垄断”“有序创新”成为关键词

近年来金融科技带来的红利正逐渐渗透到国民经济的各个领域，各国监管机构逐渐将金融科技这一“技术活”纳入金融重点监管范围。2021 年，一方面世界绝大部分监管机构继续保持强监管力度，其中监管重点主要基于风险防范和反垄断两方面。同时，为维持金融科技持续创新的活力，监管机构会为创新留出合理的探索空间，稳步推进金融开放政策，促进金融科技健康发展。

风险防范、反垄断会成为 2021 年两大监管焦点。在金融科技的加持下，

各类金融创新迅速发展，维持好发展、稳定、安全三者的关系逐渐成为各国监管层的关注重点。未来，规范经营、精准监管将成为各国监管层的普遍共识。除风险防范外，反垄断将成为金融科技监管的重点。近年来，各国都出现了客户量巨大、业务涉猎广泛的独角兽科技公司，基于海量数据及用户黏性赚取了巨额收益，其中多数科技巨头已将业务领域扩展至金融领域。2021年多数监管机构强化反垄断和防止资本无序扩张，通过收取数字税、加强对垄断数据的监管等方式，营造更加公平的市场发展环境，未来针对巨型科技公司的反垄断将更加严厉。

（二）金融科技市场主体不断丰富，多元融合趋势凸显

随着金融科技公司快速发展，传统金融机构开始成立或孵化科技子公司，金融科技市场主体逐渐呈多元化发展趋势，各市场主体间不断拓展合作，跨领域的金融科技市场主体合作成为重要趋势，如传统行业巨头与金融机构深度合作、互联网金融科技公司与传统金融机构合作等。技术与业务的融合程度不断加深，从技术支撑业务发展到技术改变业务再到技术创造业务，金融业务场景反向驱动新技术的研发、创新和应用。

金融科技的主体类型和来源更加多元化，涉及的行业及业务更加丰富。在我国，既有央行发起成立的多个金融科技公司引领金融科技发展，如在北京成立的成方金融科技有限公司，也有中国银行、中国工商银行、中国建设银行等各大国有银行孵化的金融科技子公司，促进传统金融机构的数字化转型。另外也不乏非金融领域的大型央企充分发挥自身优势开拓金融科技市场，如国家电网成立子公司——国网雄安金融科技集团。

（三）金融科技风险防控能力持续提升，不断探索金融科技创新发展新模式

金融科技风控持续发挥重要作用。一方面，创新金融科技的监管体系已逐步形成，细分领域的监管政策不断深入，监管科技、手段不断创新，风险防控能力持续提升。另一方面，随着技术的进步和社会数字化程度的不断加

深，技术的应用可能存在违规风险，监管的约束作用凸显，形成由用户、金融机构、监管部门以及厂商等多方全面参与的风控生态体系。

同时，多数监管机构仍将开拓创新探索的空间，2021 年全球多数国家金融科技试点将继续深化。一方面试点地区将进一步扩展。除前沿城市外，具有良好金融基础的中小型城市也将参与推行。另一方面试点的机构参与主体更加多样化。目前试点参与主体仍以大型金融机构、大型科技公司为主，将来会有更多的中小型金融机构、中小型金融科技公司以及部分外资机构参与其中。

四　对我国金融科技发展的启示

金融科技将是未来趋势已成为全球共识。各国普遍看到了新型数字技术的潜在影响和巨大价值，并将其作为提升国家金融竞争力的一大抓手，积极提升政策的前瞻性和有效性，支持金融科技有序创新，甚至将鼓励金融科技发展上升到国家战略层面，其中一些重要举措已经取得了明显的效果。总结来看，主要有如下方面的经验值得借鉴与参考。

（一）不断完善我国金融科技监管框架和监管体系建设，持续探索“监管沙箱”创新机制

跟踪新兴的行业发展动态，及时完善和更新我国相关监管政策，支持新兴金融科技创新和业务转型发展，对发展较快的新兴领域及时进行补充立法，保持监管框架一致性的同时提升现有监管框架的有效性。例如，ESG 可持续发展要求、BAAS（银行及服务）、数字资产和虚拟资产等。

同时，为了构建富有竞争力的创新生态环境，并有效防范金融科技带来的风险，需持续探索“监管沙箱”创新机制，加快建设监管科技和合规科技步伐，丰富金融科技创新孵化机制和监管手段，为数字金融初创企业提供一个更为宽松的监管环境和浓缩版的真实市场。

（二）加大我国金融科技创新投资环境和投资制度建设力度

从2020年全球主要地区金融科技投资金额看，虽受疫情影响，2020年全球金融科技投资总金额仍超过1000亿美元。从全年看，我国金融科技投资额并无明显优势，相比之下，北美地区金融科技公司仍保持旺盛的投资吸引力，美洲地区的投资金额大约是亚太地区的7倍，而中国在亚太地区里也落后于印度。在现今国际经济形势不确定性增加的情况下，我国应加大金融科技创新投资环境和投资制度建设力度，构建更加完善的金融科技风险投资、并购重组和IPO等服务机制和环境，采取更高程度的资本市场对外开放措施，以进一步吸引资本流入，提升国际金融机构在中国市场的参与深度，更好促进国内金融科技快速发展。

（三）强化金融科技人才培养，提升强大核心竞争力

随着科技革新的速度持续加快，科技人才的重要性更加凸显。各国金融机构已普遍把金融科技作为核心竞争力，并加大对科技人才的引进和争夺。为此，国内相关行业应进一步提高对“金融科技人才”的重视程度，积极推进金融科技人才兴业工程，壮大科技人才队伍，持续优化科技人才队伍结构。一方面，营造良好的“干事创业”环境，稳步推进新型科技人才“揭榜挂帅”等激励措施，加强业务人员和科技人员的融合和换位，深挖金融科技人才的价值创造，构建起国家金融面向未来的强大核心竞争力。另一方面，通过政策等手段吸引海外人才，尤其是具备资深行业工作经验、国际视野和创新思维的领军型人才，打造金融科技行业高质量发展“引擎”。

（四）把握机遇，完善基础设施建设，推动中国经验国际化

在疫情防控常态化背景下，完善我国金融机构数字化转型生态基础设施建设，支持业务远程开展的同时满足监管要求。

未来，随着全球一体化进程的加快，在全球舞台上拥有话语权和影响力是中国金融科技企业和行业共同努力的方向与目标。中国在金融科技业务和

理念模式方面具有一定的领先优势，在如何结合地区优势更好地发展金融科技、为金融科技发展提供支持等方面具备一定的先行经验。如果能够进一步在前进过程中扩大领先优势，并将中国的技术创新和经验成果有针对性或有效地推广到世界其他地区，尤其是“一带一路”沿线国家和地区，将对扩大中国金融科技乃至整体经济的影响、树立中国品牌具有重大的意义。

参考文献

[1] 毕马威：《金融科技动向（2020 年下半年）》。

[2]《2020 年银行年报盘点》，中国电子银行网，2021 年 9 月 27 日，https：//www.cebnet.com.cn/zhuanti/annual report/。

B.27

全球金融行业法律政策

深圳市未来金融研究院　中金金融认证中心有限公司
中国银行股份有限公司　北京市竞天公诚律师事务所*

摘　要：本报告分析了金融科技产业2020年全球重点区域的法律与政策情况；阐述了在金融科技成为防范金融风险的重点并规范发展的全球共识下，部分国家（地区）的监管当局持续推进的金融科技的监管探索以及出台的金融科技相关法律与政策；总结了全球金融科技法律政策出台的着力点，包括监管科技与监管沙箱、数据治理、反垄断与消费者保护、数字法币、加密资产等方面。本报告还做出了展望，包括：积极发展监管科技以维护金融体系的安全稳定；推进数据保护法律政策以解决个人隐私滥用及泄露问题；强化反垄断以防止大型科技巨头滥用市场支配地位形成寡头垄断；探索并推进落地中央银行数字货币；强化数字代币、稳定币等各类加密资产的监管。

关键词：监管科技　数据保护　反垄断　中央银行数字货币　加密资产

一　监管科技与监管沙箱法律政策

监管科技正在成为越来越多的监管当局的战略重点，全球各主要监管当

---

* 执笔人：深圳市未来金融研究院王小苹；中金金融认证中心有限公司吴利东、张彦钊；中国银行股份有限公司高岩；北京市竞天公诚律师事务所李力、唐仕豪。

局纷纷启动对监管科技相关法律政策的探索，但整体进展仍处于初期探索阶段。各国监管当局普遍积极发展监管科技，依托监管科技维护金融体系的安全稳定。2020 年以来，各国监管当局的探索性政策继续保持高度活跃状态，持续推出各具特色的监管科技发展政策，如监管沙箱、创新中心、TechSprints、创新加速器等。在对现行法律政策的改进方面，一些国家/地区已启动相关程序，但目前仍鲜有重要规制被正式颁布。

（一）国际组织：加大对监管科技法律政策的研究与实践

世界银行：2020 年发布三份监管科技相关文件，《针对低收入（IDA）国家 SupTech 解决方案路线图》介绍主要国家监管当局使用 SupTech 工具的案例与经验并提供了实施路线图；报告《监管沙箱全球经验》系统梳理全球监管沙箱进展情况及最新统计数据；工作论文《监管机构如何回应金融科技评估的不同方法——监管沙箱及其他》概述各国监管当局对金融科技的政策反映并总结不同应对方法。

国际清算银行（BIS）创新中心：2020 年 5 月启动 G20 TechSprint 黑客马拉松竞赛计划，每年与时任 G20 轮值主席国开展，目前已分别于 2020 年 4 月与沙特合作挖掘新技术在监管科技方面的运用潜力，于 2021 年 5 月与意大利银行合作利用新技术发展绿色和可持续金融。

金融稳定委员会（FSB）：2020 年 10 月发布题为《FSB 成员和被监管机构使用 SupTech 和 RegTech：市场发展和金融稳定的影响》的报告，该报告指出，FSB 成员大多数受访者已在 SupTech 方面落实创新或数据战略，并对 28 个案例进行研究，提供使用监管科技工具的实际示例。

欧洲银行管理局（EBA）：2020 年 8 月开始专题研究合规科技，分别对金融机构、信息通信供应商两类机构启动调研，以深入了解监管报告成本，为其政策决策提供帮助。EBA 也在寻求各种方法促进欧盟扩大使用 RegTech 解决方案，以应对潜在风险。

欧洲保险和职业养老金管理局（EIOPA）：2020 年 2 月发布《2020 监管科技战略》，介绍其在监管科技方面的尝试，并提出四大发展目标：开发一种工作方式，促进数据共享和经验交流；建立一个信息交换和数据共享的平台枢纽，加强合作和信息交流；制定一个标准化且高效的商业行为报告框架，以改进数据收集；在保险和养老基金方面进行审慎监管，提高数据分析能力。

（二）各国监管当局：监管沙箱、创新中心等专项政策持续活跃

美国：2020 年，美国消费者金融保护局（CFPB）宣布将通过多项计划推动金融服务领域的创新，包括创建政策和沙箱以减少创新潜在障碍、与有兴趣促进消费者利益创新的利益相关者合作、与联邦/州和国际监管机构协调。2020 年 1 月，美国证券交易委员会（SEC）提议对负责收集、合并和发布证券市场数据的关键市场基础设施进行现代化改造，要求纽约证券交易所、纳斯达克在内的交易所就公开的股票交易数据传送制定一项新计划，以解决合并数据流与利润丰厚的私人数据业务之间存在的利益冲突问题。

英国：2020 年 5 月，英国金融行为监管局（FCA）试行数字沙箱，至 2021 年 4 月共计 28 家机构参与其中，为创新型企业提供反欺诈、中小企业贷等业务的数字测试和开发环境，缩短产品开发时间，并有利于改进产品设计和完善早期商业模式。

澳大利亚：2020 年 8 月，澳大利亚证券和投资委员会（ASIC）启动《增强型监管沙箱（ERS）信息图》，取代 2016 年推出的沙箱，并允许更长的测试期限（24 个月）和范围更广的金融服务及信贷活动。

新加坡：2020 年 8 月，新加坡金融管理局（MAS）推出的“金融领域科技与创新强化机制”，旨在推动新加坡金融行业的技术应用与创新发展，并在随后的 2021 年 4 月推出 4200 万美元的 RegTech 和升级版数字加速资助计划。

韩国：2021 年 1 月，韩国金融服务委员会（FSC）公布金融创新和数字金融特别计划，其中包括引入数字沙箱，使金融科技初创公司有机会测试新想法；建立一个全面的金融科技支持体系；制定一项以培育金融科技

为重点的立法；进一步改善监管沙箱计划的管理，并通过国家支持的金融机构和私营部门的投资扩大金融支持。2020 年，韩国金融监管沙箱新增 8 批次 55 项“入箱”创新试点，涉及汇款结算、资产管理、保险科技、信用评估等。

印度：2020 年 11 月，印度储备银行（RBI）更新其监管沙箱框架，详述 2019 年 8 月发布的结构化提案，强调监管沙箱的原则和作用。此前，RBI 的 FinTech 监管工作组曾于 2018 年 2 月建议为引入适当的框架提供必要的监管指导，以便提高效率、管理风险并为消费者创造新机会。此外，2020 年 10 月，印度国际金融服务中心（IFSCA）宣布启动监管沙箱，允许资本市场、银行、保险等金融实体在真实环境中面向有限真实用户群体测试金融科技解决方案。

埃及：2019 年 5 月，埃及央行公布监管沙箱框架和金融科技战略及实施路线图，其中明确“成为阿拉伯和非洲地区公认的金融科技中心”的愿景、32 项战略举措等，并成立金融科技创新部和创新委员会推进该战略的实施。该战略自 2019 年开始实施，2021 年上半年完成关键政策的落地。

阿布扎比：2020 年 4 月，阿布扎比全球市场（ADGM）金融服务监管局（FSRA）宣布启动三项 RegTech 试点计划，分别是 AI 赋能的许可申请系统、培育充满活力的风投生态系统、利用 API 解决方案安全处理客户资金。

此外，2019 年 12 月，挪威金融监管局宣布启动一项金融科技监管沙箱，并公布准入公司标准：在监管局责任范围内连接受监管的金融服务、使消费者或整个金融系统受益、涉及技术创新或真正的新事物等。2020 年 12 月，阿曼央行（CBO）推出金融科技监管沙箱（FRS）计划，为创新金融科技解决方案提供现场测试环境，以进一步了解金融科技解决方案的收益和风险，增强金融竞争力，为消费者提供更高标准的保护措施，加速合规产品走向市场。该计划第一阶段主要针对与支付解决方案相关的 FinTech 项目。2021 年 1 月，尼日利亚央行公布监管沙箱操作框架，确定其支付系统监管沙箱的建立、规则和运作。

（三）部分监管当局启动相关立法程序

俄罗斯：2020 年 2 月，俄罗斯央行宣布一个利用区块链发行“数字权限”（Digital Rights）的试点项目完成，同时相关草案立法预计也将在近期完成。俄罗斯央行于 2018 年 4 月推出监管沙箱，2019 年 12 月发布 SupTech 和 RegTech 路线图，旨在减轻被监管机构的合规负担；提高其在控制和监督活动方面的质量；优化金融市场参与者的要求。

巴西：2019 年 11 月，巴西中央银行发布《监管沙箱咨询文件》，并公开征求意见。该文件旨在促进市场竞争、发展新型业务模式以及采用更现代和动态的流程和系统，同时保持金融体系的安全、健康和效率。

西班牙：2020 年 2 月，西班牙政府批准一项法律草案，为金融领域的技术创新建立安全的测试沙箱框架，营造适当的法律环境，推动金融系统的数字化转型。

意大利：2020 年 2 月，意大利经济和财政部将《金融科技沙箱草案》进行公开咨询，该文件允许金融科技公司在有限的时间内测试信贷、保险等领域的创新 IT 产品，推动科技创新。

瑞典：2020 年 1 月，瑞典央行发布一份议会提案，申请修订《瑞典银行法》，以资助与国际组织的合作。其原因是，现金的边缘化挑战国家在支付市场上的作用以及央行履行安全高效支付系统使命的能力，瑞典央行希望引入国际清算银行（BIS）设立创新中心，而现行银行法禁止央行资助该类活动。

二　数据保护法律政策

数字化发展为实体经济的繁荣贡献了巨大力量，也引发数据安全方面的问题，数据泄露、数据滥用、数据盗卖事件时有发生，严重侵害公众利益，其影响受到各国监管的关注。各国对数据保护大多具有“全面覆盖、重点突出”的法律监管体系。其中个人数据因涉及隐私保护而备受重视。受历史及社会因素的影响，不同地区监管呈现不同的特点。

（一）亚太地区：监管态度审慎，要求“完备细致”

以新加坡、中国香港、韩国为代表的国家和地区，在历经金融业蓬勃发展及金融危机的重创后，监管态度更加审慎。监管要求呈现“完备细致”的特点。监管当局高度重视金融消费者权益保护，密切跟进金融科技发展的潜在风险，有针对性地发布银行业客户数据保护监管法规。例如，新加坡个人数据保护委员会于2012年发布《个人数据保护法案》，对个人数据的收集、使用、披露等活动制定规范，2015～2017年针对数据的访问控制、物理介质的数据销毁、数据泄露事件的处理等重要环节发布行动指南。又如，香港特区个人资料私隐专员公署于2014～2016年围绕生物识别数据的收集和使用、数据泄露事件的处理与通知、数据的跨境传输等关键领域发布实施指南。再如，韩国金融监督院2014年发布《金融机构对个人数据保护的措施》，对个人数据的收集、保存、使用、销毁进行规制，强调金融消费者的数据权利以及金融机构的数据保护责任。新西兰新《隐私法》于2020年生效，新法适用于在新西兰境内“开展业务”过程中收集个人信息的组织，即使它们不是新西兰的法人实体。新法要求收集个人数据的企业在发生隐私泄露的情况下，必须通知受影响的个人隐私专员办公室，否则将面临高达1万新西兰元的重罚。此外，个人隐私专员办公室制定分步指南，帮助组织和企业履行跨境转移新西兰个人数据的有关义务。

（二）欧盟地区：路径相对成熟，“标准齐整、罚金高”

欧盟地区在法制区域化建设方面探索出相对成熟的路径，监管要求呈现“标准齐整、罚金高”的特点。欧盟地区包括英国、法国、德国等发达经济体，也包括中东欧地区的发展中国家。欧盟委员会在1995年即颁布保护欧盟公民个人信息的“数据保护指令”。英、法、德、意、荷、比、卢等欧盟成员国在欧盟统一的标准框架下，结合本国实际制定发布数据保护法律法规，确保欧盟标准在本国的落地施行。2018年欧盟的《通用数据保护条款》（GDPR）生效，进一步明确个人数据保护标准，并赋予数据保护机关极大的处罚权。对于违反 GDPR 的企业，其罚金最高可达 2000 万欧元或该企业上年全球营业额的 4%。

自 GDPR 发布以来，因数据保护不当而受罚的案例屡见不鲜。比如，2020 年，英国航空公司因 2018 年一起影响约 40 万名客户的数据泄露事件被英国隐私监管机构罚款 2000 万英镑。英国航空公司因安全保障措施不完备于 2018 年在一起网络安全事件中泄露了约 50 万名客户的详细信息，被英国信息专员办公室罚款 2205 万欧元。又如，意大利电信运营商 TIM 提供的 App 中提供不正确且不透明的数据处理信息，并且对数据的保存期限超过最小必要期限，由于这些违规行为，该电信公司被意大利监管机构罚款 2780 万欧元。

（三）美洲地区：以美国为标杆，监管要求“强调自律”

美洲地区监管以美国最为典型。素以“科技引领”著称的美国，在 1999 年发布《格雷姆 - 里奇 - 比利雷法案》（GLBA）。该法案规定，金融机构应保障客户信息的安全性与保密性，通过建立管理机制、技术机制、物理防护机制，防范未经授权的访问或使用。美联储、美国联邦金融机构研究委员会等行业监管机关在 2016 年发布《客户信息保护标准》《消费者金融信息隐私》等金融行业实施细则，要求金融机构结合监管标准自行评估数据处理活动中的风险，采取与风险级别相适应的控制措施。金融机构一旦触发数据安全事件，将受到监管机关的严重处罚。2020 年，美国加州投票通过《加州隐私权利法案》，该法案对《2018 年加州消费者隐私法案》进行了修订，除了为更多的消费者权利和新的消费者个人信息保护让路外，还设立一个新的隐私执行机构。

美洲地区的加拿大、巴西等国监管机关大多以美国为标杆，构建本国的监管体系。加拿大于 2020 年颁布《数字宪章实施法案》，该法案被实施后，促使《消费者隐私保护法》和《个人信息与数据保护法》的颁布。该法案将赋予加拿大公民对其个人信息使用情况进行披露的权利，包括企业如何根据其数据进行运算决策的披露权利。用户还将获得删除个人信息或撤回同意的权利以及允许个人信息在组织之间转移的数据移动权。企业将被要求实施隐私管理计划，以确保遵守新法律。企业还必须遵守关于同意处理个人数据，以及在未经同意的情况下使用匿名数据的条款。巴西于2020年颁布《客户信息保护法》，强化客户信息的安全保护。该法适用于涉及数据处理活动的任何自然人和法人主体，对维护自然人隐私及其自由发展的基本权利进行规范，主要内容包括：维护数据主体对数据的拥有权、访问权、更正权、处置权、分享权等；说明在保证个人隐私权的前提下处置数据的标准；提出处理个人敏感信息、儿童信息、残障人士信息的限制要求；在数据访问控制、灾难备份建设、数据泄露或篡改事件处置等方面提出管控要求。

（四）其他地区：积极构建本国数据保护法规体系

迪拜金融管理部2020年颁布《数据管理法》，对个人数据保护提出新要求。该法定义了个人信息的范围，明确个人数据主体的权利，指出数据控制方、数据处理方在数据活动中应承担的责任，对数据跨境共享场景提出数据保护要求，对数据侵权事件提出处置报告要求。

三　反垄断与消费者保护法律政策

金融科技发展也带来一些新问题，科技巨头滥用市场支配地位逐渐形成寡头垄断，给市场带来风险与挑战。科技巨头日益成为全球反垄断的监管对象，2020年，全球掀起反垄断高潮，各国的反垄断监管越发趋于严格。

（一）欧盟出台《数字市场法》，加大对大型科技企业反垄断的监管和处罚力度

2020年12月，欧盟委员会接受《数字服务法案》（*Digital Services Act*）和《数字市场法案》（*Digital Markets Act*）的草案动议，这是欧盟近20年来在数字领域的首次重大立法准备。两部法律草案的公布彰显欧盟以个人数据保护为基础，对内以数据流通为驱动、对外以应对大型科技平台为保障的数

字经济法律体系。其中《数字市场法案》针对的目标则是被欧盟监管机构定义为“守门人”的互联网巨头。

2020 年 2 月，德国联邦经济事务和能源部提出《德国反对限制竞争法》第十修正案草案。该草案旨在应对数字经济时代的监管挑战，对大型科技企业在德国滥用市场支配地位的行为做出修改，并增加了监管机构的干预权。

2020 年 6 月，欧盟委员会宣布将对苹果公司旗下的苹果应用商店和苹果支付展开反垄断调查，以查明苹果是否存在利用市场力量排除竞争的行为。

2020 年 11 月，欧盟委员会对美国电子商务公司亚马逊提起反垄断指控，称亚马逊利用平台数据为旗下的自营品牌获取不公正的竞争优势。该指控源于 2019 年起欧洲反垄断机构对亚马逊进行的一项官方调查。调查结果显示，亚马逊是法国、德国最大的网络销售平台，在相关市场上具有垄断地位，并非法利用市场力量巩固自身的垄断地位。

2020 年 12 月，法国政府恢复对 Facebook、亚马逊等大型科技公司征收数字服务税，以实现财政公平。包括意大利、英国在内的其他欧洲国家也有征收类似税收的计划。

（二）美国对科技巨头实施反垄断调查

2020 年 6 月，美国司法部（DOJ）和联邦贸易委员会（FTC）联合发布《纵向合并指南》，载明各机构审查纵向合并的方法，以确定并购交易是否违反反垄断法。

2020 年 7 月，亚马逊、苹果、Alphabet、脸书的首席执行官首次集体出席美国国会举行的反垄断听证会作证，并接受监管机构的“拷问”。这是 50 多年来美国国会进行的第一次重大反垄断调查。这次听证会以线上方式进行，对四家公司的主要关注点分别在于：谷歌对搜索的操控；苹果对应用程序的控制；脸书对竞争对手的收购；亚马逊对第三方卖家的影响力。

2020 年 10 月，美国众议院司法委员会发布了一份长达 449 页的《数字市场竞争状况调查报告》。该报告载明司法委员会对包括苹果、亚马逊、谷歌和脸书在内的4家科技公司的调查结果，并以此为切入点对美国的数字市场竞争状况进行阐述，其中重点分析了科技巨头滥用市场支配力量排除市场竞争的问题。

关于反垄断案例，谷歌在2020年收到三起来自政府机构的反垄断诉讼，这些诉讼指控谷歌利用其在搜索服务、搜索广告等多个相关市场的主导地位实施垄断行为、排除竞争，三起诉讼的角度各有不同。

2020年10月，美国司法部对谷歌提起反垄断诉讼，指控谷歌非法实施反竞争行为维护垄断地位。

2020年12月，包括科罗拉多州在内的30多个州的总检察长对谷歌提起反垄断诉讼，控诉谷歌通过排除竞争来维持在通用搜索市场、搜索广告市场和通用搜索文字广告市场上的垄断地位。

2020年12月，包括得克萨斯州在内的10个州的总检察长对谷歌提起反垄断诉讼，指控谷歌的广告技术存在反竞争行为，同时还提及谷歌与脸书可能存在共谋的情况。

2020年12月，脸书被美国联邦贸易委员会（FTC）提起反垄断诉讼。该诉讼源于2019年开始针对脸书收购Instagram和WhatsApp的调查，FTC指控脸书长期通过实施垄断行为非法利用并维持自己在美国个人社交网络市场上的市场力量。

四　数字法币法律政策

全球各主要经济体均已经将央行数字货币（CBDC）的发展纳入考量范畴，并正在思考如何配合CBDC的发行与使用，在中央银行法、货币相关金融法规、反洗钱、反恐融资、网络安全、信息合格和隐私保护等各相关方面建设CBDC付诸实施的法律制度。

（一）国际组织：分析CBDC法律问题和挑战

国际清算银行：2020年第四季度对65个经济体的央行调研，结果显示积极开展CBDC相关工作的央行占比为86%，比4年前增长了约1/3。其中，零售型CBDC因促进普惠金融和提升支付而受到各国央行关注。调研央行在CBDC方面的工作正从概念研究进入试验阶段，约60%的央行（2019年为42%）正在进行概念验证或试验，14%的央行正在推进试点安排。

国际货币基金组织法律部：2020年11月发布工作论文《CBDC的法律问题：中央银行法和货币相关法律的思考》，系统地分析CBDC所面临的法律问题和挑战，指出当前各国的中央银行法和货币相关法律体系普遍欠缺对数字货币的法律支撑。

（二）各法定货币区域：全球启动、趋向成熟

巴哈马：其Sand Dollar项目于2019年12月开始试点，于2020年10月正式推出，通过央行授权的金融机构发行，成为全球首个正式发行的央行数字货币。所有居民可通过移动应用程序或实体支付卡访问数字钱包。在日常操作中收集的记录，如收入和支出信息，可以支持小额贷款的申请。为支撑Sand Dollar的发行，巴哈马国会于2020年7月通过《2020巴哈马中央银行法案》，正式将“电子货币（Electronic Money）”纳入通货（Currency）范畴，享有“法定货币（Legal Tender）”地位。在严格禁止伪造、变造电子货币的同时，明确巴哈马央行对电子货币的监管职权，以及制定电子货币配套监管法规的行政立法权。该法案并没有采用“数字货币”来命名CBDC，而是采用“电子货币”的名称，这意味着巴哈马给CBDC预留了更多的选择空间，可以兼容账户货币、通证货币等多种具体形式。

美国：2021年2月，美联储发表题为《通用CBDC的前提条件》的通函，其中用一个章节对支撑CBDC的法律框架进行描述。美联储认为，只有健全的法律框架才能使CBDC的用户相信CBDC是稳定、安全的及他们是受到明确的规则保护的。2020年5月，由美国商品期货交易委员会（CFTC）前主席Christopher Giancarlo创立的非营利组织数字美元基金会发布其数字美元项目（Digital Dollar Project，以下简称DDP）的第一份白皮书，其中概述要研究的设计功能，并介绍CBDC的潜在应用。2021年5月，数字美元

项目（DDP）宣布将在未来12个月内与感兴趣的利益相关者和DDP参与者启动至少五个试点项目。

英国：英格兰银行于2020年3月发布关于央行数字货币（CBDC）的57页讨论报告《央行数字货币：机遇、挑战与设计》。该报告指出，CBDC将是央行货币的电子形式，可以被家庭和企业更广泛地用于支付和价值存储；CBDC的设计应当遵从英格兰银行维持货币和金融稳定的目标；一种可能的CBDC运营模式是，央行管理核心账本和提供基础服务，私营部门提供用户交互和附加功能。该报告指出，CBDC支付的监管框架包含三项原则：一是反映支付活动的金融稳定风险，而不是法律形式；二是确保对经济平稳运行至关重要的整个支付链具有端到端业务和财务复原力；三是确保提供足够的信息来监测支付活动，以便能够识别和妥善应对新出现的金融稳定风险。此外，该报告第4章的其他部分也对CBDC的法律制度建设提出了要求。例如，在合规方面，CBDC应遵守有关反洗钱（AML）、打击和制裁恐怖主义融资（CFT）的法规；在隐私方面，CBDC应与通用数据保护法规（GDPR）兼容。

欧盟：2020年10月，欧盟央行发表《数字欧元报告》，其中讨论“数字欧元”的法律方面的考虑：数字欧元的具体设计选择将决定其发行的法律基础；欧盟初级法并不排除将数字欧元作为法定货币发行的可能性，这将强制性要求收款人接受数字欧元作为支付手段；原则上，某些关于数字欧元的发行和获取的实际安排可以外包，但需要受到严格的欧元系统监管。2021年4月，欧盟央行针对公众对其的提问，发表《针对公众就数字欧元问题磋商意见的欧元系统报告》。

日本：2020年10月，日本央行发布《日本央行对中央银行数字货币的处理办法》。其中写道：“虽然日本央行目前没有发行CBDC的计划，但从确保整体支付和结算系统的稳定性和效率的角度来看，日本央行认为重要的是要做好充分准备，以适当的方式应对情况的变化。”该办法主要从宏观经济角度对CBDC进行了分析。

五　加密资产法律政策

随着以比特币为代表的加密资产价格飙升，以及各类去中心化金融应用的快速流行，越来越多的上市公司、金融机构将加密资产作为投资标的，将稳定币作为加密资产投资变现的中间通道。这使得各国金融监管当局加紧对稳定币和各类加密资产的法律研究和立法探索。

（一）国际组织：审查全球稳定币项目引发的监管问题

金融稳定理事会（FSB）：2020 年专项审查全球稳定币项目引发的监管问题，并出具咨询文件。2020 年 10 月，FSB 发表对全球稳定币监管建议的最终报告，预示 G20 集团对稳定币的监管态度。FSB 认为所谓“稳定币”，和其他加密资产一样，具备提高金融服务效率的潜力，但如果大规模应用，则可能对金融稳定性构成威胁。FSB 认为，监管范围内的稳定币的特征是具有稳定机制、资产储备机制、算法机制。FSB 提出十条高级别建议，侧重于解决金融稳定的风险，没有全面涵盖反洗钱/打击恐怖主义、数据隐私、网络安全、消费者和投资者保护、竞争政策、税收、货币政策、货币主权、货币替代以及其他宏观经济问题等重要问题。

2020 年 11 月，国际清算银行发表由道格拉斯·阿纳、拉斐尔·奥尔和乔恩·弗罗斯特共同撰写的《稳定币：风险、潜力和监管》研究报告。该研究报告重点分析了 CBDC。

（二）各国监管当局：美国超过25个州寻求加密货币立法

美国：2020 年 9 月，美国货币监理署（OCC）公布新的稳定币监管指导方针，正式澄清国家银行能够向美国的稳定币发行商提供服务。证券交易委员会（SEC）方面也表示，特定稳定币可以被判定为非证券，但不包括算法稳定币。2021 年 5 月，美国德州参议院通过《虚拟货币法案》，在德州《统一商法典》中写入关于虚拟货币的系列规定，确认虚拟货币在商事交易中的法律地位。该项法案已于5月20日在德州众议院表决通过。《虚拟货币法案》在德州《统一商法典》中专门增设第12章，将“虚拟货币”定义为一种特殊的资产类别，即“不论是否用法币计价，本身不是法定货币但被用作交易媒介、记账单位或价值存储手段的价值（value）的数字表现（digital representation）”。同时，对于商家为亲和力或奖励目的发放的无法兑换成法币、银行存款或其他虚拟货币的积分、代金券，以及仅能在网络游戏、家用游戏或游戏平台上使用的电子积分，该法案均将其排除在“虚拟货币”的定义之外。除了对“虚拟货币”可作为商事交易标的的法律地位的认可之外，该法案还详细界定虚拟货币在各类交易中“权利”的流转方式，判定虚拟货币“控制权”归属的标准，以及“权利人”身份的识别方式。能够看出，该项法案充分考虑虚拟货币的可编程属性及在DeFi应用中各种代币的多种功能和权益变化，不但认可转移虚拟货币全部权益的买卖交易，而且给转移虚拟货币部分权益的特殊交易安排（如质押融资、质押铸造稳定币等）也预留了充分的法律空间。在权利人身份识别方面，不但认可名称、办公室、ID号等实名认证方式，同时也认可秘钥、账号等匿名认证方式。此外，该法案还在德州《统一商法典》第9章关于担保权的相关条款中增加关于虚拟货币的内容，给虚拟货币担保权设置、权利完善等交易安排提供了法律支撑。据媒体报道，全美目前有超过25个州正在研拟加密货币相关法案。早在2019年2月，美国怀俄明州就已经通过《数字资产法案》，正式认可数字资产作为财产的法律地位。根据该项法案，数字资产被界定为“以计算机可读格式存储的对经济权利、私有产权或访问权利的一种呈现，包括数字消费者资产、数字证券和虚拟货币”。

稳定币从本质上说是在加密资产流通领域中对法定货币的价值替代，因此，对稳定币的法律规制，在相当大程度上取决于全球各主要经济体对加密资产的规制态度和对稳定币兑换法币途径的管理口径。而各主要经济体能否快速、顺利地推出CBDC，CBDC会不会采用“令牌模式”、能否与加密资产流通网络的智能合约进行交互，这些技术路径问题将直接影响稳定币未来的生存和发展。加密资产进入传统商业系统，成为传统商业组织投资标的、记账单位、价值载体，这是既有事实。从地域经济发展和产业竞争的角度出发，美国各州已然展开某种意义上加密资产的立法竞赛。随着公有区块链技术在金融、商业活动中渗透的加深，确认加密资产法律地位、规制加密资产交易活动秩序的立法趋势，很可能会在全球范围内继续发展。

六　数字银行等法律政策

2020 年，全球主要国家在应对新冠肺炎疫情、促进经济复苏的大背景下更加重视金融科技的作用。部分国家和地区在数字银行、开放银行、众筹融资、区块链金融应用方面推出专项政策规划。

（一）在推进数字银行牌照的发放与管理方面

2020 年 3 月，瑞士金融市场管理局向数字银行 Yapeal 颁发首张金融科技许可证。Yapeal 将提供借记卡、信用卡、外汇、转账等数字银行服务。2020 年 6 月，菲律宾财政部与菲律宾土地银行联合宣布，成立首家国有数字银行 OFBank。2020 年 7 月，美国货币监理署（OCC）向金融科技公司 Varo Money 颁发国民银行牌照。Varo Money 成为美国有史以来首个获得国民银行牌照的消费金融科技公司，主要通过网站、手机和电话提供全国性银行服务。2020 年 12 月，新加坡金融管理局颁发了四张数字银行牌照：两张完全数字银行（DFB）许可证和两张数字批发银行（DWB）许可证，新获批的数字银行预计将于 2022 年初开始运营。2020 年 12 月，马来西亚央行发布《数字银行许可框架政策文件》，拟颁发不超过 5 张数字银行许可证以促进金融领域创新技术应用。

（二）在有序推进开放银行建设方面

2020 年 5 月，巴西中央银行颁布了该国首部开放银行业务法规。2020 年 6 月，英国开放银行实施组织（OBIE）上线开放银行 App Store，以协助消费者与企业获得更多适合他们的金融产品。2020 年 12 月，韩国金融服务委员会（FSC）对外宣布，5 家互助金融公司、韩国邮政和 13 家证券公司将从 12 月 22 日开始提供开放银行服务。

（三）在推进众筹融资行业发展与监管方面

2020 年 6 月，韩国金融服务委员会公布促进行业发展计划，具体措施包括：扩大众筹融资发行范围和筹资限额；扩大中介机构作用，允许中介机构购买其承销的公司所发行的证券；设立众筹基金，提供担保贷款；加强投资者保护，禁止有违法记录的公司进行众筹融资。2020 年 7 月，欧盟理事会通过《欧洲议会和理事会关于欧洲众筹服务提供商的条例和指令》的提案。该条例和指令提供了旨在改善准入条件的全欧盟通用规则众筹，特别是对于需要资金的小型投资者和企业，尤其是初创企业。

（四）在推进金融机构和金融科技公司合作规范方面

2020 年 2 月，美国联邦存款保险公司发布《与银行开展业务——金融科技公司和第三方机构指南》，帮助金融科技公司和第三方机构了解银行运营和监管要求，降低金融科技公司和第三方合作的风险管理成本。2020 年 6 月，新加坡金融科技协会（SFA）宣布面向金融科技企业推出一款名为“金融科技服务商合规准备框架”的数字自我评估框架和工具包，希望通过分阶段的方法来帮助金融科技公司提高与金融机构合作过程中的合规性。2020 年 9 月，在英国财政部支持下，英国科技企业家网络 Tech Nation 金融科技小组启动“金融科技承诺”计划。该计划希望为科技企业与银行双方建立高效、透明的商业伙伴关系树立全球领先标准。

（五）在推动区块链金融应用与治理方面

2020 年 2 月，澳大利亚发布《国家区块链路线图：迈向区块链赋能的未来》，旨在充分释放区块链技术的应用潜力，重点关注区块链在贸易融资、支付结算、数字资产保管等金融领域的应用价值。2020 年 3 月，日本金融监管机构启动“全球区块链治理计划网络（BGIN）”，旨在促进“区块链社区的可持续发展”。2020 年 9 月，泰国央行启动基于区块链技术的政府储蓄债券发行的新平台，旨在改善投资者的购买体验，提高运营效率，降低总体成本。2020 年 10 月，瑞士联邦财政部启动区块链和分布式账本技术领域一揽子法令的协商进程。2020 年 12 月，德国政府内阁通过新的立法，允许使用区块链技术记录所有电子证券。

Abstract

The report aims to systematically analyze the application of financial technology at home and abroad, fully grasp the development trends and latest trends in the field of financial technology at home and abroad, from technology application, business innovation to risk supervision, and put forward corresponding countermeasures and suggestions, continuously improve the theoretical basis, practical cases and research methods related to financial technology. The report mainly includes eight parts. The first is the general report, which summarizes the overall situation of China's financial science and technology development in 2021, reviews the achievements of China's financial science and technology in the three years since the introduction of the Financial Technology (FinTech) Development Plan (2019 - 2021), analyzes the existing problems, and puts forward policy suggestions for future development. The second is the basic theory of financial science and technology, which expounds the strategic deployment of China's financial science and technology from the aspects of co-ordination and planning, system and mechanism optimization and joint-research. Third, it analyzes the application of financial technology from the core technology, and analyzes the application of financial technology around big data, cloud computing, artificial intelligence, distributed database and trusted technology. Fourth, by financial services, analyze the application fields of financial technology from the aspects of service channels, service efficiency, benefiting the people, credit financing, payment services, etc. The fifth is the text of risk and supervision, which discusses the risk prevention issues in the application of financial technology from the aspects of financial business risk, network security risk, the application of new technology, basic regulatory rule system, regulatory unity and coordination, penetrating regulatory ability and regulatory mechanism innovation. Sixth, law and regulation, which discusses the support for financial technology from the aspects of basic support, such as supporting laws and regulations, credit service, standardization, consumer rights and interests protection, etc. Seventh, the international market, which describes and compares the development of global financial technology and laws and regulations. Eighth, the appendix provides a map index description of the types, distribution and typical enterprises of the financial technology industry in 2020, which can be used as a reference for people in the financial technology industry and other interested people. The report is committed to providing important decision-making references for financial technology related regulatory departments and self regulatory organizations, providing literature materials for practitioners and institutions to carry out financial technology work, and providing information cases for financial technology enthusiasts to understand this field, so as to provide effective support for promoting the high-quality development of financial technology in China.

Keywords: Big Data; AI; FinTech; RegTech

Contents

Ⅰ General Report

Abstract: The 2021 marks the end of the Financial Technology (FinTech) Development Plan (2019—2021). Over the past three years, the "four pillars" of financial science and technology have been basically completed, the reform of the system and mechanism of science and technology has been continuously deepened, the level of innovation and application has been significantly improved, the ability of security and security has been significantly improved, the ability of digital supervision has been steadily enhanced, and positive progress has been made in the integrated development of finance and science and technology. During the 14th five -year Plan period, the development of financial science and technology is still in an important period of strategic opportunity. Under the guidance of Xi Jinping's thought of socialism with Chinese characteristics in the new era, we should closely focus on the three major tasks of serving the real economy, preventing and controlling financial risks, and deepening financial reform. adhere to the concept of new development, deeply understand the essence of the new development stage, and comprehensively improve the application and management level of financial science and technology. We will promote and improve a modern financial system that is highly adaptable, competitive and inclusive, and provide high -quality financial support for the construction of a new development pattern.

Keywords: FinTech; Digital Transformation; Financial Services; Financial Risk

Ⅱ Basic Theory

Abstract: With the advent of the digital age, FinTech has become a key force to enhance national financial competitiveness. Especially in 2020, due to the impact of COVID-19 epidemic, non-contact FinTech services have strongly supported the epidemic prevention and economic recovery and development. The government and regulatory authorities have published a series of policies and guidance documents successively to promote the FinTech innovation. A social supervision and industry self-discipline mechanism has been introduced to explore a new model of people-centered, diverse and co-government FinTech governance, and strengthen the security of financial data and network. FinTech standards have been used to strengthen FinTech security and quality. The ethics governance system of FinTech has been improved. The overall guidance and strategic layout for the development of FinTech has been provided from the top-level design. A number of local governments have also issued new support policies for FinTech industry to actively promote the sound development of the FinTech ecological environment.

Keywords: FinTech; RegTech; FinTech Security; FinTech Planning

Abstract: In recent years, FinTech has been developing rapidly, and due to the advanced technology and innovative combination, the original system and mechanism do not match it and needs to be optimized urgently to give full play to the role of FinTech and guarantee its further robust development. The Financial Technology (FinTech) Development Plan (2019 – 2021) published by the People's Bank of China lists the optimization of system and mechanism as one of the key tasks. This report expounds how to optimize the system and mechanism of FinTech from three aspects: governance structure, management mode and organization mode.

Keywords: FinTech; Finance; FinTech Standards

Abstract: This report collates the typical cases of joint research key projects of FinTech and reveals the current implementation path of joint research key projects of FinTech from the mode and characteristics of joint cooperation through the analysis and interpretation of typical cases. This report focuses on analyzing the joint research of key projects from three aspects: "cooperation content", "mobilization mechanism", "performance evaluation". This report explains the main characteristics of the cooperation content of the joint research of FinTech, the cooperation content from point to plane, the mobilization mechanism from the inside to the outside, and the overall consideration of performance evaluation, and combines the requirements of the scientific and technological governance system in the new development stage of our country. This report puts forward specific countermeasures and suggestions on focusing on the key common technologies of the industry, actively promoting the opening cooperation of cross-disciplinary science and technology, and improving the performance evaluation system of key projects.

Keywords: Jointly Research Key Projects; FinTech Governance System; FinTech

Ⅲ Scene Application

B.5 Report of Explorations of Chinese Big Data Application in Financial Industry / 031

Abstract: Big data has become a key driver of the digital economy and society; to facilitate the economic and social development strategy of the 14th Five Year Plan period, it is important to promote the development of big data, continuously expand and strengthen the data industry, and cultivate the digital economy. This report introduces the characteristics of big data as a special production factor in recent years, such as the continuous increase of data scale, the continuous growth of cross domain demand, the continuous increase of supported key businesses, and the acceleration of data flow; the report then puts forward requirements for the big data technology in terms of sustainable resource supply, data fusion ecology, data security, and timeliness. Next, this report examines explorations and cases of big data applications in certain financial institutions, including the mixed deployment of multiple computing resource, data middle-platforms, data security compliance, profit and loss pre-queries, anti fraud, and other directions. The report analyzes the current major challenges and countermeasures in detail, which should help us understand the direction of future development of big data in the financial industry.

Keywords: Financial Industry; Big Data; Data Middle-Platform; Data Security; Data Timeliness

B.6 The Development of Cloud Computing Technology and the Application of FinTech / 048

Abstract: Cloud computing technology has entered a mature application stage, and the domestic cloud computing industry has reached a certain level of maturity in terms of economy, technology, application scenarios, and ecology, and has developed towards autonomous and controllable, cloud-native, and rich cloud services, and the deployment model has evolved from public and private clouds to hybrid clouds. With the transformation of financial institutions' IT infrastructure from mainframes to PC servers and the evolution from virtualization to cloud, cloud computing has gradually become the base of technology development in the financial industry, supporting and driving continuous innovation in upper-level financial business applications, and will become the cornerstone of an intelligent society in the future. The combination of cloud-native technology, AI, 5G, IoT technology will generate new scenarios "fission", and the new "fission" will drive the new development of the financial industry.

Keywords: Cloud Computing; Cloud Native; FinTech; Financial Cloud

Abstract: Driven by the three major elements of data, algorithms, and computing power, Artificial Intelligence (AI) has entered a stage of rapid development and promoted the financial industry to enter the era of intelligent finance. While applied in financial industry, AI faces common problems such as data barriers, limited computing power, chip sanctions, immature open source frameworks, poor model interpretability and generalization capabilities. With the localization of AI chips, the optimization of open source frameworks, the innovation of algorithm models, and the maturity of data collaboration platforms, AI will help the financial industry to further improve customer experience, optimize internal operations, and reform the risk management in the future. At present, risk control, intelligent interal operation, digital workforce, identity authentication, and asset management are the typical financial applications.

Keywords: AI; Data Collaboration; Intelligent Operation

Abstract: Distributed databases are important infrastructures in FinTech. Distributed databases have been an inevitable choice for key industries in building digital information systems. This report provides the development history, key technologies, cooperation projects between vendors and customers, and success cases involving distributed databases. Key technologies are described from the aspects of data consistency, high reliability, ultimate performance, efficient O&M, and easy-to-use migration.

Keywords: Distributed Databases; CAP Theorem; Two-phase Commit (2PC); Consistency Algorithm; Data Sharding

Abstract: With the rapid development of information technology and continuous business innovation, essential parts such as identity authentication and transaction security in the financial information system have been severely challenged. The problem of ensuring the security and credibility of the system cannot be ignored. Trusted technology is a basic technology to ensure the security and credibility of the financial system. On the one hand, it includes the trusted protection to ensure the computation results and processes are credible; on the other hand, it includes the security upgrade of applications, which reduces vulnerabilities with other application technologies. The report analyzed the authenticity, confidentiality, and integrity of data access, computation, storage and sharing in the field of financial technology trusted technology, and proposed the solution including trusted computing, multi-party secure computing, SM series cryptographic algorithm, blockchain and biological recognition in order to realize the safety and credibility of the whole life cycle of the system.

Keywords: Trusted Computing; Blockchain; Multi-party Secure Computing; SM Series Cryptographic Algorithm; Biological Recognition

Ⅳ Service

Abstract: The maturing of the new generation of information technology and the ongoing COVID-19 epidemic have had a profound impact on service channels of the financial industry. Due to the huge gag between online channel and offline channel in service efficiency and experience, and customers have been reducing their reliance on offline services, the operating outputs of traditional offline business body continuous decline. Meanwhile, new online service channels also face new challenges such as lack of industry standard, data privacy, cyber-security, and the thinking mode and management of existing financial institutions are unable to adapt to transformation requirement, etc. To this end, the report puts forward the solutions through analyzing the excellent practices and project cases of financial industry which enrich and widen the channel development. Firstly, online channels should actively embrace the Internet, and promote the deep integration of business and scene. Secondly, the offline business bodies should transform to light-asset, intelligent, and integrate with online operation. Thirdly, financial institution should take advantages of user, data, technology, and security to build open platform, in order to achieve ecologically development.

Keywords: Open Bank; OMO; Digitization

Abstract: With the development of financial technology including OCR, Face Recognition, Image Recognition, and Voiceprint Recognition, the financial industry has expedited its progress of automation, digitization, and intellectualization in business. The financial industry has achieved the extension of visual, hearing, and speaking functions. With the mobile terminal, the financial industry has made an unprecedented migration of the combinative online and offline action scenario. The migration includes the transformation of the traditional onsite sale methods into experience methods, the improvement of customer recognition, the efficiency of anti-fraud verification, and security level; also, the processing method of back-office business has upgraded to an automatic mode. The migration has improved the efficiency of network services, customer recognitions, public services, and financial operations.

Keywords: SMART Remote Banking; FinTech; Financial Service; Intelligent Network

B.12 New Service for Benefiting and Facilitating the Public Provided by Financial Technology in 2020 / 120

Abstract: For the past few years, the financial industries in China have effectively taken the responsibilities of benefiting the society, focusing on the customers, changing the service concepts by financial technology, strengthening the capability of facing the public, improving the financial service system covering the cities and towns, and improving the rural financial service standards. The steps to benefit the public includes constructing the rural demonstration area of financial service, optimizing the financial circulating circumstance, enhancing the publicity of financial knowledge, and improving the ability of risk prevention. in order to implement the strategy for "rural revitalization", get the "last kilometer" of rural financial service through, build the connections between cities and towns, and put the idea of "people-centered" into effect, we fit the technology into business and present new financial products making the financial service more intelligent and on-line. Also, we present lots of online and convenient financial services to ensure the customers getting good services anytime and anywhere, which achieves the business convenience and channel diversification of the one-stop financial demands. Against the background of the digital economy, financial technology is becoming the inherent strength instead of the external support. We will innovate the service methods, explore the possibility of merging different approaches of service, and provide standard, efficient, and high-quality services for society.

Keywords: Financial Benefits; FinTech; Financial Service

Abstract: With the development of big data and artificial intelligence technology, the application of online, data and intelligent credit financing is becoming more and more mature, which has become an inevitable trend of future credit development. The report reviews the development process of credit financing, analyzes the problems of financial institutions in different stages of credit financing, and proposes credit financing solutions based on big data technology, artificial intelligence technology and supply chain finance. Starting from the aspects of customer acquisition, data, risk control, capital, credit enhancement and business scenarios, it provides comprehensive and objective data support for financial business.

Keywords: Big Data; SMEs; Credit Management; Supply Chain Finance; Credit Loan and Financing

Abstract: 2020 is a critical year for the People's Bank of China implemented the Financial technology (FinTech) Development Plan (2019 –2021). In the face of the Covid-19, the application of FinTech in the industry of payment and clearing has continued to deepen, and has turned into the new engine for meeting the market demand and promoting the high-quality development of the payment and clearing industry. This report provides an overall overview of the current FinTech application development in the payment and clearing industry from six dimensions, including business scale, Covid-19 prevention and control, inclusive system, industrial structure, regulatory assistance, and key challenges. The report also provides five typical cases of representative FinTech application, and prospects the future of application of FinTech in payment and clearing industry from four aspects: safety and control, technology implementation, empowerment of rural revitalization, and data fusion applications.

Keywords: Payment and Clearing; FinTech; Non-contact Payment; Warning Model

Ⅴ Risk and Regulation

Abstract: In the era of digital and intelligent finance, the scene of financial business has also undergone a fundamental change. As the carrier and medium of capital flow, financial institutions are easy to be used by criminals and pose a great threat. The criminal methods of account attack, gang fraud, new cross-border gambling and telecom fraud derived from black and gray products are more hidden, and the harm of black and gray products is more widespread and spread faster. When financial institutions identify, prevent and cut off their capital chain, they need to be targeted and effective at the same time. It is urgent to build an efficient financial business risk prevention system, and form a financial business security closed loop from risk perception, risk decision-making, risk disposal to risk operation. This report focuses on the analysis of the background and risk trend of financial technology in financial business risk prevention, summarizes the difficulties and pain points of the work at this stage, and focuses on the target scope and scenario analysis, and proposes the use of big data, artificial intelligence, cloud computing, machine learning and other technology combinations to prevent and control financial business risks, Combined with specific cases, it analyzes how to build the risk prevention system. Finally, it gives the corresponding planning and suggestions for the follow-up development of financial business risk prevention.

Keywords: FinTech; Risk Prevention; Intelligent Risk Control; Big Data

B.16 Network Security Risk Control / 163

Abstract: During the 13th Five-Year Plan, Financial cybersecurity has been significantly improved, but there is still a lack of systematic and overall considerations in the risk prevention and control of the financial information environment. Looking the 14th Five-Year Plan period, it is clear that financial technology (FinTech) needs to focus on the network security system's capacity for protecting critical information infrastructure in the digital transformation, and combine the actual application of FinTech, to analyze the security challenges, focusing on the actual combat and improve the security capability through systematic planning, construction, and operation. And we propose a new generation of financial network security and informatization framework with flexible evolution, endogenous security and applicable for the rapid iteration of FinTech. The framework implements information systems architecture with low-cost evolution and endogenous capacity by reasonable security architecture design, and uses the optimized design of sub-scenarios to ensure architecture features. Through the establishment of standardized system and the form of an industrial ecology, it will improve the flexibility and scalability of the security architecture, ultimately achieve the improvement of security services and safe operation capabilities.

Keywords: Digitalization; "Three Standardization and Six Preventions"; Supply Chain Ecology; Evolutionary Architecture; Architecture Design

B . 17 Risk Defense of New Technology Application / 174

Abstract: At present, new technologies such as big data, artificial intelligence and cloud computing have innovated financial service methods and promoted the development of financial technology. The new technology innovates business but also introduces new risks in applications such as technology selection misplaced and lack of threat modeling, which makes new technologies face uncertain risks. Therefore, it is necessary to correctly grasp the relationship between new technology and safety, scientifically judge the applicability of new technology and business, improve the new technology standardization system and strengthen the new technology application guarantee, which promote the development of new technology.

Keywords: Distributed Database; Safety Risk; FinTech

B . 18 Construction of Basic Regulation System / 184

Abstract: In 2021, Facing the novel coronavirus pneumonia and the global new crown pneumonia epidemic, the impact of financial technology has reinvented people's recognition of financial availability and convenience. Meanwhile, the development of financial technology in China has also encountered new situations, new demands and new tasks. We need to re-examine various issues such as the construction of the regulatory system for the development of financial science and technology. In addition to continuing the original framework design ideas, we also need to consider the new requirements of the development of financial science and technology and the new trend of industry development, constantly improve the top-level design of the regulatory system architecture, and adhere to the basic principle of "integrity and innovation, safety and controllability, benefiting the people's livelihood, openness and win-win", We should fully adhere to the "seven principles" of supervision and technology, and constantly promote the construction and healthy development of China's financial technology supervision system.

Keywords: Regulatory Rules; Prudential Supervision; RegTech; FinTech

Abstract: In March 2021, the ninth meeting of the Central Committee of Finance and economics pointed out that in recent years, China's platform economy has developed rapidly. Although the status and role of platform economy have become increasingly prominent, which has accelerated the evolution of technological and industrial changes towards informatization, digitization and intellectualization, there are also some prominent problems in the platform economy. Some platform enterprises do not develop in a standardized way and have risks, from another dimension, it can be seen that the current regulatory system and capacity of our country do not match the current environment. It puts forward higher requirements for the ability and means of regulatory agencies. Regulators need to put the unity and coordination of supervision in a more important strategic position, further consolidate the screening of cross industry and cross market financial risks, and highlight the ability to prevent and resolve financial risks.

Keywords: RegTech; FinTech; Financial Risk

Abstract: Based on the background of Look-through Provision, this report discusses the feasibility of applying Look-through Provision at policy level and technical level step by step. Besides, this report demonstrates the function and significance of Look-through Provision in improving efficiency of supervision, preventing systematic risk and pushing finance returning to servicing the real economy, by showing examples as follows: the verification of capital flow based on secure multi-party computation, cross-border financial risk monitoring based on the block-chain, intelligent anti-money laundering monitoring system based on big data and artificial intelligence. Moreover, this report points out the problems such as no general agreement on Look-through Provision, the overall ability of RegTech system is defective, the financial data sharing mechanism sounds not enough, the lack of financial foundation facilities, regulatory approaches need to be improved and so on. Finally, three effective suggestions are stated in this report: enhancing the modern financial supervision, improving the construction of financial foundation facilities and comprehensively improving the ability of RegTech.

Keywords: Look-Through Provision; RegTech; Systemic Financial Risk

Abstract: Supporting financial innovation while effectively preventing and controlling risks is a common problem faced by various countries. This report reviews the development of domestic "regulatory sandbox" since the publication of the Financial Technology (FinTech) Development Plan (2019 - 2021), summarizes the current situation of innovative regulatory mechanism system from different angles such as financial regulatory agencies, financial institutions, FinTech companies, consumers and industry self-regulatory organizations, and discusses the beneficial practice under the topic of regulatory innovation through case studies, which reflects the improvement and perfection of all participants in the FinTech ecosystem. Facing the future, this report argues that the rapid development of science and technology and the widening differences between market players pose new challenges to regulators. It is necessary to further strengthen the capacity building of coordination mechanism, management system and technical support, strengthen the monitoring and management of data use and anti-monopoly behaviors, promote the construction of FinTech ethical system, build a pilot mechanism for the integration of FinTech and regulatory Innovation, and promote the construction of sustainable FinTech innovation, application and regulation system.

Keywords: Regulation; Regulatory Innovation; Regulatory Sandbox; FinTech

Ⅵ Laws and Regulations

Abstract: Along with the development of financial technology, the construction of supporting laws and regulations is also speeding up. Digital transactions have been developing rapidly, thus digital RMB has subsequently been included in the revised draft of the Law of the People's Republic of China on the People's Bank of China. Internet lending is rampant, thus the regulatory authorities have begun to conduct micro-prudential supervision. In order to cope with the money laundering risks brought by the integration of finance with international standards, China has further improved the construction of relevant laws, regulations and regulatory policies against money laundering. In order to protect the rights and interests of financial consumers, standardizing the suitability obligations of financial institutions, cracking down on illegal ICOs, and ensuring information security and privacy protection have also been highlighted. In the field of right relief, judicial organs have developed a diversified dispute resolution mechanism and promoted the development of smart courts so as to cope with the rapid development of FinTech.

Keywords: Micro-prudential Regulation; Anti-Money Laundering; Privacy Protection; Cybersecurity; Blockchain Evidence Storage

Abstract: This report analyzes the perfect credit service support in FinTech. The perfect credit service support in FinTech focuses on improving the basic data of financial credit information and strengthening the protection of the rights and interests of credit information subjects. The key to improving the basic data of financial credit information is to promote the development of the credit investigation industry that provides credit services, expand the dimensions of the basic data of financial credit information, and increase the effective supply of credit services. China's credit reporting industry, especially the personal credit reporting field, still has problems such as insufficient supply and inadequate development. In response to the problems faced, this article puts forward suggestions to promote the improvement of relevant laws, regulations and regulatory frameworks, and use new financial technology such as privacy computing to solve data circulation and sharing problems, so as to meet the multi-level, all-round and professional credit reporting needs of the society. With regard to the protection of the rights and interests of credit information subjects, the People's Bank of China relies on the "Credit Investigation Business Management Measures (Draft for Comment)" to ensure the subject's credit information security, and proposes regulations from the two perspectives of legal information sources and compliance with information usage. While enjoying the big data dividend, enterprises need to actively pay attention to the latest data security policies and legislative trends, establish corresponding information institutions, and actively promote their own compliance building with legal standards. Significant results have been achieved in effectively safeguarding the rights of credit information subjects to know and objection. However, credit information subjects' complaints and credit restoration face problems such as complex procedures, long processing procedures, and lack of guidance for entities. It is necessary to promote legislative development at the national level, and improve complaints and complaints. Credit repair mechanism to broaden the channels for complaints and credit repair methods.

Keywords: FinTech; Perfect Credit Service; Credit Industry; Subject Rights Protection

Abstract: This report analyzes the overall development of financial standardization of financial science and technology. It is necessary to adapt to the changes of international environment, meet the needs of science and technology supervision, and apply new technologies such as artificial intelligence and big data; This report expounds the work plan of establishing a new financial standard system, strengthening the promotion, implementation and supervision of standards, and improving standardization management; This report summarizes the achievements of financial standards, including the release of international standards, national standards, industry standards, group standards and enterprise standards, and the construction and implementation of financial standards testing and certification system; It is proposed that financial standardization work should adapt to the new development pattern during the "fourteenth five year plan" period, focus on the top-level design of financial standards, the supply of financial standards, the implementation of financial standards, the internationalization of financial standards and other directions, improve the overall service quality and standardization level of the financial industry.

Keywords: Financial Standard System; Financial Standard Planning; Standards Testing and Certification

Abstract: This report has analyzed the relevant content of the protection of the rights and interests of financial consumers in China, combined with cases to briefly describe the rights and interests of financial consumers, and briefly presents the relevant laws, regulations and policies of the rights and interests of financial consumers protection promulgated in China from 2006 to the present. In addition, this report introduces the organizational structure of institutions for financial consumers' rights and interests protection if infringed. What's more, it also analyses the significance of the protection of financial consumers' rights and interests and looks forward to the future development trend. In the end, it puts forward suggestions on improving the protection of financial consumers' rights and interests from three perspectives of the government, financial institutions, and financial consumers.

Keywords: Finance; Financial Consumers; Rights and Interests Protection

Ⅶ International Market

Abstract: This report compares and analyzes the global FinTech development in 2020, and proposes suggestions for China's FinTech development in 2021. First, an overview of global FinTech development in 2020 is provided. Secondly, the current situation of global FinTech development is compared and analyzed from four aspects: regulatory system, market entities, scientific and technological innovation and risk prevention and control, and the development trend of global FinTech is obtained. Finally, suggestions for China's FinTech development in 2021 are put forward from the perspectives of regulatory innovation, environment construction, talent training and infrastructure improvement.

Keywords: Financial Regulation; FinTech; Data Sharing

Abstract: This report analyzes the laws and policies of the global key regions related to the FinTech industry In 2020, explained the regulatory authorities of some countries (regions) continue to promote FinTech regulatory exploration and promulgated FinTech laws and policies, under the global consensus that FinTech has become the focus of preventing financial risks and carrying out standardized development。Summed up the power point for the introduction of global financial technology laws and policies, including RegTech and regulatory sandbox, data governance, antitrust and consumer protection, central bank digital currencies (CBDCs), cryptoassets and so on. And made an outlook, including actively develop regulatory technology to maintain the security and stability of the financial system; promote data protection laws and policies to solve personal privacy abuse and disclosure; strengthen antitrust to prevent large technology giants from abusing market dominance to form oligopoly; explore and promote the implementation of CBDCs; strengthen the supervision of various crypto assets such as digital tokens and stablecoin.

Keywords: RegTech; Data Protection; Antitrust; CBDC; Cryptoassets

Ⅷ Appendix

皮 书

智库报告的主要形式
同一主题智库报告的聚合

❧ 皮书定义 ❧

皮书是对中国与世界发展状况和热点问题进行年度监测，以专业的角度、专家的视野和实证研究方法，针对某一领域或区域现状与发展态势展开分析和预测，具备前沿性、原创性、实证性、连续性、时效性等特点的公开出版物，由一系列权威研究报告组成。

❧ 皮书作者 ❧

皮书系列报告作者以国内外一流研究机构、知名高校等重点智库的研究人员为主，多为相关领域一流专家学者，他们的观点代表了当下学界对中国与世界的现实和未来最高水平的解读与分析。截至 2021 年，皮书研创机构有近千家，报告作者累计超过 7 万人。

❧ 皮书荣誉 ❧

皮书系列已成为社会科学文献出版社的著名图书品牌和中国社会科学院的知名学术品牌。2016 年皮书系列正式列入“十三五”国家重点出版规划项目；2013~2021 年，重点皮书列入中国社会科学院承担的国家哲学社会科学创新工程项目。

中国皮书网

（网址：www.pishu.cn）

发布皮书研创资讯，传播皮书精彩内容
引领皮书出版潮流，打造皮书服务平台

栏目设置

◆ **关于皮书**

何谓皮书、皮书分类、皮书大事记、
皮书荣誉、皮书出版第一人、皮书编辑部

◆ **最新资讯**

通知公告、新闻动态、媒体聚焦、
网站专题、视频直播、下载专区

◆ **皮书研创**

皮书规范、皮书选题、皮书出版、
皮书研究、研创团队

◆ **皮书评奖评价**

指标体系、皮书评价、皮书评奖

◆ **皮书研究院理事会**

理事会章程、理事单位、个人理事、高级研究员、理事会秘书处、入会指南

◆ **互动专区**

皮书说、社科数托邦、皮书微博、留言板

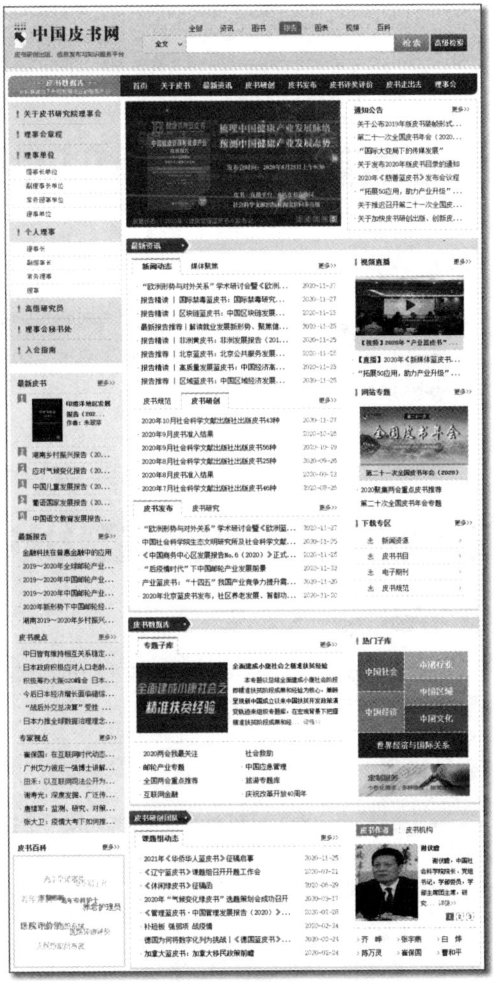

所获荣誉

◆ 2008 年、2011 年、2014 年，中国皮书网均在全国新闻出版业网站荣誉评选中获得“最具商业价值网站”称号；

◆ 2012 年，获得“出版业网站百强”称号。

网库合一

2014年，中国皮书网与皮书数据库端口合一，实现资源共享。

中国皮书网

S 基本子库
UB DATABASE

中国社会发展数据库（下设 12 个子库）

整合国内外中国社会发展研究成果，汇聚独家统计数据、深度分析报告，涉及社会、人口、政治、教育、法律等 12 个领域，为了解中国社会发展动态、跟踪社会核心热点、分析社会发展趋势提供一站式资源搜索和数据服务。

中国经济发展数据库（下设 12 个子库）

围绕国内外中国经济发展主题研究报告、学术资讯、基础数据等资料构建，内容涵盖宏观经济、农业经济、工业经济、产业经济等 12 个重点经济领域，为实时掌控经济运行态势、把握经济发展规律、洞察经济形势、进行经济决策提供参考和依据。

中国行业发展数据库（下设 17 个子库）

以中国国民经济行业分类为依据，覆盖金融业、旅游、医疗卫生、交通运输、能源矿产等 100 多个行业，跟踪分析国民经济相关行业市场运行状况和政策导向，汇集行业发展前沿资讯，为投资、从业及各种经济决策提供理论基础和实践指导。

中国区域发展数据库（下设 6 个子库）

对中国特定区域内的经济、社会、文化等领域现状与发展情况进行深度分析和预测，研究层级至县及县以下行政区，涉及省份、区域经济体、城市、农村等不同维度，为地方经济社会宏观态势研究、发展经验研究、案例分析提供数据服务。

中国文化传媒数据库（下设 18 个子库）

汇聚文化传媒领域专家观点、热点资讯，梳理国内外中国文化发展相关学术研究成果、一手统计数据，涵盖文化产业、新闻传播、电影娱乐、文学艺术、群众文化等 18 个重点研究领域。为文化传媒研究提供相关数据、研究报告和综合分析服务。

世界经济与国际关系数据库（下设 6 个子库）

立足“皮书系列”世界经济、国际关系相关学术资源，整合世界经济、国际政治、世界文化与科技、全球性问题、国际组织与国际法、区域研究 6 大领域研究成果，为世界经济与国际关系研究提供全方位数据分析，为决策和形势研判提供参考。

法律声明